国家安全法治研究丛书

# 非传统安全理论研究
## 以总体国家安全观为分析框架

Theoretical Studies on Non-conventional National
Security in the Analytical Context of the Holistic
Approach to National Security

董卫民　沈　伟　主编

上海交通大學出版社
SHANGHAI JIAO TONG UNIVERSITY PRESS

**内容提要**

  传统安全领域包括领土、军事、国防、政治等。随着科技的发展和社会的进步，非传统安全领域的风险日益突出，国家安全延展至数据、基因、卫生、能源、生态、网络、生物、太空、深海、极地等非传统领域。这些非传统安全领域的风险形态和形式相较于传统安全领域更为隐蔽，不为社会公众所认知。即使从国际法的角度看，全球规制非传统安全领域的规则体系和治理架构不甚完备，各国普遍共识较为缺乏。本书围绕非传统安全领域展开研究，从国内法、比较法和国际法视角，分析和讨论非传统安全领域的风险挑战和法治应对。本书的读者可以是国际政治、国际关系和国际法理论界、司法界及实务界的专家人士。

**图书在版编目(CIP)数据**

  非传统安全理论研究：以总体国家安全观为分析框架/ 董卫民，沈伟主编. —上海：上海交通大学出版社，2024，4

  (国家安全法治研究丛书)

  ISBN 978 - 7 - 313 - 30373 - 8

  Ⅰ. ①非… Ⅱ. ①董… ②沈… Ⅲ. ①国家安全法－研究－中国 Ⅳ. ①D922.144

  中国国家版本馆 CIP 数据核字(2024)第 051504 号

**非传统安全理论研究**——以总体国家安全观为分析框架
FEICHUANTONG ANQUAN LILUN YANJIU
——YI ZONGTI GUOJIA ANQUANGUAN WEI FENXI KUANGJIA

| | | | |
|---|---|---|---|
| 主　　编：董卫民　沈　伟 | | | |
| 出版发行：上海交通大学出版社 | 地　　址：上海市番禺路 951 号 | | |
| 邮政编码：200030 | 电　　话：021 - 64071208 | | |
| 印　　制：上海景条印刷有限公司 | 经　　销：全国新华书店 | | |
| 开　　本：710 mm×1000 mm　1/16 | 印　　张：17.25 | | |
| 字　　数：260 千字 | | | |
| 版　　次：2024 年 4 月第 1 版 | 印　　次：2024 年 4 月第 1 次印刷 | | |
| 书　　号：ISBN 978 - 7 - 313 - 30373 - 8 | | | |
| 定　　价：69.00 元 | | | |

# 总　序

　　国家安全是安邦定国的重要基石,围绕国家安全法治开展多视角、多领域、多法域和多方法的深度研究,是学习和落实总体国家安全观的现实需要。法治是治国理政的基本方式,保障国家安全是现行法律的应有之义。有感于此,我十分乐意为这套国家安全法治研究丛书写序,既为推荐,更是共勉。

　　法律是治国之重器,良法是善治之前提。从社会主义法制到社会主义法治,从依法治国到全面依法治国,从形成中国特色社会主义法律体系到建设中国特色社会主义法治体系,一幅波澜壮阔的法治画卷正在徐徐绘就。党的十八大以来,我国的国家安全法治建设取得历史性成就,发生历史性变革,以《中华人民共和国国家安全法》实施为引领,《反恐怖主义法》《网络安全法》《香港国安法》等20余部国家安全专门立法接连出台,110余部含有国家安全条款的法律法规相继制定、修订。我本人从事法制研究40余年,时至今日,最直接的感悟就是中国法治环境的持续改善,法治为强国建设提供了坚实支撑。

　　当前,世界百年未有之大变局加速演进,以中国式现代化全面推进中华民族伟大复兴进入关键阶段,面对风高浪急甚至惊涛骇浪的重大考验,我们所面临的国家安全问题的复杂程度、艰巨程度明显加大,如何维护国家安全,法治既是当务之急,又是重中之重。

　　本系列丛书以国家安全为主轴,对传统安全和非传统安全的各个领域展开系统化研究,既有美国高校使用的专业课教材,也有国际前沿领域专家学者论文的精选;既有国家安全问题的专著,也有专题文献的汇总。每一部书深入、详尽地分析与国家安全有关的理论、案例、问题和制度,从一个核心问题出发,由浅及深地阐述,有助于读者在国内法、比较法和国际法的不同视野下,在世界之变、时代之变、历史之变的大背景下理解国家安全法治的重要意义,了解其他国家的国家安全法律体系和制度,特别是思考在非传统安全领域的新型安全问题所面临的风险和挑战。本系列丛书将开放地吸收国家安全研究的最新成果，将我国和世界其他国家的经验、教训、理论、实践加以归纳和总结，以达到探讨、反思、学习和借鉴的目的。

对我而言，阅读本系列丛书的过程，也是进一步学习和研究国家安全法治的过程。世界各国几乎都有保障国家安全的立法，美国是国家安全法律体系最为完备的国家，最早专门就国家安全进行立法，从1787年通过《美利坚合众国宪法》之后，又陆续出台了国家安全领域的综合性、系统性法律法规，国家安全立法可谓贯穿其整个历史，涵盖内容无所不及。因此，全面理解和认识美国的国家安全法律体系，特别是在中美关系日益复杂、美国全面遏制我国的背景下，对我们做好国家安全工作有着重要的借鉴意义。

我国的国家安全法治体系建设，需要在理论研究方面有所挖掘和创新，更好服务国家安全的战略需求，需要在实践层面有所探索和突破，从法律制度的运行实践中发现问题、总结经验、认识规律，推进国家安全体系和能力现代化。此外，非传统国家安全领域和新兴国家安全议题值得关注。进入数字时代，数字经济是继农业经济、工业经济之后的主要经济形态之一，是高质量发展之路的重要引擎，是新一轮国际竞争重点领域。例如，数字货币这一挑战国家现有主权货币的重大变化，有可能成为未来金融体系的重要组成部分，中国也在积极研发和推出央行数字人民币，走在全球前列，为数字经济竞争创立新的优势。与此同时，数字货币也产生了一系列风险，例如价格波动、安全性问题和监管难题等，需要加强法律制度建设。本丛书对于数字货币的系统研究尤其具有现实意义。

利莫大于治，害莫大于乱。国家安全是国家发展的重要基石，确保国家安全和长治久安必须在法治的轨道上，久久为功、驰而不息。

是为序。

---

周汉民系全国政协常委、民建中央原副主席、十三届上海市政协副主席、上海中华职教社主任、上海公共外交协会会长。

当今社会是风险社会。各种风险挑战前所未有，各国应对风险挑战的紧迫性、艰巨性和复杂性也前所未有，"黑天鹅"和"灰犀牛"随时可能出现。

引发风险挑战的传统安全和非传统安全问题相互交织。军事、国防、领土是传统安全问题，恐怖主义活动、核武器扩散等安全问题是传统安全领域的物理延伸。全球化的发展和大国地缘博弈的展开，导致经济安全、金融安全、网络安全、数据安全、生物安全等非传统安全问题更加突出。健康、卫生、基因、气候、疾病、人工智能等成为国家安全的新问题。总体国家安全观是当代中国对世界的重要思想理论贡献，为我们理解、解决这些问题提供了有益的视角和思路。

总体国家安全观的关键是"总体"，强调大安全理念，涵盖政治、军事、国土、经济、金融、文化、社会、科技、网络、粮食、生态、资源、核安全、海外利益、太空、深海、极地、生物、人工智能、数据等诸多领域，而且还将随着国家安全态势和形势的变化而不断动态调整。本书以总体国家安全观为分析框架，对网络安全、数据安全、科技安全、生物安全、核安全、太空安全、海洋安全等非传统安全问题展开分析和研究，提出了法治化的应对思路，既为进一步研究和实践提供了丰富的素材，也为我们认识、践行总体国家安全观提供了新的视角和思路。

本书仅是这一主题的初步研究成果，期待读者的批评指正。

董卫民　沈　伟

2024 年 2 月 12 日

CONTENTS | **目录**

# 论习近平法治思想中的生物安全法治观[*]

刘长秋[**]

**摘要**：生物安全法治观是习近平法治思想的重要组成部分。习近平法治思想中的生物安全法治观立足唯物辩证法和系统论，以国家总体安全观为基轴，着眼于人类命运共同体乃至生命共同体的构建、维护与保障，强调法治的有效实施。我国生物安全法治保障必须以习近平法治思想为指导，坚决贯彻落实生物安全法治观，为此，需要提升对习近平法治思想中生物安全法治观认识的政治站位，进一步强化我国生物安全立法，切实推进生物安全法治的有效实施。

**关键词**：习近平法治思想；生物安全；生命共同体；法治体系

2020 年 11 月，中央依法治国工作会议明确提出了习近平法治思想。习近平法治思想博大精深、体系严整、内涵丰富，是当代中国法治建设的根本遵循。自该思想形成尤其是被明确提出以来，学界已经开展了多方面的研究，发表了大量较有价值的研究成果，然而有关该思想中的生物安全法治观方面的研究成果目前还较为少见。实际上，习近平对生物安全法治问题有过很多极为精彩和精辟的论述，生物安全法治观已经成为习近平法治思想中不可或缺的重要组成部分，尤其是在全球抗击新冠疫情的大背景下，生物安全法治的重要性已经越来越突出，使生物安全法治观在习近平法治思想中的地位越来越重要，也使得准确理解和把握习近平法治思想中的生物

＊ 本文为 2020 年国家社科重大项目"我国生物安全法治保障体系研究"（20&ZD174）的阶段性成果。
＊＊ 刘长秋，上海政法学院马克思主义学院教授、博士生导师。主要研究方向：习近平法治思想、党内法规、生命法学。

安全法治观越来越必要,甚至紧迫。基于此,笔者结合习近平有关生物安全法治的重要论述,就习近平法治思想中的生物安全法治观浅加探究,以期抛砖引玉,为学界进一步研究和贯彻习近平法治思想、助推我国生物安全法治建设以及更好地推进全面依法治国略尽绵力。

## 一、习近平有关生物安全法治的重要论述及其唯物辩证方法论

生物安全问题是伴随现代生物技术发展而逐渐引起各国重视的一个全球性重大问题。在人类历史上,由于生物因素所产生的安全问题一直是人类面临的巨大挑战,不时暴发的瘟疫与蝗灾——作为人类社会早期的生物安全问题是对人类社会发展的重大挑战。进入 20 世纪后,工业技术的发展以及因此带来的环境变化、社会交往的密切化以及经济全球化加速,为各类生物因子的扩张与传播提供了条件,加剧了生物安全问题的危害,使各国生物安全形势日益严峻。而 20 世纪下半叶后,随着以基因技术为核心的生物技术不断发展及其在实践中的日益广泛应用,包括转基因生物、超级病毒等在内的一系列新的生物种类不断出现,生物安全问题逐渐成为一个全球性问题,引发全世界的高度关注,很多国家纷纷出台了相关的法律和政策,以应对现代生物安全问题带来的严峻挑战。而习近平法治思想中的生物安全观就是在这样的大背景下形成的。

### (一)习近平法治思想中有关生物安全法治的重要论述

生物安全问题在我国一直长期存在,历史上的数次蝗灾与瘟疫剥夺了上百万人的生命。而 2003 年暴发的 SARS 以及 2020 年年初的新冠疫情让人们重新认识到了生物安全问题的重要性。近年来,随着生物技术在我国的不断进步,作为一种新经济形态的生物经济逐渐兴起,已经成为我国经济发展的一个新的增长点,而与之相对应的生物安全问题也已成为我国经济社会发展必须直面的新挑战。"除天空、海洋、网络、传统安全外,生物威胁已上升为新的安全疆域,在当前我国重要战略机遇期构成了全新的安全需求。"[1]正是在这种情况下,生物安全问题逐渐受到党和国家的密切关注和高度重视,逐渐被纳入政策与法律考量的层面。而在法治已经成为当代社会主旋律的背景下,运用法律手段、通过法律的制度理性来确保生物安全,

无疑成为我国的必然选择。为此,习近平总书记多次强调要加强生物安全法治,要求通过法律来应对生物安全问题的挑战,并发表了很多关于生物安全法治方面的重要论述。

习近平总书记认为:"良好的生态环境是人类生存与健康的基础",[2]而"生物安全关系国家安全利益、民众健康和生态环境保护,关系能否顺利实现国家治理体系和国家治理能力现代化"。[3]因此,必须高度重视生物安全问题。而在法治已经成为当代国家治理以及社会治理内在要求的背景下,加强生物安全法治建设,用法治来构筑生物安全的堤坝,无疑是生物安全保障的必由之路。习近平总书记指出:"生物安全问题已经成为全世界、全人类面临的重大生存和发展威胁之一",[4]而"人类社会发展的事实证明,依法治理是最可靠、最稳定的治理"。[5]以此为基点,生物安全治理必须纳入法治的轨道,运用法治之力予以推进。他要求:"要尽快推动出台生物安全法,加快构建国家生物安全法律法规体系、制度保障体系";[6]"要从立法、执法、司法、普法、守法各环节全面发力,健全国家生物安全法律法规体系和制度保障体系,加强生物安全法律法规和生物安全知识宣传教育,提高全社会生物安全风险防范意识。"[7]显然,在习近平生物安全法治观中,生物安全法治必须坚持立法先行,借助立法构建并完善生物安全的法律法规体系,并在此基础上从立法、执法、司法、普法、守法各个环节全面发力,使法治的各个环节彼此支撑、相互协同。

不仅如此,习近平总书记还高度重视作为生物安全法治重要组成部分的疫情防控法治和公共卫生法治问题,并在这些问题上有过很多精辟论述,而这无疑也是我们把握习近平生物安全法治观的一个重要面向度。习近平总书记认为:"突发急性传染病往往传播范围广、传播速度快、社会危害大,是重大的生物安全问题。"[8]疫情防控是确保生物安全的一项重要工作,事关社会稳定大局,是对国家治理体系和治理能力的考验,必须"坚持运用法治思维和法治方式开展疫情防控工作,在处置重大突发事件中推进法治政府建设,提高依法执政、依法行政水平"。[9]以此为基点,他指出:"疫情防控越是到最吃劲的时候,越要坚持依法防控,在法治轨道上统筹推进各项防控工作,全面提高依法防控、依法治理能力。"[10]习近平总书记要求:"要加强法治建设,认真评估传染病防治法、野生动物保护法等法律法规的修改完善,还要抓紧出台生物安全法等法律";"有关部门要加强法律实施,加强市场监管,坚决取缔和严厉打击非法野生动物市场和贸易,坚决革除滥食野生动物的陋习,从源头上控制重大公共卫生风险"。[11]"要加快构建公共卫生法律法规体系,健全疫情防控执法机制,加强普法,提高全民法治意识和公共卫生风险防控意识,强化公共卫生法治保障"。[12]"坚持依法防控,要始终把人民群众生命安全和身体健康放在第一位,从立法、执法、司法、守法各环节发力,切实推进依法防控、科学防控、联防联控"。[13]"要普及公共卫生安全和疫情防控法律法规,推动全社会依法行动、依法行事。"[14]在习近平总书记看来,疫情防控是生物安全保障的重要方面,是确保生物安全的必然要求,生物安全的法治需求决定了疫情防控必须要依法进行,而无论是相对微观的疫情防控法治、相对中观的公共卫生法治,还是相对宏观的生物安全法治,都必须要坚持系统论,从法治的各个环节入手,使立法、执法、司法、守法各个环节协同发力。

不难看出,习近平总书记对生物安全法治以及作为生物安全法治重要组成部分的公共卫生法治尤其是疫情防控法治高度重视,不仅将其上升到事关国家治理体系和治理能力现代化的高度来加以审视,且将其作为人类健康乃至生存基础的重要保障。在习近平总书记看来,法治是确保生物安全的必然选择,必须高度重视并不断推进生物安全法治建设;而生物安全法治建设不仅需要尽快制定生物安全法,使生物安全领域有一部基础性、综合性、统领性的法律,以此构建起国家生物安全的法律体系,确保各相关立法步调一致、相互协同配合,而且需要将生物安全法治作为一个系统工程,从法治的各个环节全面发力。正是在习近平法治思想中的生物安全法治观的指导下,我国生物安全立法近年来取得了前所未有的重大成果。不仅立法步伐明显加快,内容的科学性明显提高,而且在体系化建设方面获得了快速突进。2020年10月17日,第十三届全国人大常委会第二十二次会议审议通过《中华人民共和国生物安全法》,填补了我国生物安全领域基础性法律的空白,为构建我国生物安全法律体系乃至法治体系奠定了重要基础,对当代生物安全问题之于我国的挑战作出了重要的立法回应。

(二)习近平生物安全法治观中的唯物辩证论

"唯物辩证法是习近平法治思想一以贯之的世界观和方法论。"[15]习近平法治思想的一个突出特点就是善于运用精准的辩证方法。辩证方法是运用唯物辩证法揭示客观事物运动规律的一种科学思维方法,是立足于唯物辩证的立场、观点和方法,坚持全面、系统、普遍地看事物,进而抓住主要矛盾和矛盾的主要方面,把握事物本质发展演变规律,以指导具体工作的思维方法。辩证思维"除了'非此即彼',又在恰当的地方承认'亦此亦彼',并使对立的各方相互联系起来。"[16]生物安全法治观作为习近平法治思想的重要组成部分,也是建立在辩证思维方法之上的,突出并强调系统论。在习近平法治思想中,生物安全的各个因素相互联系、牵一发而动全身,因此,生物安全治理必须"要强化系统治理和全链条防控,坚持系统思维,科学施策,统筹谋划,抓好全链条治理"。[17]

生物安全问题的产生与生物技术滥用密切相关,生物技术滥用是导致生物安全问题加剧的一个重要诱因。有关这一点,2018 年年底发生在我国的"基因编辑婴儿事件"已经成为最鲜明注脚。在这种情况下,"人类在生物技术发展问题上没有可以犯错误的空间"[18]。很多人因此而谈生物技术色变,较排斥生物技术。但习近平总书记认为,发展生物技术与确保生物安全并不矛盾,相反,两者是有机统一、彼此支撑、相互促进的。生物安全法治的目的在于确保生物安全,但目标则在于实现生物经济的健康发展,即在确保生物技术安全的前提下发展生物技术,将生物经济的发展建立在安全的基点之上,让生物经济造福于人民,造福于人类。换言之,在习近平生物安全法治观中,生物安全法治的关键在于处理好生物安全与生物技术发展之间的关系,用技术发展来解决技术安全问题。习近平总书记指出:"安全是发展的前提,发展是安全的保障。"[19]具体到生物安全与生物技术发展方面,发展生物技术、促进其产业化应用与生物安全并不是相互矛盾、有你无我的,而是相互促进、相互支撑的,发展生物技术是提高生物技术掌控能力、提高国家生物安全治理能力的需要,即"生命安全和生物安全领域的重大科技成果也是国之重器,疫病防控和公共卫生应急体系是国家战略体系的重要组成部分"。[20]因此,他强调:"要加快推进生物科技创新和产业化应用,推进生物安全领域科技自立自强,打造国家生物安全战略科技力量,健全生物安全科研攻关机制……要促进生物技术健康发展,在尊重科学、严格监管、依法依规、确保安全的前提下,有序推进生物育种、生物制药等领域产业化应用。"[21]而在疫病防控与公共卫生保障方面,他也要求"加快提高疫病防控和公共卫生领域战略科技力量和战略储备能力"。[22]习近平总书记对于生物安全法治的认识并没有囿于简单地保障生物安全的表面层次,而是深入到生物技术发展乃至生物经济发展的深层次内核之中。

生物安全问题是一种存在于生物圈但伴随着生物技术不断发展而越来越突出的现代性问题。作为一种非传统型安全问题,生物安全问题具有影响群体的广泛性、影响范围的跨国性以及危害后果的不可逆转性三个方面的突出特征。[23]生物安全问题一旦发生,就会给人类经济社会发展带来难以挽回的损失。因此,人类在生物安全问题上没有后悔药,只有确保安全这一条路。在全面依法治国已经成为当代中国国家治理不可逆转潮流的情势下,法治无疑是应对生物安全问题的必然选择。而如何正确理解和认识生物安全法治便成为生物安全法治建设的前提。习近平有关生物安全法治的重要论述是习近平法治思想重要组成部分,构成了习近平生物安全法治观。这一法治观对于我们准确理解和科学推进生物安全法治无疑具有重要的指导意义。

## 二、习近平法治思想中的生物安全法治观之建构维度

习近平法治思想中的生物安全法治观是建立在以习近平同志为核心的党中央有关生物安全法治的一系列论述基础之上而形成的法治观,是在近年来生物安全形势在我国越来越严峻,致使我国生物安全法治应对能力面临挑战的情况下,针对我国生物安全为什么需要法治以及如何实现生物安全法治等重大问题而形成的一系列原创性新观点和新策略。该法治观的形成和构建主要立足于以下三个方面的维度。

### (一)以总体国家安全观为基轴

在习近平新时代中国特色社会主义思想中,当代国家安全是一个内涵与外延比历史上任何时候都要丰富,时空领域比历史上任何时候都要宽广,内外因素比历史上任何时候也都要复杂的问题,因此,"必须坚持总体国家安全观……走出一条中国特色国家安全道路"。[24]无论是政治安全、国土安全、军事安全,还是文化安全、社会安全、经济安全,所有的安全问题都不可

或缺,必须保障,需要把所有安全问题作为一盘棋。以此为基点,生物安全并不是一个孤立的安全问题,而是隶属于国家安全并对国家安全有着重大影响的战略性问题,只有立足于总体国家安全观,才能够科学把握生物安全问题的关键。习近平总书记认为:"国家安全是安邦定国的重要基石,维护国家安全是全国各族人民根本利益所在。"[25]而生物安全则是国家安全不可或缺,更不可忽视的重要组成部分,必须将之纳入国家安全体系,成为国家安全体系中须臾不可分割的重要组成部分。他指出:"必须从保护人民健康、保障国家安全、维护国家长治久安的高度,把生物安全纳入国家安全体系。"[26]"重大传染病和生物安全风险是事关国家安全和发展、事关社会大局稳定的重大风险挑战。要把生物安全作为国家总体安全的重要组成部分,坚持平时和战时结合、预防和应急结合、科研和救治防控结合,加强疫病防控和公共卫生科研攻关体系和能力建设。"[27]习近平总书记反复要求,要完善国家安全战略和国家安全政策,坚决维护国家政治安全,统筹推进各项安全工作。健全国家安全体系,加强国家安全法治保障,提高防范和抵御安全风险能力。[28]这充分体现了作为中国特色社会主义事业领导核心的中国共产党的总体国家安全观。

立足于这种总体国家安全观,在习近平法治思想中,生物安全法治并不单是防范和应对生物安全风险以保障生物安全之治,而是整个国家安全法治保障不可或缺的重要组成部分;易言之,国家加强生物安全法治建设的目的不只在于确保生物安全,而是基于对整个国家安全的考量。在生物安全法治建设过程中,必须具有系统观、大局观,将生物安全法治作为国家安全法治的重要组成部分,着眼于整个国家安全的保障,即"贯彻落实总体国家安全观,加快国家安全法治建设……推进公共安全法治化,构建国家安全法律体系"。[29]对生物安全法治的考量必须要以总体国家安全观作为基轴,需要围绕总体国家安全来看待和考量生物安全法治建设,将生物安全法治建设作为事关整个国家安全法治乃至全面依法治国不可或缺的重要一环来谋划和部署,不能"头疼医头,脚疼医脚"。这是习近平生物安全法治观的基本维度。

（二）致力于人类命运共同体乃至生命共同体的构建、维护与保障
习近平法治思想是习近平新时代中国特色社会主义思想重要组成部

分,而生物安全法治观作为该思想中有关生物安全法治的一系列观点及策略,则是其中不可或缺的重要组成部分。该法治观着眼于人类命运共同体的构建、维护与保障,体现了中国共产党人胸怀天下、心系苍生的格局,具有极为宏阔的视野。习近平总书记认为:"这个世界,各国相互联系、相互依存的程度空前加深,人类生活在同一个地球村里,生活在历史和现实交汇的同一个时空里,越来越成为你中有我、我中有你的命运共同体。"[30]以此为基点,"应该树立命运共同体意识,顺应时代潮流,把握正确方向,坚持同舟共济",[31]"坚持推动构建人类命运共同体"。[32]当今时代,生物安全问题的跨国性更加突出,已经超越国界,任何一个国家的生物安全问题都可能会外溢成为区域性甚至全球性生物安全问题。正如习近平总书记所指出的:"各国可谓安危与共、唇齿相依,没有哪一个国家能够置身事外而独善其身,也没有哪个国家可以包打天下来实现所谓的绝对安全。"[33]为此,维护我国生物安全必须"既重视自身安全,又重视共同安全,打造命运共同体,推动各方朝着互利互惠、共同安全的目标相向而行"。[34]习近平总书记向全球呼吁:"共同构建人类卫生健康共同体,共同佑护各国人民生命和健康,共同佑护人类共同的生命家园。"[35]以此为立足点,生物安全法治建设应当着眼于人类命运共同体的构建、维护与保障,不能只注意本国生物安全的法治保障而忽视其他国家和地区乃至国际生物安全的法治保障,必须统筹国内生物安全法治与涉外生物安全法治,即"要积极参与全球生物安全治理,同国际社会携手应对日益严峻的生物安全挑战,加强生物安全政策制定、风险评估、应急响应、信息共享、能力建设等方面的双(多)边合作交流",[36]要"以国际法为基础,维护公平合理的国际治理体系。要践行真正的多边主义,有效遵守和实施国际规则"。[37]

作为习近平法治思想重要组成部分,生物安全法治观还充满了极为强烈的人文关怀,其终极向度是构建和维护生命共同体,促进人与自然之间关系的和谐。习近平总书记认为,"山水林田湖是一个生命共同体,人的命脉在田,田的命脉在水,水的命脉在山,山的命脉在土,土的命脉在树"。[38]易言之,人类的生命并不是孤立存在的,而是与其他生物的生命一起共同构成整个生物圈,人类是整个生物圈的一部分,其命运受其他生物生命的影响和制约,人类与其他生物共同构成生命共同体,人类生命健康的保障必须基于生态环境的维护和保障之上。"生物多样性使地球充满生机,也是人类生存和发展的基础。"[39]人类应当反思传统的人类中心主义的伦理观,逐渐学会尊重自然、顺应自然、保护自然,与其他生命和谐共生,"构建人与自然和谐共生的地球家园"。[40]"应该遵循天人合一、道法自然的理念,寻求永续发展之路。"[41]人类不能够以造物主的身份向大自然过度索取。生物安全法治必须在着眼于人类命运共同体构建、维护和保障的基础上,谋求生命共同体的构建、维护与保障,确保构建人与自然之间健康、和谐的相互关系。

### (三)强调生物安全法的有效实施

"法律的生命力在于实施。"[42]法治能够得以实现的关键也在于实施。如果仅有法而得不到实施,则法治实现只能沦为空想和愿景。习近平总书记曾引用古人的话指出:"天下之事,不难于立法,而难于法之必行"。[43]其目的就在于说明法律实施的重要性。习近平法治思想高度重视法治的实施。在习近平法治思想中,"全面依法治国是一个系统工程,要整体谋划,更加注重系统性、整体性、协同性"。[44]换言之,必须将法治作为一个系统工程,突出和强调法治建设的整体性,做到"贯彻中国特色社会主义法治理论,形成完备的法律规范体系、高效的法治实施体系、严密的法治监督体系、有力的法治保障体系"。[45]这意味着,法治并不只是法律规则的制定,更包括法律制度的实施。在制定法律的同时,必须推进其适用、执行、宣传普及以及遵守,以强化法律法规制度的有效实施。具体到生物安全法治方面,就是要求在运用法治思维强化生物安全保障过程中不仅要加强生物安全法律法规制度建设,为生物安全法治打下坚实的制度根基,而且要关注和强调法律的制度执行力,使生物安全法能够在确保生物安全方面切实发力。

习近平总书记认为:"一分部署还要九分落实";[46]"现在,我们有法规制度不够健全、不够完善的问题,但更值得注意的是已有的法规制度并没有得到严格执行"。[47]习近平总书记对法治中国的问题判断到位、分析透彻、把脉精准。他认为,法治中国之路的软肋和困境不乏立法不健全、不完善的问题,也毋庸置疑地需要在推进法治建设过程中逐步解决立法不足、不完善的问题,但更要关注法律实施问题,使法律真正落地,即"要强化制度执行,加强监督检查,确保出台一个就执行落实好一个",[48]尤其是要"健全权责明确、程序规范、执行有力的疫情防控执法机制"。[49]只有如此，才能"推进法律正确实施，把'纸上的法律'变为'行动中的法律'"。[50]实际上，在《生物安全法》出台之前，尽管我国生物安全领域缺少一部基础性、综合性、统领性的法律，但并不缺少旨在确保生物安全的立法，例如《野生动物保护法》《病原微生物实验室生物安全管理条例》《农业转基因生物技术安全管理条例》《人类遗传资源管理条例》以及《医学技术临床应用管理办法》等都是国家关注和重视生物安全的法治成果。然而，2018 年年底的"基因编辑婴儿事件"、2019 年年底的"甘肃布病事件"都表明了我国生物安全法治的软肋并不仅在于立法的缺失或不完善，更在于法律实施方面的不足。习近平生物安全法治观在关注生物安全立法的同时，反复强调法律制度的实施，充分显示了其对我国生物安全法治问题之判断的精准与分析之到位。

### 三、落实习近平生物安全法治观的实践要求

"任何时代都有反映这个时代特性的问题，在解决这些问题的过程中往往就产生了伟大的思想。"[51]科学思想与观念的意义在于引领和指导实践，推动实践的正确开展。而用科学的思想或观念来指导我国生物安全法治实践则恰恰是我国生物安全法治建设迫切需要正视的一个问题。我国生物安全法治于 20 世纪 80 年代即已起步，然而，由于长期以来没有得到科学思想或观念的指导，其步伐一直较为缓慢，且呈现出一种碎片化治理现象，没有在我国生物安全方面发挥预期作用。习近平法治思想中的生物安全法治观无疑为我国生物安全法治保障提供了科学的理论基础和正确的方法论。作为一种科学的法治观，习近平生物安全法治观需要被贯彻落实于我国生物安全法治建设的具体实践中，必须做好以下三个方面的要求。

（一）提升对生物安全法治重要性认识的政治站位

作为习近平法治思想的重要组成部分，习近平生物安全法治观具有极高的政治站位。该法治观以总体国家安全观为基轴，着眼于国家治理体系和治理能力现代化之需求以及中华民族伟大复兴之需要，以构建人类命运共同体和生命共同体为目标，是中国共产党胸怀天下、济世救民之宏大格局映射在生物安全法治保障问题上的必然结果。该法治观始终重视国家安

全、强调人民立场,突出忧患意识,要求居安思危,是新时代马克思主义法治观在生物安全领域的重要创新性成果。习近平总书记指出:"增强忧患意识,做到居安思危,是我们治党治国必须始终坚持的一个重大原则。我们党要巩固执政地位,要团结带领人民坚持和发展中国特色社会主义事业,保证国家安全是头等大事。"[52]生物安全法治作为中国特色社会主义法治的重要领域,事关党的事业、民族复兴乃至全球安全,其重要意义不言而喻。不仅如此,生物安全法治还事关人与自然关系的和谐,事关人类生态文明存续。"生物安全立法的实质是以法律这样一种规则理性和制度文明来保障整个生物圈,构建人与其他生物和谐相处、互促共生的命运共同体。强化生物安全立法保障也是促进我国生态文明建设、推进构建人类命运共同体的题中应有之义。"[53]

以此为基点,在深入推进我国生物安全法治建设过程中,必须提升对生物安全法治重要性的认识高度,提升对习近平生物安全法治观重要性认识的政治站位,站在党和国家事业全局、民族复兴乃至世界兴衰与人类安全的高度,全面准确理解和系统把握习近平法治思想中的生物安全法治观,抓住习近平生物安全法治观的理论精髓和实践要求,全力提升生物安全立法、执法、司法、普法和守法等各项工作的主动性,尽快构建并完善我国生物安全法治体系,确保我国生物安全法治建设始终走在正确的轨道上,沿着正确的方向前进。

(二)进一步强化生物安全立法

立法是法治的基础。对于生物安全法治而言,若立法这一基础不牢,则会引发生物安全法治的根基。在我国,由于传统上对生物安全立法重视的不足,导致生物安全立法一直是我国国家安全立法的薄弱环节。《生物安全法》的出台解决了我国在生物安全领域长期以来没有基本法的问题,为我国生物安全法律体系框架的搭建提供了可能,也使得我国生物安全法治的实现具备了必要基础。但是目前我国生物安全法律体系还远谈不上健全,在诸如转基因食品规制、临床医疗新技术规制等方面,我国立法依旧存在明显的短板、漏洞和弱项,而且由于隶属于我国生物安全法律体系中的诸多法律规范,例如《野生动物保护法》《国境卫生检疫法》《实验动物管理条例》《生物技术研究开发应用安全管理办法》等都出台于《生物安全法》制定之前,与习近平法治思想中的以总体国家安全观为基轴、突出和强调人类命运共同体,以及生命共同体的理念等还不完全契合,没有凸显其应有的政治站位,与我国生物安全保障的实际需要还存在一定差距。所以,立足于人类命运共同体以及生命共同体的角度、在总体国家安全观的视野中重新审视生物安全立法,加快构建国家生物安全法律体系、制度保障体系,无疑应当成为我国生物安全法治建设必须直面的使命。

因此,必须在巩固我国现有生物安全立法重要成果的基础上,进一步加强生物安全立法,正如习近平总书记所要求的:"要加强国家安全、科技创新、公共卫生、生物安全、生态文明、防范风险等重要领域立法,……努力健全国家治理急需、满足人民日益增长的美好生活需要必备的法律制度。"[54]例如,针对《野生动物保护法》《国境卫生检疫法》等在防疫、抗疫过程中的漏洞应尽快予以弥补;针对目前我国需要开发转基因食品研发技术以应对粮食危机,但又必须确保转基因食品技术安全的情况下,制定一部专门规范转基因食品技术的法规;针对国务院制定的《实验动物管理条例》已越来越难以适应目前我国生物安全保障形势需要的问题,应尽快修改、完善该条例;针对《生物技术研究开发应用安全管理办法》效力层次偏低而无法真正承担保障我国生物技术研究开发安全管理需要的现状,尽快出台《生物技术研究开发应用安全条例》;等等。总之,需要针对目前我国生物安全立法所显现出来的漏洞、短板与弱项,相应地加以补强,使其更契合习近平法治思想中的生物安全法治观,更适应我国生物安全保障的现实需要,成为真正确保我国生物安全的"防火墙"!

（三）推进《生物安全法》的有效实施

法治实现需要建立在完备的法律规范体系之上,既需要有法可依,更需要确保法的有效实施,构建高效的法治实施体系,使《生物安全法》切实发力。过去很长一段时期,由于对生物安全法治的重要性认识不足,我国生物安全立法一直步伐缓慢,缺少一部基础性、综合性、统领性的生物安全法。《生物安全法》的出台从根本上解决了这一问题。但如何实施好这部法律则成为我们必须要关注和解决好的一个重要问题,该问题直接关系我国《生物安全法》能否真正发挥作用。

　　笔者认为,首先,必须加强生物安全法治宣传教育。过去很长一段时间尤其是总体国家安全观尚未提出之前,我国一直对生物安全法治建设不够重视,而这也成为我国长期没有制定《生物安全法》的一个重要原因,受此影响,我国生物安全法治宣传教育一直不够,很多人都缺乏生物安全法治意识。即使在《生物安全法》出台之后,依旧有很多人不了解生物安全的重要性,更毋宁说理解生物安全法治的意义。这势必会影响我国《生物安全法》的有效实施。在这种情况下,必须充分重视生物安全法治宣传教育问题,坚持以习近平法治思想为指导,强化生物安全法治宣传教育,构建我国《生物安全法》的宣传教育体系,助推《生物安全法》的有效实施。其次,必须构建并完善生物安全法治实施监督机制,通过监督推动生物安全法治有效实施。应当形成良好的执法调研或执法检查机制,定期开展生物安全执法专题调研或执法检查,强化对于生物安全法律的实施,尤其是生物安全执法的监督,切实推动生物安全法有效实施,即"必须强化制度执行力,加强对制度执行的监督"。[55]再次,必须高度重视作为中国特色社会主义法治体系重要组成部分的党内法规在推进《生物安全法》实施方面的作用。2020 年 10 月出台的《生物安全法》明确把党的领导规定其中,①凸显了党的领导对于确保生物安全法治建设的重要性。治国必先治党,治党务必从严,从严必依法度,而依法度就必须重视旨在管党、治党的党内法规。党内法规制度建设必然会在生物安全法实施方面发挥重要作用,成为衡量《生物安全法》实施效果的关键因素。因此,必须关注党内法规制度建设对于我国生物安全法治实施的支撑和保障作用,在生物安全法治理领域突出并强调党政同责,加强党内确保《生物安全法》实施的制度保障建设,通过强化各级党组织的党纪责任来推动我国生物安全法治的高效实施。

**参考文献**

[ 1 ] 刘杰、任小波、姚远等:《我国生物安全问题的现状分析与对策》,《中国科学院学刊》2016 年第 4 期。

────────────

① 《中华人民共和国生物安全法》第 4 条:"坚持中国共产党对国家生物安全工作的领导,建立健全国家生物安全领导体制,加强国家生物安全风险防控和治理体系建设,提高国家生物安全治理能力。"

［2］ 中共中央党史和文献研究院：《习近平关于防范风险挑战、应对突发事件论述摘编》，中央文献出版社 2020 年版，第 238 页。

［3］ 董媛媛：《基于自然、社会经济要素和 DPSEEA 模型构建生物安全评价体系》，《生物多样性》2021 年第 8 期。

［4］ 中共中央党史和文献研究院：《习近平关于总体国家安全观论述摘编》，中央文献出版社 2018 年版，第 108 页。

［5］ 中共中央文献研究室：《习近平关于全面依法治国论述摘编》，中央文献出版社 2015 年版，第 63 页。

［6］ 中共中央党史和文献研究院：《习近平关于防范风险挑战、应对突发事件论述摘编》，中央文献出版社 2020 年版，第 108 页。

［7］ 《加强生物安全建设，总书记的最新论述》，http://www.news.cn/politics/2021 - 10/02/c_1127926686.htm，最后访问日期：2022 年 3 月 26 日。

［8］ 习近平：《构建起强大的公共卫生体系，为维护人民健康提供有力保障》，《求是》2020 年第 18 期。

［9］ 习近平：《全面提高依法防控依法治理能力，健全国家公共卫生应急管理体系》，《求是》2020 年第 5 期。

［10］ 习近平：《全面提高依法防控依法治理能力，健全国家公共卫生应急管理体系》，《求是》2020 年第 5 期。

［11］ 习近平：《在中央政治局常委会会议研究应对新型冠状病毒肺炎疫情工作时的讲话》，《求是》2020 年第 4 期。

［12］ 梁秋坪：《对公共卫生这件大事，习近平提出"十二字诀"》，http://politics.people.com.cn/n1/2020/0525/c1001 - 31722349.html，最后访问日期：2022 年 3 月 26 日。

［13］ 习近平：《在中央政治局常委会会议研究应对新型冠状病毒肺炎疫情工作时的讲话》，《求是》2020 年第 4 期。

［14］ 习近平：《构建起强大的公共卫生体系，为维护人民健康提供有力保障》，《求是》2020 年第 18 期。

［15］ 《习近平法治思想概论》编写组：《习近平法治思想概论》，高等教育出版社 2021 年版，第 13 页。

［16］ 《马克思恩格斯选集》（第三卷），人民出版社 2012 年版，第 910 页。

［17］ 《加强生物安全建设，总书记的最新论述》，http://www.news.cn/politics/2021 - 10/02/c_1127926686.htm，最后访问日期：2022 年 2 月 27 日。

［18］ Hugh B. Wellons, Elieen Smith Ewing, etc. *Biotechnology and the Law*. ABA Publishing, 2007, p.2.

［19］ 习近平：《关于〈中共中央制定国民经济和社会发展第十四个五年规划和二○三五年远景目标的建议〉的说明》，《人民日报》2020 年 11 月 4 日，第 2 版。

［20］ 中共中央党史和文献研究院：《习近平关于防范风险挑战、应对突发事件论述摘

编》,中央文献出版社 2020 年版,第 109—110 页。

[21]《加强生物安全建设,总书记的最新论述》,http://www.news.cn/politics/2021 - 10/02/c_1127926686.htm,最后访问日期:2022 年 2 月 27 日。

[22] 中共中央党史和文献研究院:《习近平关于防范风险挑战、应对突发事件论述摘编》,中央文献出版社 2020 年版,第 109—110 页。

[23] 刘长秋:《论生物经济发展视野下的生物安全法律需求》,《法治社会》2020 年第 6 期。

[24] 中共中央党史和文献研究院:《习近平关于总体国家安全观论述摘编》,中央文献出版社 2018 年版,第 4 页。

[25]《习近平法治思想概论》编写组:《习近平法治思想概论》,高等教育出版社 2021 年版,第 288 页。

[26] 中共中央党史和文献研究院:《习近平关于总体国家安全观论述摘编》,中央文献出版社 2018 年版,第 108 页。

[27] 习近平:《为打赢疫情防控阻击战提供强大科技支撑》,《求是》2020 年第 6 期。

[28] 习近平:《决胜全面建成小康社会,夺取新时代中国特色社会主义伟大胜利》,《十九大以来重要文献选编(上)》,中央文献出版社 2019 年版,第 35 页。

[29]《中共中央关于全面推进依法治国若干重大问题的决定》,《中国法学》2014 年第 6 期。

[30] 习近平:《论坚持推动构建人类命运共同体》,中央文献出版社 2018 年版,第 5 页。

[31] 习近平:《论坚持推动构建人类命运共同体》,中央文献出版社 2018 年版,第 29 页。

[32] 习近平:《决胜全面建成小康社会,夺取新时代中国特色社会主义伟大胜利》,《十九大以来重要文献选编(上)》,中央文献出版社 2019 年版,第 18 页。

[33] 中共中央党史和文献研究院:《习近平关于总体国家安全观论述摘编》,中央文献出版社 2018 年版,第 248 页。

[34] 中共中央党史和文献研究院:《习近平关于总体国家安全观论述摘编》,中央文献出版社 2018 年版,第 5 页。

[35] 习近平:《团结合作战胜疫情,共同构建人类卫生健康共同体》,《人民日报》2020 年 5 月 19 日,第 2 版。

[36]《加强生物安全建设,总书记的最新论述》,http://www.news.cn/politics/2021 - 10/02/c_1127926686.htm,最后访问日期:2022 年 2 月 27 日。

[37]《习近平出席〈生物多样性公约〉第十五次缔约方大会领导人峰会并发表主旨讲话》,《人民日报》2021 年 10 月 13 日,第 1 版。

[38] 中共中央党史和文献研究院:《习近平关于总体国家安全观论述摘编》,中央文献出版社 2018 年版,第 184 页。

[39]《习近平出席〈生物多样性公约〉第十五次缔约方大会领导人峰会并发表主旨讲

话》,《人民日报》2021 年 10 月 13 日,第 1 版。

[40] 《习近平出席〈生物多样性公约〉第十五次缔约方大会领导人峰会并发表主旨讲话》,《人民日报》2021 年 10 月 13 日,第 1 版。

[41] 习近平:《共同构建人类命运共同体》,《求是》2021 年第 1 期。

[42] 中共中央文献研究室:《习近平关于全面依法治国论述摘编》,中央文献出版社 2015 年版,第 57 页。

[43] 中共中央文献研究室:《习近平关于全面依法治国论述摘编》,中央文献出版社 2015 年版,第 70 页。

[44] 习近平:《坚定不移走中国特色社会主义法治道路,为全面建设社会主义现代化国家提供有力法治保障》,《求是》2021 年第 5 期。

[45] 《中共中央关于全面推进依法治国若干重大问题的决定》,《中国法学》2014 年第 6 期。

[46] 中共中央纪律检查委员会、中共中央文献研究室:《习近平关于严明党的纪律和规矩论述摘编》,中央文献出版社、中国方正出版社 2016 年版,第 81 页。

[47] 中共中央纪律检查委员会、中共中央文献研究室:《习近平关于严明党的纪律和规矩论述摘编》,中央文献出版社、中国方正出版社 2016 年版,第 89 页。

[48] 习近平:《做焦裕禄式的县委书记》,中央文献出版社 2015 年版,第 59 页。

[49] 习近平:《构建起强大的公共卫生体系,为维护人民健康提供有力保障》,《求是》2020 年第 18 期。

[50] 习近平:《坚持走中国特色社会主义法治道路,更好推进中国特色社会主义法治体系建设》,《求是》2022 年第 4 期。

[51] 李军、刘东芝:《毛泽东首倡"党内法规"的历史意蕴探究——基于〈中国共产党在民族战争中的地位〉的文本考查》,《上海政法学院学报》2020 年第 6 期。

[52] 中共中央党史和文献研究院:《习近平关于总体国家安全观论述摘编》,中央文献出版社 2018 年版,第 3 页。

[53] 刘长秋:《强化我国生物安全立法保障》,《光明日报》2020 年 3 月 9 日,第 6 版。

[54] 习近平:《坚持走中国特色社会主义法治道路,更好推进中国特色社会主义法治体系建设》,《求是》2022 年第 4 期。

[55] 习近平:《坚持和完善中国特色社会主义制度推进国家治理体系和治理能力现代化》,《求是》2020 年第 1 期。

# 中国特色国家生物安全法治体系构建论纲[*]

王　康[**]

**摘要：** 新冠疫情体现出了我国现有生物安全风险防控和治理体系存在的某些不足，我国生物安全法律治理机制面临着挑战。中国特色国家生物安全法治体系的目标是维护国家生物主权、生物安全和人类健康，促进生物科技和生物产业创新发展，推进生物安全全球合作共治，增强国家生物安全治理能力。它体现了总体国家安全观的政治要求，反映了国家治理体系和治理能力现代化的制度功能，承载着构建人类命运共同体的历史使命，彰显着风险责任理念的法律价值。要遵循风险预防、公众参与、分类监管、严格责任、国际合作等基本原则，形成国家生物安全治理能力保障机制、生物安全分级分类监管机制、风险监测预警与应急响应机制、风险管理机制、恢复和补救机制、生物安全防御机制、法律责任机制等保障体系。

**关键词：** 生物安全；全球性生物风险；国家生物安全法治体系；生物安全法

## 一、问题的提出

新冠疫情发生以来，尤其是世界卫生组织（WHO）将其列为国际关注

---

  ＊ 本文系国家社科基金"基因正义论：人类基因技术多维风险的法律控制"（19FFXB043）、上海政法学院"疫情防控专题研究"项目（2020YQFK01）的阶段性成果。
 ＊＊ 王康，上海政法学院教授，法学博士，主要研究方向：民法、医事法与基因法。

的突发公共卫生事件(PHEIC)后,与疫情防控、生命科技风险密切相关的生物安全问题就在全球范围内广受关注。国际社会一度出现该病毒是"非自然起源"的阴谋论,认为它是人工合成并泄露的,甚至是"基因武器"。[1] 这些谣言已经在科学基础上被多次正面驳斥。[2][3] 在新冠疫情防控中,病原体基因鉴别、疫苗研发、药物临床试验等生物科技手段发挥了重大作用,国家生物安全法律治理机制也在加速推进。2020 年 2 月 14 日,习近平在中央全面深化改革委员会第十二次会议上指出,要把生物安全纳入国家安全体系,系统规划国家生物安全风险防控和治理体系建设,全面提高国家生物安全治理能力,尽快推动出台《生物安全法》,加快构建国家生物安全法律法规体系、制度保障体系。[4] 科技部随即发文要求加强实验室病毒管理,确保生物安全。[5] 国家卫健委在 2020 年 7 月 6 日发文要求:"加强实验室监管以防新冠病毒泄露或人员感染"。② 生物安全问题在疫情防控、社会治理、国家安全中重要性日益凸显。在此背景下,加快构建国家生物安全法律治理体系意义重大。

在《生物安全法》进入立法程序③[6]之前,我国已经有学者研究了《生物安全法》的基本理论,但主要侧重于转基因生物安全的法律治理。④ 在 2019 年 4 月召开的《生物安全法》立法论证会上,来自生命科学、环境科学、伦理学、法学等领域的专家就立法目的、调整范围、核心概念、基本框架、主要制度、法律责任等核心问题进行了交流。⑤ 在新冠疫情防控期间,国家生物安全问题受到更多关注,学者们从不同视角分别对生物安全法治体系构建的

---

① 国际著名医学刊物《柳叶刀》在 2020 年 2 月 19 日发表了来自 8 个国家的 27 位科学家对该阴谋论的谴责声明:"在这次疫情中,相关数据迅速、公开且透明的共享,正受谣言和错误信息的威胁。⋯⋯阴谋论除了制造恐慌、谣言、偏见、损害全球共同抗疫工作,别无他用。"

② 《国家卫生健康委办公厅关于在新冠肺炎疫情常态化防控中进一步加强实验室生物安全监督管理的通知》(国卫办科教函〔2020〕534 号)。

③ 2018 年 9 月,第十三届全国人大常委会在立法规划中将《生物安全法》列入第三类立法项目。受"基因编辑婴儿"事件的影响,《生物安全法》上升为 2019 年全国人大常委会的立法任务之一。

④ 有代表性的文献,参见蔡守秋:《论生物安全法》,《河南政法管理干部学院学报》2020 年第 2 期;于文轩:《生物安全立法研究》,清华大学出版社 2009 年版;王明远:《转基因生物安全法研究》,北京大学出版社 2010 年版;孙文广:《生物安全法律规制研究》,北京大学出版社 2010 年版;王子灿:《生物安全法:对生物技术风险与微生物风险的法律规制》,法律出版社 2015 年版。

⑤ 全国人大环资委环境资源立法研究基地于 2019 年 4 月 27 日组织立法咨询闭门会议,对该法起草中的重大问题征求专家意见。

原则、框架、路径、制度等问题提出了见解。① 这些文献为我国生物安全法律规制提供了借鉴。虽然作为国家生物安全法治体系核心的《生物安全法》已于 2020 年 10 月 17 日通过,但是这一体系的构建理念、内容、框架、路径等还存在争议,需要进一步全面、深入的研究。

笔者拟从我国生物安全治理体系现状及其面临的新挑战出发,结合我国法制背景、条件和趋势,讨论国家生物安全法治体系的理念遵循、目标体系、基本原则和构建路径。

## 二、我国生物安全风险防控和治理体系面临挑战

（一）我国面临的生物安全新形势

当前,生物安全问题在国际范围内比历史上任何时候都复杂多变,这给生物安全治理提出了一个新课题。人类已经步入风险社会,全球性生物风险已经多次发生,仅在公共健康领域,自进入 21 世纪以来,SARS、H7N9、H1N1、MERS、Ebola 以及当前的新冠病毒肺炎,都引发了全球性恐慌。这些严重的生物风险具有不确定性、全球性、突发性和反复性,并且绝大部分与人类活动有关,而非单纯源于自然演化。

生物安全不仅关系社会民生、科技进步和经济发展,而且与国家安全密切相关。当前,生物恐怖主义、基因武器已成为国际关注的重大问题。虽然《禁止生物武器公约》禁止发展、生产、储存生物武器,并要求销毁既存的生物武器,倡导以和平方式利用生物科技,但并未能制止生物武器在战争中的使用。美国炭疽攻击[7]等事件的发生也证明了生物恐怖主义已成为现实的威胁。这种新型的生物威胁和重大突发公共健康危机在性质上有所不同,虽然尚未在国际范围内造成急迫威胁和恐慌,但是国家必须尽快并最大限度地增强生物防御能力。

---

① 参见王晨光:《疫情防控法律体系优化的逻辑及展开》,《中外法学》2020 年第 3 期;常纪文:《加快构建国家生物安全法律法规体系》,《学习时报》2020 年 2 月 17 日,第 1 版;莫纪宏:《关于加快构建国家生物安全法治体系的若干思考》,《新疆师范大学学报(哲学社会科学版)》2020 年第 4 期;于文轩:《生物安全保障的法治原则与实现路径》,《探索与争鸣》2020 年第 4 期;秦天宝:《〈生物安全法〉的立法定位及其展开》,《社会科学辑刊》2020 年第 3 期;侯东德:《生物安全损害惩罚性赔偿制度研究》,《社会科学辑刊》2020 年第 4 期;薛杨、俞晗之:《前沿生物技术发展的安全威胁:应对与展望》,《国际安全研究》2020 年第 3 期。

无论是维护人民健康、社会安全还是国家安全，都要求加快推进国家生物安全治理能力的提升，在科技、法治等方面形成严密的生物安全风险防控体系。在疫情防控的时刻，习近平总书记及时提出了构建国家生物安全治理体系的战略目标和方针举措，意义深远。

（二）我国现有生物安全法律治理框架

在 2020 年 10 月 17 日《生物安全法》通过之前，虽然我国已经初步搭建了生物安全法律治理框架，但缺少一部综合性的生物安全法。现行法主要集中于环境生态保护、动植物等自然资源保护（生物多样性保护）、食品药品安全管理、动植物检疫与国境检验检疫、病原微生物与实验室生物安全、传染病防治与突发重大公共健康事件应对、转基因生物安全管理、人类遗传资源管理和人类基因技术管理等多个领域。现行法的表现形式是多样的，呈现出法律、法规、规章、规范性文件等不同位阶，在内容上包括实体和程序规范、技术准则和伦理指南。

在环境生态保护领域，主要包括《环境保护法》《环境影响评价法》《水土保护法》《海洋环境保护法》《森林法》《农业法》《草原法》《渔业法》等法律渊源。[1]

在动植物等自然资源、生物多样性保护领域，目前主要包括《种子法》《野生动物保护法》《自然保护区条例》《野生植物保护条例》《陆地野生动物保护条例》《种畜禽管理条例》《植物新品种保护条例》等法律渊源。

在食品药品安全管理领域，目前主要包括《食品安全法》《农产品质量安全法》《药品安全法》《化妆品监督管理条例》等法律渊源。

在动植物检疫与国境检疫领域，目前主要包括《海关法》《动植物进出口法》《进出口商品检验法》《国境卫生检疫法》《进出境动植物检疫法》《货物进出口管理条例》《植物检疫条例》等法律渊源。没有专门用于管理外来物种入侵的法律或法规，有关条款分散在各个法律中。

在病原微生物、实验室生物安全领域，目前主要包括《病原微生物实验

---

[1] 本部分所举法源仅列最高法源的名称。例如，对于最高法源为法律（狭义）的，一般不再列出其项下的行政法规（实施条例等）。对于部门规章、国家标准等，标注原发布机关或部门名称，若有修订，则标注最近修订的部门名称及时间。

室生物安全管理条例》及其项下的部门规章《病原微生物实验室生物安全环境管理办法》(国家环境保护总局,2006年)、《高等级病原微生物实验室建设审查办法》(科学技术部,2018年)、《人间传染的高致病性病原微生物实验室和实验活动生物安全审批管理办法》(国家卫计委,2016年)、《人间传染的病原微生物菌(毒)种保藏机构管理办法》(卫生部,2009年)、《可感染人类的高致病性病原微生物菌(毒)种或样本运输管理规定》(卫生部,2005年)、《动物病原微生物分类名录》(农业部,2005年)、《医疗机构临床实验室管理办法》(国家卫生健康委员会,2020年)等,以及国家标准《WS 233 - 2017病原微生物实验室生物安全通用准则》(国家卫计委,2017年)、《WS 589 - 2018病原微生物实验室生物安全标识》(国家卫计委,2018年)等法律渊源。

在传染病防治、突发重大公共健康事件应对领域,目前主要包括《传染病防治法》《动物防疫法》《突发事件应对法》《家畜家禽防疫条例》《突发公共卫生事件应急条例》等法律渊源。在新冠疫情防控期间,国务院为应对新冠疫情印发了《医学检验实验室管理暂行办法》(联防联控机制医疗发〔2020〕279号),国家卫生健康委发布了规范性文件《新型冠状病毒实验室生物安全指南》(第2版参见国卫办科教函〔2020〕70号)。

在转基因生物安全管理领域,目前主要包括行政法规《农业转基因生物安全管理条例》及其项下的部门规章《农业转基因生物安全评价管理办法》(农业部,2017年)、《农业转基因生物(植物、动物、动物用微生物)安全评价指南》(农业部,2017年)、《农业转基因生物标识管理办法》(农业部,2017年)、《农业转基因生物加工审批办法》(农业农村部,2019年)、《农业转基因生物进口安全管理办法》(农业部,2017年)、《进出境转基因产品检验检疫管理办法》(海关总署,2018年)等,以及国家标准《农业转基因生物安全管理通用要求 实验室》(农业部,2016年)、《农业转基因生物标签的标识》(农业部,2007年)等法律渊源。

在人类遗传资源管理、人类基因技术规制领域,现行规范主要是一个行政法规《人类遗传资源管理条例》,以及几个规章或规范性文件。有关部门规章、规范性文件主要包括《基因工程安全管理办法》(科技部,1993年)、《人类辅助生殖技术管理办法》(卫生部,2001年)、《人类辅助生殖技术规范》(卫生部,2003 年)、《人类辅助生殖技术和人类精子库伦理原则》(卫生部,2003 年)、《人胚胎干细胞研究伦理指导原则》(科技部、卫生部,2003年)、《干细胞临床研究管理办法(试行)》(国家卫生计生委、食品药品监管总局,2015 年)、《涉及人的生物医学研究伦理审查办法》(国家卫计委,2016年)、《生物技术研究开发安全管理办法》(科技部,2017 年)、《医疗技术临床应用管理办法》(国家卫生健康委员会,2018 年)等。

此外,我国 1993 年正式加入《生物多样性公约》,①2000 年签署《卡塔赫纳生物安全议定书》。② 为了履行《生物多样性公约》的要求,在联合国环境规划署(United Nations Environment Programme,UNEP)和全球环境基金(Global Environment Facility,GEF)的支持下,我国在 2000 年发布了中国国家生物安全框架,③[8]为国家生物安全法治体系建设提供了政策指南。不过,在我国目前的法律秩序中,该框架并不属于正式的法律渊源。

(三)我国现行生物安全法治体系的不足

作为几十年来"传播速度最快、感染范围最广、防控难度最大"的一次公共健康危机,新冠疫情考验着我国生物安全风险防控和治理体系的有效性,并体现出我国生物安全风险治理体系、治理能力存在的一些不足。[9][10]例如,在本次疫情发生初期,对未知病毒风险评价的科学性有所欠缺,有关疫情信息的风险沟通真实性、充分性不足,一些地方政府未能主动采取及时、有效的应急防控措施(例如缺少科学合理的应对预案;对病毒感染者的早期筛查诊断迟缓;隔离措施不到位;床位、药物等物资短缺),以致错过了最佳的疫情控制时段。当然,国家在全国范围内及时采取了有力的防控措施,迅速控制了疫情的蔓延。从表面上看,某些政府部门和主管机构的生物安全风险意识相对薄弱、地方政府生物安全治理能力普遍不足、突发公共健康危机应急预案不具可操作性、应急医疗资源储备不足是出现上述问题的部分

---

① Convention on Biological Diversity (1992). 中国于 1992 年 6 月 11 日签署该公约,1992 年 11 月 7 日批准,1993 年 1 月 5 日存交加入书。

② Cartagena Protocol on Biosafety to the Convention on Biological Diversity 2000. 该议定书于 2003 年生效。我国于 2000 年 8 月 8 日签署,2005 年 4 月 27 日国务院核准,2005 年 9 月 6 日正式成为缔约方。

③ 该框架重点关注了现代生物技术研发尤其是转基因生物的风险管理、产业发展,以及生物安全管理国家能力建设。

原因。但实质上,真正的根源在于我国生物安全法治体系的不完善,包括突发公共健康危机在内的生物风险治理能力、治理措施在整体上相对薄弱。在 2020 年 10 月 17 日《生物安全法》通过之前,虽然我国初步形成了生物安全法律治理框架,但是其系统性、全面性、科学性、协调性存在不足。

首先,规制体系不够健全。因为我国缺乏一部专门的生物安全基本法,法律法规相对零散地存在,甚至部分规定存在冲突,所以没有构成有机统一的法律治理系统。

其次,规制范围存在空白。现行法律法规主要集中于环境生态与自然资源保护、传染病防治(其项下的突发公共卫生事件应对、病原微生物实验室生物安全、出入境检验检疫、进出口商品及动植物检验检疫、畜禽疾病防治)、野生动植物保护、食品药品安全管理、转基因生物安全管理、遗传资源及基因技术监管等领域,缺少应对外来物种入侵、生物恐怖主义以及基于各学科融合、交叉的新兴生物科技风险(例如生物合成、基因编辑、基因驱动、基因武器)等专门法律法规。生物安全评估等国家标准不够全面。

再次,规制内容有所缺失。现行法未能充分贯彻科学、理性的生物安全治理理念,风险监测预警、风险评估、风险交流、治理能力建设等机制有所欠缺。

最后,规制效果实效不足。由于缺少一个权威的协调和决策机构,主管部门众多(包括但不限于环境、自然资源、科技、卫生、农业、教育、海关、国防)且职责权限模糊,风险管理系统先天不足,加上法律责任机制相对薄弱,监管主动性不强,生物安全风险防控机制的执行力不尽如人意。

在 2021 年 4 月 15 日《生物安全法》实施之后,以上不足得以在生物安全基本法的基础上适当弥补。但是,国家生物安全协调机制的建立、现行法之间的协调和衔接、分级分类规制措施的具体化、国家生物安全法律治理的体系化等重要法律改革都有待完成。考虑到以上种种不足的根源尚未消除,当前应在理念、目标与路径等方面,着眼于生物安全的事物本质和全球性生物风险的新形势,进行系统性的反思。

## 三、国家生物安全法治体系构建的思想遵循与法律理念

在这个新的历史时期,我国要加快制定一部系统性、基础性、综合性

的《生物安全法》，并以其为核心构建国家生物安全法治体系。中国特色国家生物安全法治体系既是法治国家、法治文明制度体系中的重要组成部分，也是国家生物安全战略的法治表达。构建中国特色国家生物安全法治体系，应以习近平新时代中国特色社会主义思想为基本遵循，以总体国家安全观为指导，以风险责任为法理基础。这一构建理念体现了总体国家安全观的政治要求，反映了国家治理体系和治理能力现代化的制度功能，承载着构建人类命运共同体的历史使命，彰显着风险责任理念的法律价值。

### （一）体现总体国家安全观的政治要求

要从总体国家安全观①的角度来理解构建国家生物安全法治体系的政治要求。2020 年 2 月 14 日，习近平总书记指出："要从保护人民健康、保障国家安全、维护国家长治久安的高度，把生物安全纳入国家安全体系。"[11] 2020 年 3 月 2 日，习近平总书记在北京考察新冠疫情防控科研攻关工作时继续强调，重大传染病和生物安全风险是事关国家安全和发展、事关社会大局稳定的重大风险挑战，要把生物安全作为国家总体安全的重要组成部分。生命安全和生物安全领域的重大科技成果也是国之重器，疫病防控和公共卫生应急体系是国家战略体系的重要组成部分。[12]生物科技进步和国家安全、社会福祉并行不悖，要统筹协调生物科技、生物产业发展和生物安全之间的关系，做好风险防控。构建国家生物安全法治体系，尤其要坚持国家利益至上，以人民安全为宗旨，以政治安全为根本，统筹外部安全和内部安全、国土安全和国民安全、传统安全和非传统安全、自身安全和共同安全，维护国家主权、安全、发展利益。总体国家安全观要求在国家生物安全法治体系中，一方面，要着力于增强生物防御能力，以应对来自外部的生物攻击；另一方面，要把重大疫情防控纳入国家生物安全法治体系，以应对未来可能再次出现的突发严重公共健康危机和难以想象的新型生物风险。

---

① 2014 年 4 月 15 日，习近平总书记在中央国家安全委员会第一次会议上首次明确提出了"总体国家安全观"的概念，指出要构建集政治安全、国土安全、军事安全、经济安全、文化安全、社会安全、科技安全、信息安全、生态安全、资源安全、核安全于一体的国家安全体系。生物安全纳入国家安全体系，可能和军事、经济、社会、科技、信息、生态、资源等其他国家安全领域发生交错。

（二）反映国家治理体系和治理能力现代化的制度功能

要从国家治理体系和治理能力现代化的角度，来理解构建国家生物安全法治体系的制度功能。习近平指出，"这次抗击新冠肺炎疫情，是对国家治理体系和治理能力的一次大考。"[13]生物安全治理能力是指一个国家有效应对生物威胁和生物风险的能力，涉及科技、管理、法治等方面。从国家安全、国家利益角度来看，预防和控制重大新型传染病、防御生物武器和生物恐怖主义攻击、防范外来生物入侵、预防生物技术滥用、确保生物实验室安全、保护包括人类在内的生物基因资源，都要求进一步增强国家生物安全治理能力。生物安全治理的法律政策、组织系统和能力建设要有机结合，政府部门要具备生物风险意识，形成生物风险管理和生物安全法治思维，确保生物风险识别、预警系统和应对措施持续有效，提升国家生物安全治理能力的现代化水平。

（三）承载构建人类命运共同体的历史使命

要从构建人类命运共同体理念的角度，来理解构建国家生物安全法治体系的历史逻辑。构建人类命运共同体理念的提出体现了大国担当精神，符合全球化趋势。在全球化趋势下，生物风险极易跨境蔓延，人类命运休戚与共，国际社会相互依存，多次国际关注的突发公共健康事件都证明了这一点。所以，生物安全问题属于全球治理领域，应在联合国体系下完善全球治理法律规则。我国正深入推进全面开放格局，应积极与国际社会共享生物安全治理的教训和智慧，推动形成科学、透明、公正、共治的生物安全国际治理体系，最终实现"共同、综合、合作、可持续"[14]的全球安全。

新冠疫情防控客观上也是中国参与全球生物安全治理的机会。WHO高度赞赏中国强大的动员能力、积极的疫情防控措施，肯定中国为全球抗疫争取时间、提供经验所付出的巨大代价。[15][16][17]2020年4月18日，医学界权威学术刊物《柳叶刀》也在社论中指出：中国"为其他国家树立了鼓舞人心的榜样"[18]。中国除了及时向国际社会分享病毒全基因序列信息以及流行病学调查、临床诊疗等疫情防控的经验和技术方案，还在力所能及的范围内对其他受疫情影响的国家和地区进行了大力支持，并向WHO捐款2 000

万美元以支持其开展抗疫国际合作工作。现实已经证明,用无畏、牺牲、忠诚精神铸就的生物安全治理的中国方案,为国际社会提供了一个疫情防控、生物安全国际治理的范本。中国正在以切实的行动,践行着人类命运共同体理念。

（四）彰显风险责任理念的法律价值

要从风险责任理念[19]的角度,来理解构建国家生物安全法治体系的法律价值。所谓风险责任是指在社会系统中的不确定性风险面前,为预防损害(包括损害危险)发生和实现社会共存目标,而对风险成本进行公平分配的责任体系,它包括初始性责任分配和恢复性责任分配两个方面。前者体现为法定义务,主要通过立法者的一般衡量,以法律上的高度注意义务为分析工具,实现分配正义;后者体现为包含侵权责任在内的综合性救济机制,主要通过裁判者的个案判断,以损害的公平归责为评价目标,实现矫正正义。风险成本包括对不确定性损害风险的预防负担,以及风险现实化后的恢复、补救和赔偿等损害救济责任。前者是对不确定性风险的阻却负担,后者是对风险现实化后的救济负担。当投入了足够的风险预防时,可以避免或最大限度地减轻损害;当所投入的风险成本在函数曲线图上与所避免的损害相会于一点,就达到了一个风险预防的理想均衡状态;当无论投入多大的风险预防成本,仍然不能避免或减轻损害,这就是一个悲剧性社会行动。当一个被许可的悲剧性社会行动发生时,损害的启动者和承受者都将付出代价,受害人无疑值得同情,但行为人却不具有法律上的可谴责性,此时综合性社会救济体系应妥当地发挥作用。

风险责任理念倡导尊严、安全、团结和共同责任,这是其最重要的法律价值。在生物安全领域,风险责任理念的要义在于它并不拒绝生物风险,在追求生物科技、医疗健康、产业发展等方面的利益与机会的同时,应最大限度地防范、避免或救济可能的损害及其危险,并且公平地进行风险分配。由此,生物安全风险治理的最优政策是确立风险预防原则,形成风险责任机制,在促进生物技术研发和应用的同时,对具有不确定性的生物风险进行充分的预防,以最大限度地确保生物安全。

### 四、国家生物安全法治体系构建的目标与原则

（一）国家生物安全法治体系构建的主要目标

我国《生物安全法》是一部"体现中国特色、反映新时代要求的生物安全法"，致力于"防范生物风险、促进生物技术发展、支撑国家生物安全体系"。[20]维护国家生物安全是总体要求，保障人民生命健康是根本目的，保护生物资源、促进生物技术健康发展、防范生物威胁、促进人类命运共同体建设是主要任务。这一目标定位，既贯彻了风险预防原则，维护了国家安全、生物安全和人类健康，也强调了促进生物技术发展，着力于构建人类命运共同体的愿景，值得肯定。

这一目标体系体现了对发展和安全的统筹协调。构建国家生物安全法治体系要协调好发展和安全的关系，这是生物安全国家治理的主线。一方面，维护国家生物主权、国家生物安全，防范对国民健康、福祉以及经济、政治、国防方面的安全的威胁，应该是国家生物安全法治体系的首要目标。《生物多样性公约》等国际法文件都确立过生物主权、生物安全、人类健康等法律原则。在促进人类健康的目标上，不仅要促进国民健康安全，而且要促进全球健康安全。另一方面，促进生物科技、生物产业创新发展也应该是国家生物安全法治体系的重要目标。虽然生物科技带来了种种生物风险，但拥有强大的科技工具（例如检测手段、药物、疫苗等）对解决不断变化的威胁又是至关重要的，更重要的是社会发展不得不依赖于生物科技的发展。我们应该在促进生物科技进步的同时，最大限度地进行生物风险预防，并通过公正的风险沟通和文化融合促进形成妥当的生物风险认知，以及生物安全治理中的风险责任机制。

中国特色国家生物安全法治体系的目标主要包括维护国家生物主权、生物安全和人类健康，促进生物科技和生物产业创新发展，推进生物安全全球合作共治共享，增强国家生物安全治理能力。

（二）国家生物安全法治体系构建的基本原则

在新冠疫情防控期间，我国法学研究者再次提出了一些有关生物安全立法基本原则的见解。常纪文提出应建立损害预防优先、科学管理、公众参

与、损害者负担、风险预防的基本原则。[21]莫纪宏主张贯彻以人为本、维护国家安全、维护生态平衡、保障基本人权、保证技术风险可控和构建人类命运共同体等法治原则。[22]于文轩认为生物安全立法应坚持风险预防原则和谨慎发展原则,并建议在科技安全保障方面以人文关联补足科技理性和价值理性,在生态安全保障方面以保障总体国家安全为主旨,更加重视生物多样性保护和公共卫生安全保障。[23]秦天宝认为,生物安全立法的基本原则主要包括风险预防原则、全程控制原则、分类管控原则和多元共治原则。[24]以上代表性的主张虽然观点表述不一,但有一些基本的共识,例如都强调风险预防和公共参与原则。

考虑到生物安全在外延上的广泛性,生物安全法不可能面面俱到,必须有所侧重,因此必须注意生物风险的类别化治理。同时,考虑到在全球性生物风险的新形势下,生命科技风险、公共健康危机是最重要的生物安全治理对象,而这些新事物具有更复杂的风险情境和特征,有更多的负外部性,故应对其采取全方位、全流程、全领域的风险防范、安全保障措施。在这些措施中,严格的法律责任才是最重要的生物安全法律保障机制。笔者主张,为实现国家生物安全法律治理的目标,构建我国生物安全法治体系,应在总体国家安全观的指导下,彰显风险责任理念,遵循风险预防、公众参与、分类监管、严格责任、国际合作等基本原则。

### 1. 风险预防原则

习近平总书记在谈国家安全时,引用《三国志》中的话说:"明者防祸于未萌,智者图患于将来。"[25]这就指明了在生物安全法治中贯彻落实风险预防原则、风险管理措施的重要价值。

风险预防原则的内涵为:只要可能存在损害或损害之虞,就不能以没有科学可以证实的肯定性证据为由,而不采取或延迟采取风险防范措施。风险预防原则不同于指向确定性损害及其危险的"预防为主原则",它体现了对待具有不确定性的生物风险的审慎立场。哪怕对这种可能发生的生物安全损害的性质、因果关系、范围和大小等具体因素知之甚少,同时也不能或很难进行可能的量化评估(此时,"预防为主原则"无法发挥作用),但是只要依据一定的技术分析或科学论证可以认定存在产生损害的可能性,并且根据风险社会感知状况,一般公众在价值判断上难以忍受此种损害可能性,就应该适用风险预防原则。

风险预防原则在环境领域早已被广为采纳。联合国大会于 1982 年通过的《世界自然宪章》最早涉及风险预防措施（special precautions）。① 在 1987 年第二次保护北海国际会议发表的宣言中，大会要求采取风险预防措施（precautionary approach），并初步对风险预防原则（the principle of precautionary action）进行了初步表达："甚至在污染物排放与环境损害后果之间的因果关系得以科学证明之前，也要如此行动。"② 在 1990 年第三次保护北海国际会议发表的宣言中，风险预防原则（precautionary principle）这个简洁而明确的术语才被正式提出。③ 风险预防原则的内涵在 1992 年《关于环境与发展的里约宣言》原则 15 中得到了正式、明确的阐述，④ 后来又在《生物多样性公约》第 8 条中得以特别明确（要求防范基因改造生物"可能对环境产生的不利影响"和"对人类健康的危险"）。⑤《卡塔赫纳生物安全议定书》对其继续予以重申和贯彻，在第 10 条第 6 款中将所要防范的风险描述为"潜在的不利影响"，⑥ 这就比《里约宣言》陈述的"严重的或不可逆转的损害威胁"更容易得以认定，从而在《生物多样性公约》体系下形成一个纯粹的风险预防原则。

风险预防原则有强意义和弱意义两种理解。强意义的风险预防原则实际上是零风险原则，它要求风险事件的启动者或制造者必须提供该风险事件没有任何危害的证明，否则相关行动就不能进行。这是对确定性的一种

---

① Art. 11, art. 12(b), UN GA RES 37/7. World Charter for Nature (28 October, 1982).

② The Ministerial Declaration of the Second International Conference on the Protection of the North Sea in London on 24 and 25 November, 1987.

③ The Ministerial Declaration of the Third International Conference on the Protection of the North Sea in Hague on 8 March, 1990.

④ Rio Declaration on Environment and Development (1992). 宣言中的原则 15 即为风险预防原则："为了保护环境，各国应根据它们的能力广泛采取预防性措施。凡有可能造成严重的或不可挽回的损害的地方，不能把缺乏充分的科学肯定性作为推迟采取防止环境退化的费用低廉的措施的理由。"

⑤ Art. 8(g), Convention on Biological Diversity (1992). 该条款规定："制定或采取办法以酌情管制、管理或控制由生物技术改变的活生物体在使用和释放时可能产生的危险，即可能对环境产生不利影响，从而影响生物多样性的保护和持久使用，也要考虑对人类健康的危险。"

⑥ Art. 10, Cartagena Protocol on Biosafety to the Convention on Biological Diversity 2000. 该条第 6 款："在亦顾及对人类健康构成的风险的情况下，即使由于在改性活生物体对进口缔约方的生物多样性的保护和可持续使用所产生的潜在不利影响的程度方面未掌握充分的相关科学资料和知识，因而缺乏科学定论，亦不应妨碍该缔约方酌情就以上第 3 款所指的改性活生物体的进口问题作出决定，以避免或尽最大限度减少此类潜在的不利影响。"

太过理想化的描绘,事实上很难做到让任何事件都是零风险的。《世界自然宪章》有关风险预防的表述有强意义的倾向。[①] 弱意义的风险预防原则并不要求做到零风险的确证,仅要求在风险事件全过程中不能把缺乏充分的科学肯定性作为不采取或推迟采取预防措施的理由。1992 年《关于环境与发展的里约宣言》对风险预防原则的经典陈述,即是在弱意义上做出的。通常所说的风险预防原则就是弱意义的,它是对不确定性的一种现实主义的对待。风险预防原则并不要求进行零风险确证,仅要求在风险事件全过程中不能把缺乏充分的科学肯定性作为不采取或推迟采取预防措施的理由。

风险预防原则在我国现行法中没有真正贯彻,甚至在实际立法中已坚定地贯彻了实质等同性原则。[②]《环境保护法》中的"预防为主"原则,主要指向具有确定性、可以量化的损害及其危险,在本质上是"损害预防"原则,而非以科学不确定性为基础的"风险预防"原则。《农业转基因生物安全管理条例》第 3 条第 2 款的定义虽体现了风险意识,但没有明确地将其上升为风险预防原则。当然,在对风险预防措施的法律规制中,要考虑消极风险的类型(根据不同性质给出禁止、限制、允许的理由)、严重性(对可能的损害范围与大小的评价)、概率(对因果关系等不确定性的评价)、可接受性(对风险感知等价值意义的评价),以及成本效益分析(对可行性的评价及风险预防成本的合理分配)等几个核心要素。

2. 公众参与原则

公众参与原则要求在生物安全治理机制中保持开放和透明,只要信息可及性、参与公正性能够得以保障,就可以有效避免谣言和恐慌,生物安全治理才可以顺利进行。

在有关生物安全的风险交流、风险决策过程中,公众参与既可以为决策

---

① Art. 11(b), UN GA RES 37/7. World Charter for Nature (28 October 1982). 宪章在第 11(b)条中指出:"在进行可能对大自然构成重大危险的活动之前应先彻底调查;这种活动的倡议者必须证明预期的益处超过大自然可能受到的损害;如果不能完全了解可能造成的不利影响,活动即不得进行。"

② 《新资源食品管理办法》(2007 年 12 月 1 日卫生部令第 56 号)第 8、19 和 26 条,该办法被《新食品原料安全性审查管理办法》(2013 年 5 月 31 日国家卫生和计划生育委员会令第 1 号)废止,后者第 15 和 22 条也提了实质等同性,但却在第 23 条中将"转基因食品"排除其管制范围。2015 年修订的《食品安全法》除在第 69 条要求"生产经营转基因食品应当按照规定显著标示"外,并未对转基因食品与传统食品的安全(风险)问题作任何本质上的区别对待;第 151 条进一步明确转基因食品监管是该法的任务(该法未作规定的,适用其他法律、行政法规的规定),彻底遵循了实质等同性原则。当然,强制标识制度也意味着通过知情同意机制而对这一原则的部分缓和。

的正当性提供社会基础,也有利于风险管理和风险防范措施的开展。公众参与是以公正、充分的风险交流为前提的,这就要求风险规制者应培养公众对待风险的理性和宽容心态,在做出风险决策之前还需要获得特定公众的知情同意。由此,公众参与原则就具有提前知情同意的内涵,对形成理性的风险社会感知、促成科学的风险决策具有重要意义。另外,公众参与原则与社会信任体系的构建具有重大关联。"社会信任是解释科学与现代技术的社会接纳程度的关键因素",而它又需要通过公众参与的途径来重塑或改善。[26] 公众对风险交流和风险决策的参与,可以进一步增加社会信任程度,塑造对风险可接受性的共识,有效弥合科学不确定性与社会对安全的需求之间的矛盾。

公众参与原则在我国现行法中虽有体现,但并不充分和具体。《环境保护法》第 5 条即对此予以宣告,但《农业转基因生物安全管理条例》未反映。《生态环境损害赔偿制度改革方案》明确规定了"信息共享,公众监督"原则,要求在涉及公共利益的生态环境损害赔偿重大事项上应当邀请利益相关者参与。① 在新的法律秩序中,要对公众参与原则的地位和程序保障进一步强化。

3. 分类监管原则

生物安全治理的核心是危险度评估,而生物风险事件类型多样,因此,应根据危险性的不同性质、等级,进行分级分类监管,依据在于:一方面,生物安全是一个内涵相对确定、外延模糊、内容宽泛的系统,涉及重大突发公共健康危机(疫情)、生物资源和人类遗传资源、外来物种入侵与生物多样性、生物技术研发和应用、实验室生物安全、微生物耐药、生物恐怖主义和生物武器等不同领域。在法律治理体系构建时,必须根据生物安全风险的事物本质提取共性要素和整体特征,才能为体系构建提供科学依据和事实基础。另一方面,生物安全法治体系的构建也是一个系统的法律工程,内容庞杂,难以通过一部法律构建出完整的法治体系。因此,生物安全在外延上涉及事项广泛,考虑到"结构—功能"的内在相关性,在生物安全法治保障体系的构建上,必须区分不同的生物安全领域,基于其个性化特征进行类别化描述和规制。《生物安全法》中的生物安全分部门监管和协调机制,就是一种

---

① 该方案要求实施信息公开,推进政府及其职能部门共享生态环境损害赔偿信息。生态环境损害调查、鉴定评估、修复方案编制等工作中涉及公共利益的重大事项应当向社会公开,并邀请专家和利益相关的公民、法人、其他组织参与。参见中办发〔2017〕68 号。

不得已而为的功能主义考虑的体现。这是在现实条件下,可以采取的理想主义与实用主义兼顾,但实用主义优位的妥协策略。

4. 严格责任原则

严格责任是生物安全法律治理措施执行力的根本保障。正如 WHO《实验室生物安全手册(第三版)》指出的,有效的生物安全规范是生物安全保障活动的根本,应建立国家标准来明确国家和单位在防止标本、病原体和毒素被滥用方面应负的责任,规定主管部门在发生生物安全事件时的介入程度、作用和责任。[27] 严格责任原则除了要针对生物安全损害提供侵权责任规范,还要在公法或社会法上提供责任规范。此外,严格责任原则还要求针对生物安全事故,设定适当的行政责任、刑事责任,并在现行法的基础上增强其威慑力。

严格责任原则在我国现行法中有所体现,但在法秩序上并不全面、一致。在我国生物安全管制法中,有两个以违法性为要件的责任条款(《基因工程安全管理办法》第 28 条、《农业转基因生物安全管理条例》第 52 条),并非真正的关于严格责任的规范基础。《环境保护法》第 5 条即明确规定了“损害担责”原则,并将具体责任承担问题指向了侵权责任法。在作为国家政策的《生态环境损害赔偿制度改革方案》中,“环境有价,损害担责”原则再次被强调。① 2020 年颁布的《民法典》专门规定了“生态环境损害责任”,不仅为常态的环境污染损害提供救济,而且特别对生态损害责任作了具体规定。不过,《民法典》目前的条款还不能完全解决具有多类型、多样态、多领域的生物安全损害救济问题。

严格责任除具有法律责任的内容外,还具有伦理责任和社会责任的意义。2013 年 4 月,中国科学院学部主席团发布《关于负责任的转基因技术研发行为的倡议》,②呼吁以对人类社会发展高度负责任的态度,加强职业操守,规范科研行为,履行社会责任,积极与社会沟通,促进转基因技术良性

---

① 该方案要求体现环境资源生态功能价值,促使赔偿义务人对受损的生态环境进行修复。生态环境损害无法修复的,实施货币赔偿用于替代修复。赔偿义务人因同一生态环境损害行为需承担行政责任或刑事责任的,不影响其依法承担生态环境损害赔偿责任。参见中办发〔2017〕68 号。

② 倡议称,科学家要负责任地开展转基因技术开发及应用,在增进转基因科学知识、推进转基因技术发展的同时,积极关注技术应用的社会和环境效果,预见技术的潜在风险,自觉规避技术的负面影响。科学与社会的关系日益紧密,科学家应对由自身努力而取得的成果承担相应的社会责任。科学家在转基因技术的决策咨询、风险管理、科技传播等事务中承担着重要的角色,在转基因技术的社会应用中发挥重要作用。科学家应在审批决策过程中坚持审慎负责的行为,在风险管理过程中坚持公正理性的立场,在科技传播过程中坚持诚实坦率的态度。保持对技术伦理的敏感性,自觉思考技术开发和应用可能带来的伦理、社会和法律问题。

发展。科学家所处的特殊位置及角色,使其应具有两方面的责任担当:一方面,体现在使转基因技术的发展最大限度地造福于人类发展与社会进步;另一方面,表现为感知不公正和避免风险的自觉性。在未来的生物安全法律规制框架内,应将生物技术伦理准则适度地法律化。

5. 国际合作原则

构建国家生物安全法治体系,要协调好共同安全(全球治理)和自身安全(国家治理)的关系。一方面,推进生物安全全球合作共治是国家生物安全法治体系的另一个目标。以 SARS - CoV - 2 病毒为例,无论它是自然发生的还是非自然发生的,都可能迅速蔓延至全球各个角落,在联合国体系下的生物安全国际共治是不可避免的。另一方面,构建国家生物安全法治体系,最终要落脚于增强国家生物安全治理能力上,否则,以上所有目标都将沦为空谈。要科学和理性地系统规划国家生物安全风险防控和治理体系,全面提高国家生物安全治理能力。只有国家生物安全治理能力提升,才能更好地参与对全球生物风险的国际共治,推进全球生物安全共享,最终有利于人类命运共同体愿景的早日实现。

## 五、国家生物安全法治体系构建的模式与路径

我国应构建以《宪法》为根基、以《生物安全法》为核心的国家生物安全法治体系。《宪法》序言和多个条文涉及生物安全,为构建国家生物安全治理体系奠定了基础。《生物安全法》应为综合性法律,是国家生物安全法治体系的一般法、基本法,是国家生物安全治理体系的顶层设计。栗战书曾对我国《生物安全法》进行了定位,指出它是一部"内容全面、结构完整、重点突出,具有基础性、系统性、综合性、统领性的生物安全基本法"。[28] 在《生物安全法》的统率下,各单行法律法规、技术规范、伦理准则、国家标准相互协调,共同构成国家生物安全法律法规体系和制度保障体系。另外,鉴于生物安全领域的相对宽泛,生物安全法治体系也是庞大而散乱的,应采取功能主义立场下的"整体化+类别化"的规制模式。

（一）国家生物安全法治体系的规制对象和范围

国家生物安全法治体系的规制对象是生物安全。"生物安全"一词有着

丰富的内涵和外延,应对其进行准确定位,否则可能失去立法的科学性和正当性基础。

在生物安全的内涵上,其既指生物安全状态(事实描述),也指生物安全措施(原则、技术及实践),又指生物安全能力(生物安保能力、生物防御能力),更包括生物安全价值(目标、风险感知)。《生物安全法》所称生物安全,是指"国家有效应对生物因子及相关因素威胁,在生物领域能够保持稳定健康发展,利益相对处于没有危险和不受威胁的状态,具备保障持续发展和持续安全的能力"。所谓生物因子是指"动物、植物、微生物、生物毒素及其他生物活性物质"。这就把生物安全定义为一种国家能力("在生物领域能够……具备保障持续发展和持续安全的能力")、一种状态("在生物领域能够保持稳定健康发展,利益相对处于没有危险和不受威胁的状态")。它以生物风险防范("有效应对生物因子及相关因素威胁")为出发点,以生物领域"稳定健康发展"为价值目标,并以致力于实现"持续发展和持续安全"的国家能力为保障。

在生物安全的外延上,"生物"包括人类和其他生物,"安全"既包括实验室安全(包括危害性生物制剂、病原体和毒素管理)、公共健康、动植物疫病防控、环境生态安全、外来物种入侵、出入境管理、食品药品管理等传统安全问题,也包括现代生物科技(尤其是基因技术及其与纳米技术、信息技术的深度融合)应用风险、遗传资源管理、生物恐怖主义、生物黑客、生物武器等非传统安全问题。

在生物安全的形式上,其表现为技术安全、伦理安全、生态安全、社会安全、国家安全等不同类型。在英文中,生物安全有 biosafety 和 biosecurity 两种表达。WHO 在《实验室生物安全手册(第三版)》中,用 biosafety 来描述那些为防止发生病原体或毒素无意中暴露及意外释放而采取的防护原则、技术以及实践(侧重于技术安全、生态安全);用 biosecurity 来描述为防止病原体或毒素丢失、被窃、滥用、转移或有意释放而采取的安全保障措施(侧重于社会安全、国家安全)。[29]不过,在立法上很难对二者进行泾渭分明的区分,同时考虑到我国的具体情况,国家生物安全法治体系可以将两者一并纳入。

国家生物安全法治体系应采用"大生物安全"的概念,[30]由此形成其相对宽泛的规制范围。在总体国家安全观的视野下,生物安全属于较为宽泛的国家安全领域。根据习近平总书记的总体国家安全观,国家安全包括"政治安全、国土安全、军事安全、经济安全、文化安全、社会安全、科技安全、信息安全、生态安全、资源安全、核安全"等多个领域,生物安全是新增的内容,但不是可以与上述安全领域并列的事项,而是一个相对包容、相互融合的综合性国家安全领域,与科技安全、生态安全、资源安全、信息安全、经济安全、社会安全、军事安全等领域具有叠加或交叉。

（二）国家生物安全法治体系的构建模式

鉴于生物安全领域的相对宽泛,生物安全法治体系也是庞大而散乱的,应采取功能主义立场下的"整体化＋类别化"的规制模式。

结构与功能是同一事物的两个方面,生物安全法律治理也同样处于这样的状态,为更好地获取有效的制度功能,有必要对生物安全领域和法律治理的内部结构关系予以关注。"整体化"体现了生物安全法治系统的本质构成和全局特征,有助于彰显生物安全法治体系的价值目标、系统功能;"类别化"则着眼于不同生物安全领域的具体本质和个性特征,例如通过具体的制度保障措施来落实生物安全法治体系的"整体化"的规定性,有助于提升法律制度的实效。《生物安全法》（具体是指其中的一般规定）就是"整体化"的体现,其他单行法则是"类别化"的体现,二者的结合可以超越整体的模糊性和个别的有限性。

当然,此种功能主义立场下的"整体化＋类别化"规制模式,可能会在一定程度上牺牲整体结构的体系美观性（例如,《生物安全法》只能放弃对生物安全法治领域的事项的面面俱到）。不过,这一规制模式却较好地凸显了立足于具体结构要素的体系功能性,从而聚焦于我国目前最需要解决的生物安全治理事项（例如,遗传资源安全、生物科技风险、重大公共健康危机）。

考虑到生物安全领域的特殊性,以及我国生物安全治理相关的现实法制背景、社会条件,可以对国家生物安全法治体系作"横切面""纵切面"两个交互的维度进行构建。"横切面"是指作为个性的不同领域的生物安全治理事项及其法律法规体系;"纵切面"是指作为共性的生物安全的规制理念以及全流程风险防范、监管措施等制度保障体系。"纵"在风险责任理念和制度的体系凝练;"横"在风险责任理念和制度的具体铺展。纵横交错的构建方法有助于立体、全景的生物安全法治体系的形成。

（三）国家生物安全法律法规体系的形成

考虑到我国目前的法制背景、立法进程和未来趋势，国家生物安全法律法规体系的构建可以分"三步走"，并采取总分结构的表达模式。

第一步，尽快贯彻落实《生物安全法》的基本制度。《生物安全法》自2018年9月列入第三类立法项目后，在大约两年时间内迅速完成了全部立法程序。①[31]《生物安全法》中的一般规定是这个法治体系的总纲，其下应分不同领域或对象予以规制。《生物安全法》在"提取公因式"的基础上，规定立法目的、基本原则、法律责任以及其他普遍适用的规则。《生物安全法》将重大突发传染病与动植物疫情防控、生物技术研发和应用、实验室生物安全、人类遗传资源与生物资源安全保障、外来物种入侵防范和生物多样性保护、微生物耐药应对、生物恐怖主义和生物武器威胁防御等作为规制范围，值得肯定。考虑到对现行法规制盲点的填补，《生物安全法》分则特别规定了一些具有迫切性的重大领域监管制度，但对微生物耐药问题仅列入规制范围，并没有提供具体的规制条款。

第二步，处理好《生物安全法》与《传染病防治法》《环境保护法》《野生动物保护法》《食品安全法》《药品管理法》《突发事件应对法》《进出境动植物检疫法》《国境卫生检疫法》等现行法律的衔接关系。这些法律已经提供了有关公共健康、环境保护、食品药品安全、野生动物保护、突发事件应对等制度，但应在新的生物安全治理形势下予以及时修改，以形成健康协调、有序衔接的制度体系。

第三步，在条件进一步成熟时，在现有行政法规、规章的基础上制定《基因技术法》《生物医学技术法》《遗传资源管理法》《生态损害补偿法》等新的法律，并由主管部门适时补充形成或完善各个领域的生物安全治理技术规范（例如生物安全评估技术规则等）和伦理准则，以形成严密的技术保障机制。

---

① 在基因编辑婴儿事件后，习近平于2019年1月21日指出要"加快科技安全预警监测体系建设……加快推进相关立法工作"。十三届全国人大常委会将《生物安全法》确立为2019年立法任务，并将其定位为"基础性、系统性、综合性、统领性的生物安全基本法"。2019年10月，《生物安全法（草案）》首次提请立法机关审议。2020年4月，《生物安全法（草案）》第二次提请立法机关审议，并于同年10月17日顺利通过。

（四）国家生物安全制度保障体系的构成

在国家生物安全法律法规体系下,形成一个科学合理的生物安全制度保障体系。这个制度保障体系,由国家生物安全治理能力保障机制(包括但不限于决策和执行系统建设、技术保障、资金和物资支持)、生物安全分级分类监管机制、风险监测预警与应急响应机制、风险管理机制(包括但不限于公众参与、信息交流、教育培训、对外合作)、恢复和补救机制、生物安全防御机制、法律责任机制等组成。

应增强以上制度保障体系的可操作性和实效性,要通过合理设置组织领导机制、明确不同领域的主管部门之间的权限关系、设定完善的法律责任体系,来避免主管部门不愿主动履行监管职责,甚至相互推卸责任的现象。

在这个制度保障体系中,关键是国家生物安全治理能力保障机制(包括但不限于决策和执行系统建设、技术保障、资金和物资支持)的合理构建。《生物安全法》建立了中央国家安全领导机构负责下的建立国家生物安全工作协调机制。① 其中,"国家生物安全专家委员会"是隶属于国家生物安全工作协调机制的咨询机构,不具有独立的生物安全决策权力。为更好地体现生物安全治理(尤其是有关突发重大生物安全事件应对)的专业性、效率性、权威性、实效性,建议在国家安全委员会下建立一个独立的"国家生物安全委员会"(而非"国家生物安全工作协调机制",其主要成员为主管部门负责人、技术专家),使之成为生物安全风险治理的决策和执行中枢。当然,国家安全委员会应当对涉及国家安全的生物安全重大事项(例如针对生物恐怖主义、生物武器)拥有最终决定权。国家生物安全委员会下设独立的国家伦理审查机构(由主管部门、技术专家和公众组成)、科学咨询机构(由技术专家组成),负责制定生物安全治理的伦理规范、技术标准。

为应对潜在的生物恐怖威胁,国家生物安全委员会要尽早形成国家生物防御战略,推进生物安全防御系统工程建设,提升生物防御能力,确保国

---

① 国家安全委员会负责国家生物安全工作的决策和议事协调,研究制定、指导实施国家生物安全战略和有关重大方针政策,统筹协调国家生物安全的重大事项和重要工作;国家生物安全工作协调机制由健康、农业、科技、外交等国务院主管部门和有关军事机关组成,职责是"分析研判国家生物安全形势,组织协调、督促推进国家生物安全相关工作";国家生物安全工作协调机制下设专家委员会,为国家生物安全战略研究、政策制定及实施提供决策咨询;国务院有关部门组织建立相关领域、行业的生物安全技术咨询专家委员会,为生物安全工作提供咨询、评估、论证等技术支撑。参见《生物安全法》第10、11、12条。

家生物安全。

## 六、结语

在全球性生物风险面前,我国生物安全法律治理机制面临巨大挑战。我国现有法律法规之间缺乏有机协调,没有形成严密的生物安全治理体系,甚至存在冲突,实效不足,因此需要在总体国家安全观的视角下统筹考虑,在生物安全领域进行系统的体制安排和制度创新,以《生物安全法》为核心构建中国特色生物安全法治保障体系。

采取"整体化+类别化"的规制模式,应在完成系统性、基础性、综合性的《生物安全法》的制定任务后尽快落实相关的制度,并由其统率和协调各单行法律法规、技术规范、伦理准则、国家标准等,共同构成国家生物安全法治体系。应遵循风险预防、公众参与、分类监管、严格责任、国际合作等基本原则,形成国家生物安全治理能力保障机制、生物安全分级分类监管机制、风险监测预警与应急响应机制、风险管理机制、恢复和补救机制、生物安全防御机制、法律责任机制等制度保障体系。

中国特色国家生物安全法治体系的目标是维护国家生物主权、生物安全和人类健康,促进生物科技和生物产业创新发展,推进生物安全全球合作共治,增强国家生物安全治理能力。这一法治体系体现了总体国家安全观的政治要求,反映了国家治理体系和治理能力现代化的制度功能,承载着构建人类命运共同体的历史使命,彰显着风险责任理念的法律价值。在全球生物安全治理中,中国特色国家生物安全法治体系有理由成为一个具有时代性、前瞻性的制度范本。

**参考文献**

[1] Areeb Mian, Shujhat Kham. Coronavirus: the Spread of Misinformation. *BMC Med.*, Vol.18, No.1, 2020, p.89.

[2] 《英媒:美科学家驳斥"人造新冠病毒"谣言》,《参考消息》2020 年 2 月 16 日。

[3] 汤波:《为什么新冠病毒阴谋论在技术上不成立?》,《南方周末》2020 年 2 月 22 日。

[4] 《完善重大疫情防控体制机制,健全国家公共卫生应急管理体系》,《人民日报》2020 年 2 月 15 日,第 1 版。

[5] 许雯:《部分药物已经初步显示良好临床疗效》,《新京报》2020 年 2 月 16 日,第

A05 版。

［6］《十三届全国人大二次会议新闻发布会（3 月 4 日）文字实录》，http://www. xinhuanet. com/politics/2019lh/zb/20190304a40575/wzsl. htm，最后访问日期：2020 年 7 月 15 日。

［7］ Frederic P. Miller，et al. *2001 Anthrax Attacks*. Alphascript Publishing，2010.

［8］《中国国家生物安全框架》课题组：《中国国家生物安全框架》，中国环境科学出版社 2000 年版。

［9］《完善重大疫情防控体制机制，健全国家公共卫生应急管理体系》，《人民日报》2020 年 2 月 15 日，第 1 版。

［10］ 章轲：《生态环境部答一财：疫情暴露生物安全治理能力不足》，https://www. yicai.com/news/100524777.html，最后访问日期：2020 年 8 月 27 日。

［11］《完善重大疫情防控体制机制，健全国家公共卫生应急管理体系》，《人民日报》2020 年 2 月 15 日，第 1 版。

［12］《协同推进新冠肺炎防控科研攻关，为打赢疫情防控阻击战提供科技支撑》，《人民日报》2020 年 3 月 3 日，第 1 版。

［13］《完善重大疫情防控体制机制，健全国家公共卫生应急管理体系》，《人民日报》2020 年 2 月 15 日，第 1 版。

［14］ 王慧慧、侯丽军：《习近平出席国际刑警组织第 86 届全体大会开幕式并发表主旨演讲》，《人民日报》2017 年 9 月 27 日，第 1 版。

［15］ WHO Director-General's statement on IHR Emergency Committee on Novel Coronavirus（2019-nCoV）. https://www. who. int/zh/dg/speeches/detail/who-director-general-s-statement-on-ihr-emergency-committee-on-novel-coronavirus-（2019-ncov）.

［16］ WHO Director-General's opening remarks at the media briefing on COVID-19 on 21 February 2020. https://www. who. int/dg/speeches/detail/who-director-general-s-opening-remarks-at-the-media-briefing-on-covid-19-on-21-february-2020.

［17］ WHO Director-General's speech at Munich Security Conference. https://www. who.int/dg/speeches/detail/munich-security-conference.

［18］ https://www. thelancet.com/journals/lancet/article/PIIS0140-6736（20）30864-3/fulltext.

［19］ 王康：《基因改造生物环境风险的法律防范》，《法制与社会发展》2016 年第 6 期。

［20］ 王比学：《栗战书主持召开生物安全法立法座谈会，强调用法律划定生物技术发展边界保障和促进生物技术健康发展》，《人民日报》2019 年 7 月 12 日，第 4 版。

［21］ 常纪文：《加快构建国家生物安全法律法规体系》，《学习时报》2020 年 2 月 17 日，第 1 版。

［22］ 莫纪宏：《关于加快构建国家生物安全法治体系的若干思考》，《新疆师范大学学报

（哲学社会科学版）》2020 年第 4 期。

[23] 于文轩:《生物安全保障的法治原则与实现路径》,《探索与争鸣》2020 年第 4 期。

[24] 秦天宝:《〈生物安全法〉的立法定位及其展开》,《社会科学辑刊》2020 年第 3 期。

[25] 《习近平 2016 年 1 月 18 日在省部级主要领导干部学习贯彻党的十八届五中全会精神专题研讨班上发表重要讲话》,《人民日报》2016 年 1 月 19 日,第 1 版。

[26] ［意大利］鲁西亚·马蒂内利、［波兰］玛戈扎塔·卡巴兹、［西班牙］文森佐·帕沃尼:《转基因食物:不确定性,信任与责任》,别应龙译,《洛阳师范学院学报》2017 年第 7 期。

[27] WHO. *Laboratory Biosafety Manual*（3rd ed.）, Geneva, 2004, p.47.

[28] 王比学:《栗战书主持召开生物安全法立法座谈会,强调用法律划定生物技术发展边界保障和促进生物技术健康发展》,《人民日报》2019 年 7 月 12 日,第 4 版。

[29] WHO. *Laboratory Biosafety Manual*（3rd ed.）Geneva, 2004, p.47.

[30] 王康:《〈生物安全法〉立法定位及对基因技术的风险控制》,《北京航空航天大学学报(社会科学版)》2019 年第 5 期。

[31] 《习近平 2019 年 1 月 21 日在省部级主要领导干部坚持底线思维着力防范化解重大风险专题研讨班开班式上的重要讲话》,《人民日报》2019 年 1 月 22 日,第 1 版。

# 我国生物安全法律体系的现实困境与优化路径

蒋婕妤　王　伟*

**摘要：**生物安全作为非传统国家安全内容置于国家安全大格局之中，有别于生态安全。新冠疫情暴发、生物技术滥用等风险事件体现出我国现有生物安全防范系统的不足，生物安全的提出有其必要性和独立意义。我国生物安全法律体系存在生物立法不严密、责任规定不明确、刑法预防不到位之困局，对此，应当发挥总体国家安全观的统筹作用，构建以《生物安全法》为首的"整体化＋分类化"的法律规制模式，协调与国内国际的生物安全管理专项法律的整体关系，实现化解规定冲突的对接适用。同时加强生物安全领域的刑法保护，实行生物安全法益保护的早期化，以构成全面的、系统的生物安全法律体系。

**关键词：**生物安全；总体国家安全观；积极主义刑法观；法律体系

总体国家安全观是新时代国家安全工作的科学指南。维护国家安全是中华民族伟大复兴的重要保障，走中国特色国家安全道路，需要坚持以人民安全为宗旨，明确人民安全是总体国家安全观的根本与精髓。生物安全作为国家安全体系中的一个重要领域，关系人民生命健康和国家长治久安，其规制与保障需要法律与伦理同时作用。我国非常重视生物安全领域的立法工作，有关生物安全的立法规范已经渗透到包括行政法、能源法、环境资源法、经济法、军事法及刑法等。然而，虽然立法规范散见于近乎各个部门法

---

* 蒋婕妤，女，西北政法大学硕士研究生；王伟，西北政法大学副教授、硕士生导师。

之中,但由于其散乱性与不成体系性,我国仍未建成生物安全法律体系和制度保障体系。公共卫生事件不仅威胁人民安全,而且对经济安全、社会安全等多个领域也造成了巨大的不利影响。对于国家安全来说,疫情是一次大规模风险挑战,同时也催生了《生物安全法》的出台,完善我国生物安全领域法律,为加快构建国家生物安全法律体系和真正提高国家生物安全治理能力提供了"动力源泉"。

## 一、生物安全提出的必要性

### (一)生物安全与生态安全的联系与区别

2012 年 11 月,党的十八大将生态文明建设纳入国家"五位一体"总布局中,在宏观层面上确立了生态环境保护的战略地位。生态文明是人类在全面反思工业文明发展道路后的理性选择,由于近年来重大环境污染事件频发,对人民身体健康和社会和谐稳定造成了直接威胁,因此要想解决环境污染问题、突破环境资源瓶颈制约,必须不断提高生态文明水平。2014 年 4 月,为维护国家安全和国家利益,习近平总书记首次提出"总体国家安全观"这一重要概念,并同时将政治安全、生态安全等 11 项安全内容纳入我国国家安全体系,生态安全再一次被重视强调,自此生态安全正式进入国家安全体系,成为不可或缺的重要组成部分之一。

在落实"总体国家安全观"的布局内容和贯彻国家安全思想的过程中,随着国家社会的发展变化,党和政府逐渐认识到生物安全在国家层面上的战略意义。2020 年 2 月,习近平总书记在中央全面深化改革委员会第十二次会议中强调将生物安全纳入国家安全体系,"要从保护人民健康、保障国家安全、维护国家长治久安的高度,系统规划国家生物安全风险防控和治理体系建设,全面提高国家生物安全治理能力"。[1]把生物安全纳入国家安全体系意味着将生物安全上升到了国家安全的高度进行考量,成为国家安全体系的重要内容之一。

我国将生态安全与生物安全都列入"总体国家安全观",由此引人思考的是:生态安全与生物安全在国家安全体系中是并列关系还是包含关系?为何在提出生态安全后又提出生物安全?生物安全的提出具有怎样的重要意义?

在国家安全体系中,生态安全包含生物安全,其原因如下:

首先,生态安全的层级高于生物安全。结合总体国家安全观中的其他内容,从宏观和微观方面进行层级划分,生态安全属于第一级层次的安全,与政治安全、国土安全、军事安全、经济安全、文化安全、社会安全等并列,而生物安全、核安全、知识产权安全、网络安全等则应属于第二级层次的安全。

其次,从二者的概念出发,生物安全作为非传统国家安全的内容之一,是指国家有效防范和应对危险生物因子及相关因素威胁,生物技术稳定健康发展,人民生命健康和生态系统相对处于没有危险和不受威胁的状态。[①]然而,生态安全主要指一个国家赖以生存和发展的生态环境处于不受或少受破坏与威胁的状态,主要包括生态系统自身结构不受到破坏、功能健全及其所提供的服务能满足人类生存发展的需要。[2]显然,生态安全的定义与内涵要远远广于生物安全,生态安全从宏观的角度提出保护生态环境,重视生态系统的安全性,其所关注的不仅是生物领域,而且有各种环境要素的领域。反观生物安全,聚焦于生物领域,主要是从人的角度出发,强调人与动物之间的相互影响和作用,例如采取预防和控制措施应对生物技术所带来的潜在威胁、外来物种入侵、人类遗传资源、微生物耐药性等,属于生态安全的部分组成要素。因此,生态安全包含生物安全,生物安全内含于生态安全的保护范围。

（二）生物安全提出的原因及意义

1. 生物安全相关风险事件频发

在生态安全已经成为国家总体安全观内容之一的前提下,仍然提出并着重强调生物安全,将其纳入总体国家安全观,一方面,是由于近年来突发传染病、动植物疫情、外来物种入侵、生物技术谬用、生物资源管理不当等生物安全相关风险事件频发,凸显了维护生物安全的重要性,在此形势下保障人民安全利益迫在眉睫。加强并完善国家生物安全法律体系和风险防控治理体系成为当务之急,全面并有效提高我国生物安全治理能力成为当下亟须完成的战略任务。[3]另一方面,生态安全不等于生物安全。生态安全属于

––––––––––––––––
① 《中华人民共和国生物安全法》第 2 条。

第一层级的安全,涵盖范围与保护范围十分广泛,是作为宏观层面上的总体国家安全的内容之一。相较于单独的生物安全领域,生态安全领域需要指导各个具体领域,但无法对生物安全领域作出精细化的规定。因此在当下,生物安全的提出不仅可以为集中解决突发传染病、生物技术谬用的负面效应等问题提供路径指引,而且可以使更多人关注生物安全领域并提出解决方案,引起国家各相关部门的重视,以采取措施加强保护生物安全。

2. 反映总体国家安全观的与时俱进

单独提出生物安全并将其纳入国家安全体系,体现了我国对于生物安全防范的高度重视,同时也反映了总体国家安全观的全面性、系统性、发展性。目前我国的国家安全体系框架并不是完全固定的,国家安全的内容是动态发展、与时俱进的,在实践中不断丰富扩充。《国家安全法》第 34 条作为完善维护国家安全任务的兜底条款,规定:"国家根据经济社会发展和国家发展利益的需要,不断完善维护国家安全的任务。"因此,具体而又特别地提出"生物安全"正是时代发展下的社会所需,是丰富国家安全观主要内容的体现。根据国家安全形势的变化,面对生物安全领域中出现的问题,我国及时拓展国家安全领域,提出要保障生物安全,而不是将涉及国家安全领域局限于政治安全、人民安全、国土安全等,体现了一个国家在重大国家安全利益受威胁时的应对能力和维护能力。

3. 指引完善生物安全法律法规体系

在有关生物安全的风险事件中可以发现,生物安全的提出对于构建并完善国家生物安全法律体系具有重要指导意义。例如,"基因编辑婴儿"事件中贺某某伪造伦理审查书,通过逃避监管实施人类胚胎基因编辑活动,但刑法没有相应的准确罪名规制;对于不熟悉的、可能是外来入侵的物种,很多人没有及时向政府部门或科研部门进行反馈上报,而是违法放生或擅自丢弃,导致严重危害粮食安全、生物安全和生态安全,结果行政处罚力度与生物安全损害程度相比是罚不抵过。新冠疫情暴发前期,地方政府生物安全治理能力普遍不足,欠缺对未知病毒的风险评估,未能及时、有效地采取应急防控措施。所以,问题真正的根源在于我国没有形成严密的生物安全风险防治体系,没有足够的生物安全立法理论基础,现有的法律法规之间缺乏有机协调,甚至存在内容冲突、实效不足的现状。[4]因此需要在总体国家安全观的视角下统筹考虑，以习近平新时代中国特色社会主义思想为基本遵循，以风险责任理念为法理基础，重视生物安全的提出，将《生物安全法》作为生物安全领域中的统领性、协调性法律，在生物安全领域进行系统的体制安排和制度创新，且需要不同部门法之间的协调、支撑与配合，才能构成并完善以《生物安全法》为核心的具有中国特色的生物安全法律保障体系。

### 二、我国生物安全法律体系的现实困境

生物安全的提出不仅是国家重视生物安全领域、完善一国总体安全框架的体现，而且起到了构建完整高效的国家生物安全法律体系、制度保障体系的统领性作用。然而，我国现有的生物安全法律体系存在生物立法不严密、责任规定不明确、刑法预防不到位之困局。

#### （一）生物安全领域的立法现状

在《生物安全法》通过之前，为有效应对生物安全风险，我国已制定了诸多关于生物安全管理的专门立法，且有关生物安全的现行法表现形式多样，除了法律法规，还有部门规章、规范性文件等，大致包括：① 环境生态保护与动植物等自然资源保护，例如《环境保护法》《野生动物保护法》等；② 农林业生物安全管理，例如《森林法》《农业法》等；③ 传染病防治与突发重大公共卫生事件应对，例如《传染病防治法》《动物防疫法》《突发公共卫生事件应急条例》等；④ 转基因生物安全管理，例如《农业转基因生物安全管理条例》《农业转基因生物进口安全管理办法》等；⑤ 病原微生物，例如《病原微生物实验室生物安全管理条例》《动物病原微生物分类名录》等，以及基因工程安全管理、生物技术产品越境转移管理、人类遗传资源管理、转基因食品安全管理、转基因药品安全管理等多个领域都有所规定。作为其他法律最后保障的刑法，也在生物安全方面规定了妨害传染病防治罪、妨害国境卫生检疫罪、传染病菌种、毒种扩散罪等。

然而，由于各个法律规范相对零散地存在，缺乏统领性的生物安全基本法，生物安全法律体系基础薄弱、发展不足。一方面，整个生物安全法律体系缺少生物安全的治理原则、价值与目的，对于相关生物安全的法律、规范的制定无法达到有机协调的作用，也无法贯彻科学的生物安全观念，而且现

行法的规定集中于常见的生物安全领域例如环境保护、动植物检疫、转基因管理等,鲜少有专门规定涉及领域交叉的法律出台,例如基因编辑、基因武器、生物恐怖袭击等。这就会导致部分生物安全领域存在法律空白,无法及时应对生物安全风险。另一方面,相关部门制定的生物安全法律规范不可避免地出现矛盾与冲突时,由于缺少统一的、权威的协调和决策机构,无法做出正确的解释,导致如何协调和衔接各个部门法便成为一大问题。此外,各个主管部门(例如环境、农业、科技、卫生等)之间存在职能重叠、交叉、缺位的情况,当生物安全问题出现时,容易产生各部门推诿、不愿意主动管理的情况,如果主动监管可能又会因为考虑到涉及其他部门权限等多重因素而放弃监管,再加上不完善的风险防控治理体系,都间接地降低了生物安全风险防控机制的执行力。没有完善的生物安全法律体系和风险防控治理体系,仅依靠零散的现行法规定,无法形成有机统一的生物安全防范系统。

为提高国家生物安全治理能力、及时有效应对生物安全风险,近年来,我国有序开展了生物安全方面的各项法律法规的修改、完善工作,加快生物安全立法步伐。2020年2月15日,科学技术部出台了《关于加强新冠病毒高等级病毒微生物实验室生物安全管理的指导意见》,强调各主管部门要加强对实验室的管理,确保生物安全。2020年2月24日,全国人大常委会通过《关于全面禁止非法野生动物交易、革除滥食野生动物陋习、切实保障人民群众生命健康安全的决定》,强调要从源头上防控重大公共卫生风险。2020年10月17日,积极推动出台了《生物安全法》,一部覆盖生物安全所有领域的综合性、系统性的法律诞生。2020年10月21日,全国人大常委会公布了《野生动物保护法(修订草案)征求意见稿》,以强化公共卫生法治保障、保护生物多样性。2022年8月1日,《外来入侵物种管理办法》正式施行,任何单位和个人在未经批准的情况下,不得擅自对可能是外来入侵的物种进行引进、释放或丢弃。

此外,生物安全领域中损害公共安全法益、侵害不特定多数人的生命、健康和重大公私财产安全,构成犯罪的,应当由刑法进行规制与惩罚。刑法的任务就是通过刑罚的各种制裁手段来保护法益,以打击犯罪。完善我国生物安全法律体系的构成,必不可少的就是加强刑法作为后置法的作用,当其他法律法规对法益的保护不充分时,刑法可以作为"最后手段"被使用。[5]

2020 年 12 月 26 日，全国人大常委会通过了《中华人民共和国刑法修正案（十一）》，强化了对生物安全领域的刑事法治保障：一是在既有罪名上修改妨害传染病防治罪，扩大了对妨害传染病防治行为的处罚范围，将滥食野生动物的行为犯罪化。二是为保护生物多样性和生物安全，新增"非法猎捕、收购、运输、出售陆生野生动物罪""非法引进、释放、丢弃外来入侵物种罪""非法从事人体基因编辑、克隆胚胎罪""非法采集人类遗传资源、走私人类遗传资源材料罪"等，以更好地与《传染病防治法》《野生动物保护法》《生物安全法》等相衔接。[6]

（二）《生物安全法》的中国特色内容与不足

《生物安全法》的出台无疑体现了中国特色，反映了新时代要求，有效弥补了目前我国生物安全立法体系的结构性缺陷，彰显出国家治理体系和治理能力现代化的制度功能。整部法律共计 10 章 88 条，总则中明确指出防范和应对生物安全风险的目的是维护国家安全，维护生物安全才能实现国家安全，生物安全与国家安全紧密相关。同时，在维护生物安全的价值理念上，《生物安全法》确立了相关原则，即以人为本、风险预防、分类管理、协同配合的原则。按照原则的性质划分，以人为本、风险预防是目标性原则；分类管理是程序性原则；协同配合是手段性原则，即在构建生物安全防范系统的过程中，要坚持以人民的利益为根本，面对不确定性的生物风险应进行预测防范，避免危害人类健康的严重后果发生，这也就意味着要遵循分类管理、协调配合的原则，加快建成风险防控治理机制，才能更好地保障人民生命健康，保护生物资源和生态环境。[7]

从法律结构和内容上看，《生物安全法》以构建生物安全风险防控与工作协调体制为首要，关注防控重大突发传染病和动植物疫情、生物技术安全、病原微生物实验室生物安全、人类遗传资源与生物资源安全、生物恐怖与生物武器威胁、生物安全能力建设等方面，例如鼓励生物科技创新、加强生物安全基础设施和生物科技人才队伍建设、支持生物产业发展等宣示性条款也被作为规范写入法律条文。作为生物安全领域的基础性法律，《生物安全法》本应当起到统率和协调各单行法律法规、技术规范、伦理准则、国家标准等作用，但由于生物安全领域范围广、内容多，大多数法条只能以宏观形式出现,无法具体和详细。若皆以具体法律规范的形式出现,则88条远远涵盖不了,立法规定越精细反而会导致繁杂。因此立法者先出台《生物安全法》确立体系制度,然后逐步实现与低位阶生物安全管理行政法规或规范性文件的对接适用,这是一种较为合适的立法实践路径,也可以在一定程度上解决生物安全法律规范内容缺位、不合理和内在冲突等问题。

　　稍有不足的是,虽然作为一部统领生物安全领域的立法,《生物安全法》重在规定基本制度和原则,关于法律责任的规定大多是行政命令式,其中第82条规定了刑事责任:"违反本法规定,构成犯罪的,依法追究刑事责任"。该刑事责任条款只是概括性地规定严重违反生物安全的行为构成犯罪,然而现有的刑法罪名难以涵盖兜底,且难以体现行政法律与刑法之间的协调性。而且,培养宣传生物安全意识固然值得肯定,但可能存在义务设置过度而激励与赋权不足的偏差。[8]例如第7、13、29条对于各类机构、学生、新闻媒体、地方各级政府、基层群众性组织等设置了一系列关于学习生物安全法律法规和相关生物安全知识义务,包括对于生物安全违法行为需进行监督、举报,不得瞒报、谎报、漏报等。然而与义务相对应的权利却显得不足,缺乏相应的配套激励机制,保护与鼓励力度不够。在明确具体义务的规定下,赋权或激励条款的表述显得相对简略,仅有第8条规定的"任何单位和个人有权举报危害生物安全的行为,接到举报的部门应当及时依法处理";第9条"对在生物安全工作中做出突出贡献的单位和个人予以表彰和奖励"。至于通过何种方式与程序进行处理或奖励,则均未予以明确。

### (三) 刑法在生物安全领域的保障欠缺

　　在刑法层面上,刑法作为生物安全法律规范体系的有机组成部分,在打击生物安全犯罪方面发挥着不可替代的作用。然而,检视我国现行刑法规范可以发现,生物安全犯罪的规制范围缺乏严密性,结构体系缺乏系统性,在一定程度上影响了对生物安全犯罪的治理效能。虽然我国现行《刑法》设置了相关罪名以保护生物安全,在刑法修正案中也可以看出立法机关对生物安全法益越来越重视,但与当前生物安全威胁不断增加的状况相比,仍然存在不足。一方面,由于生物安全的具体内容不断发展变化,法律具有滞后性,无可避免地对于新出现的生物犯罪有遗漏保护的情况,例如"基因编辑婴儿"事件出现后引起社会热议，由于当时没有相关的直接罪名，被告人贺某某最终被定为非法行医罪，随后《刑法修正案（十一）》增加了"非法植入基因编辑、克隆胚胎罪"。另一方面，我国《刑法》没有"危害生物安全类犯罪"的专章规定，对相关行为的定罪处罚主要由危害公共安全罪、妨害社会管理秩序罪（特指危害公共卫生罪、破坏环境资源保护罪）两类罪名规定，呈现出结构性缺陷和内容性缺失，反映出立法者对于生物安全不够重视。[9]欠缺完整体系的立法规定会使司法实务者对于生物安全类犯罪的法益界定产生模糊，由于生物安全本身的特殊性，对于该类犯罪，无论是构成要件还是刑罚设置都应当进行集中、系统化的设置。目前我国的《刑法》结构体例和条文安排，无法体现生物安全保护的指导思想、刑事政策和适用原则。[10]

### 三、我国生物安全法律体系的优化路径

我国把生物安全纳入国家安全体系，系统规划国家生物安全风险防控和治理体系建设，以提高国家生物安全治理能力。如今生物安全威胁不断涌现和加剧，我国面临生物因素对生态环境、经济社会发展、国家利益的危害以及重大突发传染病、动植物疫情对人类健康的危害等多重风险挑战。为落实以人民利益为价值导向的生物安全观，必须将抽象的政策转化为具体的法律。[11]只有重视构建生物安全法律体系的必要性，以法律为安全保障，建立系统性的预防机制与处理机制，才能避免生物安全风险。要想实现生物安全立法目的及其确立的基本原则，法律体系的如何构建与完善是生物安全立法研究不可或缺的重要组成部分，同时应当在遵守《生物安全法》的价值理念和一般内容的基础上，加强生物安全领域的刑法保护，才能最终形成科学的、完整的生物安全法律体系。

#### （一）生物安全法律体系的构建模式

维护生物安全需要通过专门立法作出详细规定，现有的生物安全法律规范体系大致可以分为综合性环境保护立法、生物安全管理专项立法及生物安全管理相关立法。鉴于现代生物技术的迅速发展，生物安全领域愈发宽泛，构建功能主义立场下的"整体化＋分类化"规制模式可以作为覆盖各大生物安全领域的立法实践途径，从而实现生物安全的全面、周延保护。

"整体化"是指在生物安全领域,以《生物安全法》为首,加上其他涉及生物安全领域的法律,构建系统性的生物安全法律体系。整体化是对生物安全领域的内容、范畴之涵盖,可以从形式分类上来理解,即广义的生物安全法包括所有和生物安全有关的法律法规;而狭义的生物安全法专指全国人大常委会制定的《生物安全法》。需要注意的是,不能不当限缩或肆意扩大生物安全的范畴,应围绕生物安全的定义及内容来开展生物安全立法研究。"分类化"是指从生物安全的主要内容出发,着眼于特定的生物安全领域,分为生物安全管理专项立法(例如农业转基因生物安全管理)、生物安全标准立法、生物技术活动管理立法(例如基因工程安全管理、生物安全风险评价管理)、生物安全纠纷处理立法、生物安全损害赔偿立法、生物安全管理相关立法(例如农林畜产品、食品药品卫生、进出口检验检疫及其他)等。通过具体的制度保障措施,来落实生物安全法律体系的"整体化"规定,有助于提升法律制度的实效。《生物安全法》就是"整体化"的体现,其他单行法则是"分类化"的体现,二者的结合可以超越整体的模糊性和个别的有限性。[12]

### (二) 生物安全法律体系的形成

健全的法律体系既是高效而成功的生物安全管理的重要前提,同时也是维护我国国家利益的重要途径。构建完善的国家生物安全法律法规体系,需要从国内法和国际法两大领域出发,以实现多管齐下的综治。首先,国内法上,一是从形式体系方面来看,《宪法》是我国具有最高法律效力的根本大法,对生物安全法律法规的制定具有根本性和纲领性的指导作用,必须在遵守《宪法》的前提下构建生物安全治理体系。此外,《国家安全法》作为国家安全法律制度体系的宪法相关法,在统筹国家生物安全领域上亦可发挥提纲挈领的作用。二是从内容体系方面来看,坚持"整体化+分类化"的规制模式,以《生物安全法》为首发挥其基础性、统领性作用,并协调其他各大生物安全管理专项法律的国内法,明确适用范围和立法目的,做好生物安全制度与规范的衔接。以法律形式充分规范生物安全管理事项,努力做到生物安全法律制度覆盖生物安全管理的所有方面。在新的生物安全治理形势下应及时修改相关生物安全的法律,以形成"健康协调、有序衔接"的制度体系。[13]

其次，国际法上，贯彻落实我国参与的生物安全领域相关的国际公约内容，按照国内的立法程序转化为相关法律法规的规定，统筹国内立法与国际立法。目前我国已签订的相关国际条约有《关于环境与发展的里约宣言》《21世纪议程》《关于遗传资源获取与惠益分享的名古屋议定书》《国际濒危野生动植物种贸易公约》《生物多样性公约》《卡塔赫纳生物安全议定书》。《卡塔赫纳生物安全议定书》强调了风险预防和评估原则，对于转基因活生物体在潜在接受环境中造成的不利影响必须及时评估确定。在《生物安全法》中，我国已将"风险预防"作为维护生物安全的四大原则之一，并且在第二章完整规定了"生物安全风险防控体制"。我国需继续积极履行国际公约的法律义务，以保护生物多样性和实现可持续发展。生物安全治理任重而道远，需要全面深入且系统的研究。未来我国应紧跟社会发展的需要，建立和完善生物安全法律制度，以服务于国家生物安全工作，防范和化解不安全因素对国家造成的实质性危害。

（三）加强生物安全领域的刑法保护

《生物安全法》的通过是重大的立法进步，而将《生物安全法》与《刑法》进行科学衔接则是法律有效实施的重要前提。但是，当下《刑法》与《生物安全法》衔接的规范供给中存在立法阙如、衔接不畅等现实问题，例如宣示性的刑事责任条款形同虚设，现有的刑法罪名难以涵盖兜底，刑法与生物安全行政规范内容冲突，缺乏规制范围的严密性。

1. 专章设置"危害生物安全罪"

为了积极实现生物安全法益的周延保护，形成严密的生物安全治理体系，可以考虑专章设置"危害生物安全罪"，直接保护生物安全法益。因为在传统犯罪体系中，维护生物多样性、保护生物安全的犯罪分散在两类罪名中，这也代表着危害生物安全的犯罪涉及两种法益：一是公共安全；二是社会管理秩序。目前刑法中并没有专门提出生物安全法益。虽然针对生物安全法益的提出可能会有反对意见，认为不管是危害公共安全罪还是危害公共卫生罪、破坏环境资源保护罪，其犯罪行为直接侵犯的都是公共安全和社会管理秩序，生物安全法益最多间接侵犯的是法益种类，但事实上，对于上述犯罪实际直接侵犯的是生物安全。人类作为刑法制定者，必然优先考虑侵犯人的公共安全与秩序,反而忽视了生物安全法益的直接的被侵害性。面对保护生物安全的紧迫性来说,专章设置"危害生物安全罪"不失为一种立法途径,但必须克服"生物安全"概念的宽泛性,对此需要精细的定义与内涵,警惕法益的空泛化。

### 2. 实行法益保护的早期化

随着社会变迁和生物科技的快速发展,多国刑事立法在应对重大传染病防治、遗传资源滥用等非传统威胁时,早已在刑事治理领域采取以风险预防为导向的积极主义刑法观。同样,为贯彻生物安全领域的风险预防原则,满足民众的集体安全需求,针对日趋增加的生物安全风险,我国刑法亦应采取积极预防主义的应对立场。例如将现实存在但没有被现行刑法规制的危害行为纳入犯罪体系,虽然《刑法修正案(十一)》将基因编辑、克隆的胚胎"植入"人类或者动物体内的行为犯罪化,但却将"制造"基因编辑、克隆的胚胎等同样具有严重社会危害性的行为排除在外;[14]刑法对于非法捕猎、杀害濒危野生动物追究刑事责任,但一般的故意残害、虐待野生动物的行为却没有纳入刑法规制范围,事实上其造成的后果与非法猎杀没有区别,应当予以遏制。还有为保护珍贵野生动物,我国将食用珍贵野生动物行为与捕杀行为一同作为犯罪进行规制,构成了类似于受贿罪与行贿罪的对向性模式。[15]

除此之外,可以考虑通过增设具体危险犯、抽象危险犯提前制裁犯罪行为,针对不同的生物安全风险设置不同的危险犯类型,或者处罚犯罪预备行为,通过刑法处罚的早期介入,实现法益保护的早期化,及时有效地保护生物安全的法益。这并不意味着刑法放弃了谦抑性原则,刑法仍然是生物安全领域最后的保障,对于犯罪行为的提前预防正是刑法应对风险社会所做出的时代转型,以凸显刑法预防的严密化而非"严厉化",刑法结构仍然保持"严而不厉"。因此,当出现妨害生物安全的行为时,应当以其他专门法律规定为先行适用的对象,只有当破坏生物安全法益的侵害严重到需要刑法干预时,才应以犯罪论处。总体而言,关于生物安全领域的刑法保护,应该秉持积极保护、预防性保护和理性保护的立场;在完善对策上,应该补充相关罪名、调整体例结构、明确入罪标准,最终达到特殊预防与一般预防相结合、保障生物安全的积极效果。

### 四、结语

维护国家安全就是维护国家利益,同时也是保护人民的根本利益、保卫人民民主专政的政权和中国特色社会主义制度的重要体现。必须坚持走中国特色安全道路,坚持党对国家安全工作的绝对领导。国家安全不仅是一国稳定和谐的状态,而且包括保障持续安全状态的能力。当代中国正处于关键而特殊的阶段,非传统领域安全的威胁因素日益凸显,难以预见的风险因素明显增加,除了加强政治安全、军事安全等传统国家安全内容之外,还需要将生物安全、文化安全、网络安全等非传统国家安全观内容置于国家安全大格局之中,才能保障改革开放和社会主义现代化建设的顺利进行,实现多重目标的协调发展。

我国需加快非传统安全领域的立法步伐,以生物安全领域为例,《生物安全法》有效契合了总体国家安全观,既是以往生物安全领域法律法规的提升性总结,更是生物安全领域各部门法立法修订完善的开端。此外,生物安全领域的保障不能只依赖《生物安全法》,各类型生物安全的具体规范应当由专门法律或规章来处理,刑法应当随着生物安全领域的立法司法实践进行衔接协调,进而完善中国特色社会主义生物安全法律体系。国家安全的各子领域不是割裂的,而是紧密联系的,只有加快构建生物安全等非传统安全领域立法,才能更好地保障国家安全,统筹好国家安全与发展的关系,实现中华民族的伟大复兴。

**参考文献**

[1]《习近平主持召开中央全面深化改革委员会第十二次会议强调:完善重大疫情防控体制机制,健全国家公共卫生应急管理体系》,http://www.gov.cn/xinwen/2020-02/14/content_5478896.htm,最后访问日期:2022年10月12日。

[2] 牟雪洁、饶胜、张箫、王夏晖、黄金:《产业发展对生态安全影响的预警技术研究框架初探》,《生态经济》2022年第1期。

[3] 包佳涵、化国宇:《论我国生物安全风险防控和治理体系建设》,《广西警察学院学报》2021年第2期。

[4] 王康:《中国特色国家生物安全法治体系构建论纲》,《国外社会科学前沿》2020年第1期。

［5］陈兴良：《刑法总论精释》（第3版），人民法院出版社2016年版，第16—17页。

［6］刘艳红：《化解积极刑法观正当性危机的有效立法：〈刑法修正案（十一）〉生物安全犯罪立法总置评》，《政治与法律》2021年第7期。

［7］于文轩：《生物安全立法研究》，清华大学出版社2009年版，第312页。

［8］秦天宝：《论风险预防原则在环境法中的展开：结合〈生物安全法〉的考察》，《中国法律评论》2021年第2期。

［9］梅传强、盛浩：《论生物安全的刑法保护：兼论〈刑法修正案（十一）〉相关条文的完善》，《河南社会科学》2021年第1期。

［10］吴小帅：《论刑法与生物安全法的规范衔接》，《法学》2020年第12期。

［11］胡云腾、余秋莉：《〈刑法修正案（十一）〉关于生物安全规定的理解与适用——基于疫情防控目的的解读》，《中国法律》2021年第1期。

［12］王康：《中国特色国家生物安全法治体系构建论纲》，《国外社会科学前沿》2020年第1期。

［13］栗战书：《用法律划定生物技术发展边界，保障和促进生物技术健康发展》，http://www.xinhuanet.com/politics/2019 - 07/11/c_1124741148.htm，最后访问日期：2022年10月12日。

［14］梅传强、盛浩：《论生物安全的刑法保护：兼论〈刑法修正案（十一）〉相关条文的完善》，《河南社会科学》2021年第1期。

［15］姜涛：《我国生物刑法的困境与出路》，《现代法学》2021年第2期。

# 总体国家安全观下的网络生态治理

## ——整体演化、联动谱系与推进路径[*]

阙天舒　莫　非[**]

**摘要：** 当前我国国家安全的内涵和外延比历史上任何时候都要丰富，时空领域比历史上任何时候都要宽广，内外因素比历史上任何时候都要复杂。围绕治理体系和治理能力现代化的总目标，必须高度重视虚实空间的密切联系和安全与发展的辩证关系。随着网络空间的规模急剧扩张，其内部的复杂性与异构性也随之升高，文化危机、信任危机、舆论危机等风险不断凸显。面对形式多样的安全风险，以网络主体为分析核心的传统结构思维难以有效回应目前网络治理中存在的主要矛盾和现实挑战。因此，在当前的时代背景与治理需求下，应从更高纬度的"生态系统"思维出发，将网络治理中的"主体"要素与"环境"要素视为相互嵌构、动态联动的有机整体，并在总体国家安全观的指引下，结合网络生态治理的演化动态与现实需要，从多元化主体的"循道而行"、线上与线下的"信任重塑"及主客观指标的"科学整合"等层面出发，致力于治理方式与时代需求相适应，提出网络空间"结构化"治理向"生态化"治理发展的推进路径。

**关键词：** 网络空间；网络安全；网络生态治理

网络空间已不是纯粹的技术平台和虚拟空间。网络空间与现实社会的

* 本文系 2020 年度教育部哲学社会科学研究重大课题攻关项目"积极参与全球治理体系改革和建设研究"；2018 年国家社科基金后期资助项目"网络空间治理的中国图景：变革与规制"（18FZZ002）的阶段性成果。

** 阙天舒，华东政法大学中国法治战略研究院副院长、教授、博士生导师；莫非，复旦大学国际关系与公共事务学院博士研究生。

交融和耦合程度愈发提升,网络内容的传播对现实社会造成的影响也愈发增大。截至 2020 年 3 月,我国的网民规模达 9.04 亿,互联网普及率达 64.5%。[1]网络生态安全常被视为国家安全与网络治理的交叉领域,但此角度已落后于当前我国的安全需要和战略规划。生态安全是国家安全的重要基石,同样,网络生态安全是我国网络安全建设的基础。在总体国家安全观战略思想指导下,《国家安全法》《网络安全法》《网络信息内容生态治理规定》等法律、行政法规相继出台。没有网络安全就没有国家安全。因此,网络生态治理符合总体国家安全的范畴,是国家治理体系和治理能力的题中应有之义。

当前,我国国家安全的内涵和外延比历史上任何时候都要丰富,涉及政治安全、经济安全、文化安全、社会安全等多个方面。在网络生态中,上述安全领域均面临目的各异、来源不同的网络威胁。其中,政治及文化方面的威胁主要来自网络生态中的违法信息,经济和社会方面的威胁主要源于针对个人数据、民生信息的窃取。从总体上看,在全国网信系统对网络生态治理的大力推进下,我国互联网的发展态势稳中向好,但也要注意到,在意识形态弱化、民粹主义抬头等因素的影响下,[2]网络极端言论的规模正不断扩大,网络舆论旋涡中存在的群体抗争、价值极化等问题长期难以根治。同时,在智能推送技术的影响下,网络文化对多元主体在网络价值传播、网络集群抗争、网络意见动员等方面的"虚拟整合"和"情绪激化"功能不断凸显,影响层次也逐步深化,这使得我国当前的传统治理模式越来越显得力不从心。

长期以来,中外学界对于网络治理的研究多从"主体结构"思维出发,将网络视为多元主体开展利益博弈的场域,认为网络秩序稳定、网络有序发展的要义在于网络空间中利益的合理分配。然而,现阶段我国在网络治理进程中"绩效高"但"认同低"、"有活力"但"少秩序"等矛盾现状所反映的是"格局黏度"的不充分,使得多主体参与的协同治理效能难以有效提升。因此,要实现营造清朗网络空间的目标,形成多主体的协同治理格局,使之服务于总体国家安全,就要超脱于网络空间是不同主体进行博弈的传统观念,而应从更高维度的"生态系统"思维出发,对网络治理中"主体"与"环境"整体性联动关系进行理解。对此,笔者从现代生态思维出发,并基于生态系统理论,认为网络生态是由主体、制度、文化等要素相互嵌构、动态联动的有机整体;而网络生态治理是由不同诉求的不同主体,在网络文化与网络制度的综合影响下,基于不同治理逻辑的互动而形成的一个行动体系。

从内容上看,无论是传统的"主体结构"思维或是"生态系统"思维,均有分析网络安全与主体行为的联系,但两者研究侧重和研究目的并不相同。从主体结构思维出发的网络治理研究,是从利益博弈的角度来分析网络结构平衡的问题,落点是以多主体网络互动的良性发展来保障网络空间安全;而从生态系统思维出发的研究,是通过主体、制度、文化等要素的联动关系进行整体性的分析,在强调网络主体和谐共生的同时着眼于网络治理模式的动态发展,致力于推进"线上"加"线下"的安全共治(见表1)。目前,学界对于网络空间治理的内涵和外延取得了基本共识,但从文献的分析思路上看,文献从"主体结构"思维出发的多,而从"生态系统"思维入手的少。笔者借二者的比较作为引子,首先,提出学界应结合当前的国家安全需要和治理困境,进一步丰富和发展"生态系统"思维的学术构想。其次,从演化动态、联动谱系等角度展开,具体分析网络生态治理的演化机制和发展趋势。最后,从规则导向机制、信息干预方式、绩效检测评估这三方面出发,提出网络生态治理的推进路径。

表1　相关概念的要义比较及其梳理

| 概　念 | 要　义 | 概　括 |
|--------|--------|--------|
| 国家安全治理 | 以人民安全为宗旨,以政治安全为根本,以经济安全为基础,以军事、文化、社会安全为保障,以促进国际安全为依托,走出一条中国特色国家安全道路 | 总体国家安全 |
| 网络空间治理 | 在涉及网络技术运用及相关政策的问题上,多元化的治理主体在制定和实施原则、准则、规则、决策程序及方案的过程中上下互动、彼此合作、相互协商 | 网络空间安全 |
| 网络生态治理 | 以网络信息内容为主要治理对象,以营造清朗的网络空间、建设良好的网络生态为目标,开展的弘扬主流价值、处置违法和不良信息等相关活动 | 信息文化安全 |

## 一、网络生态安全治理的整体演化

网络空间在构成要素和运行过程等方面与生态系统存在极大的相似

性,[3]这决定了对网络空间进行生态化建构的可操作性。现代生态思维注重整体发展的持续性和内部要素的协同性,决定了网络生态治理对网络安全的系统化维护具有重要的现实意义。[4]根据党和国家领导人及国家网信办对网络生态治理的相关表述及指导意见,[5]并以生态系统理论为基础,笔者所界定的网络生态是由主体要素、信息要素与环境要素的相互嵌构而形成的有机系统,而网络生态安全治理是以网络空间中的信息内容为主要治理对象,系统内部的治理主体基于利益诉求、文化偏好等动机产生互动,在制度框架下共同参与政治、经济、社会等安全领域的治理过程。

（一）从无序到有序的网络生态安全治理

面对共振效应激化的风险,网络生态治理在"开放增长"中从无序向有序进化。随着网络生态的发展改变了信息的生成与传播方式,传统沟通途径的封闭性特征被打破,取而代之的是自由、平等、快捷的信息化沟通方式。[6]话语权不再是政治精英的"专长",民众有了表达自己话语的平台。各类意见领袖都试图在网络舆论中增加自身的话语影响力,串联网络事件、诱导网民情绪、散播不实信息等是其主要的造势手段。在网络推手的运作下,不同事件的网络舆论会产生共振效应,进一步造成民意表达拥挤和政治认同危机。各执己见、喧哗无序的网络生态已成为政府权威备受挑战的主要场域。

热力学第二定律指出,若缺失能量交换,系统会自发向混乱增大的方向发展。但是,输入能量则促使系统产生负熵。在"正熵"与"负熵"的抵消过程中,系统就能从无序状态向有序状态转变。网络生态的内部"黑箱"就如同一个耗散结构,在非平衡条件下,依靠信息不断输入和输出的过程来维持其内部非线性的相互作用,[7]并在主体要素与环境要素充满矛盾运动的发展过程中巩固治理成果。网络生态的开放性、包容性特征将多元主体的利益诉求、态度倾向和具体行为输入到具体的治理实践中。网络参与给公众提供了表达治理诉求、参与治理过程的机会,民众与公共权力关系的建立和维护变得更为轻松,这有助于多元主体就公共事务的治理形成共识,提高了公民网络政治参与的制度化水平,推动多主体参与的网络信息治理从无序向有序转变。从社会治理的经验看,民众参与公共事务治理的能力与治理体制、治理理念的吸纳、包容程度密切相关。一切可以生存、发展的系统都必须是一个可以吐故纳新的开放系统。只有处于开放的治理环境,网络生态治理才能在发展自身结构和功能的过程中建构出更为科学的要素配对结构,使自身得以进化。

### (二)从失调到平衡的网络生态安全治理

面对网络离散加剧的风险,网络生态治理在"动态发展"中平衡分化与统一尺度。网络的离散性颠覆了传统的中心控制论,没有了严肃的中心控制,技术性、价值性等网络安全风险随机性分布,导致技术瑕疵、数据漏洞、意识形态冲突等问题的发生具有极大不确定性。从纵向上看,网络离散的加剧导致网络安全风险的周期急剧缩短,网络谣言肆虐、网络道德失范、技术入侵等网络安全问题高频发生且风险规模恶性膨胀,而网络生态的快速发展进一步从横向上增进了网络主体相互依存的程度,以牺牲其他主体利益来维护自身利益的模式无法长久。在网络生态共同体中,网络生态的文化要素是分化的,但制度要素是统一的;治理主体和利益诉求是分化的,但共建清朗网络空间的理想目标是统一的。这两组关系一直存在于网络生态安全的治理实践中,呈现出统一中包含着分化、分化中包含着统一的发展特征。

如果制度规范过于具有强制性,则会消解网民、企业、社会参与网络生态治理的积极性,无助于网络生态的可持续发展,但如果过于强调多元主体的自主性治理,则会导致治理行为失范、利益难以平衡、诉求无法实现的消极后果,无助于网络生态治理的深化发展。此外,在不同的发展阶段,网络生态治理的主体、议题、措施、诉求等也是不断变化的。一方面,随着网络空间的膨胀发展,会有不适应时代发展潮流的企业逐渐脱离网络生态的治理过程,也会有新兴的互联网公司进入开展网络生态治理的行动中来。针对不同的治理议题,治理主体的变化也会是常态。另一方面,随着技术的进步与网络生态的发展,现存的部分治理议题会逐步地自然解决,也会有新的治理困境在时间的推移下不断凸显。不仅治理主体之间存在寻求利益均衡点的动态博弈,而且各治理议题之间也存在动态的相互替代的过程。[8]这意味着,网络生态安全的治理主体与环境要素并非僵化的、一成不变的,其会随着治理情境的变化而演进,而治理实践过程中的动态"平衡"将一直存在于主体要素与环境要素的交互影响之中。

### (三)从一元到多元的网络生态安全治理

面对利益攫取加深的风险,网络生态治理在"自我调适"中从一元向多元转变。网络空间被国外称为政治主体力图扩张的"第五疆域",权力与资本已瞄准了网络所蕴含的经济、政治、文化价值。首先,网络主体通常是理性的"经济人"。当网络成为一种资源时,企业、媒体和个人都将变成积极的行动者,为了获得更多的网络影响力、数据资源、经济收益等,网络资源倾向于运用各种策略来隐瞒、掩盖已经出现的安全隐患,这大大积聚了网络安全风险向下渗透的动能。其次,由于网络增强了政治、经济、文化等多领域的相关性,攫取权力与利益的行为也随网络生态的延伸而扩散,造成网络安全风险开始向多领域渗透。例如,Nachi 蠕虫病毒可向运行日文版的 Windows 计算机自动发送政治性电子邮件;勒索病毒 WannaCry 也曾使得我国众多电脑文件被病毒加密。因此,在"互联网+"的发展趋势下,仅靠政府机构保障网络秩序已经不再符合网络生态安全的治理要求。"我国要实现善治的理想目标,就必须建立与社会经济发展、政治发展和文化发展要求相适应的现代治理体制,实现国家治理体系的现代化",[9]"从一元向多元的转变"就是国家治理体系现代化的关键一环。

治理与传统意义上的统治或管理概念的最大不同在于公共事务的处理过程,政府的绝对权威受到了限制,且在治理中更加注重政府与非政府主体的协作和沟通。[10]因此,网络生态治理的调适性就体现在政府主体与非政府主体的职责与互动关系上。政府在网络生态治理中所要发挥的是引领作用,从社会最大公益出发行使公共权力,引领网络文化,制定网络制度;企业、社会、网民等则在网络生态治理中体现比较优势,对治理活动的开展发挥推动、监督的作用。例如,百度、腾讯等媒体导向型企业是网络主要的信息来源和传播媒介,要担负疏导优化网络流量、遏制有害信息传播的治理重任;而阿里巴巴、滴滴等提供网络生活服务的应用导向型企业,则应在网络交易、出行保障及数据保护上承担风险防范的网络治理责任。多元结构既是维护网络生态安全的活力源泉,也是网络生态治理的效率保障。这就需要政府在协调、完善自身工作职能的同时,充分发挥企业、社会、网民在网络生态治理中的重要作用,通过多样化的治理方式共塑高效率的治理模式,建构出多元凝聚、价值包容、赋权扩能、韧性稳定的网络生态治理体系。

### 二、网络生态安全治理的联动谱系

随着信息技术步入新媒体时代,网络空间的社会功能也被赋予了新的内涵。相比于早期网络所侧重的单向传递功能,当前的网络空间更偏重于双向沟通和共同创造。新时代网络充满着"多元互动的无限可能",[11]其所具备的即时性信息传播、扩展性空间特征、去中心网络结构、泛在化人机环境和超链接活动方式等特征,放大并进一步激活了现实的治理元素,带来了诉求表达的新方式、参与治理的新形式、主体互动的新范式。机制的进步促进了网络治理活动的开展,格局的演化则要求新的治理之道。总体国家安全观要求对安全领域内在要素之间的联系和功能进行统筹考虑,其所强调的科学系统和普遍联系的思维,指引我们探查网络生态治理的联动谱系。

#### (一)网络生态安全治理的谱系建构

生态是具有一定相互关系的要素集合体,要素之间相互联系、相互作用、相互制约。生态诸要素间的互动越紧密,治理进程的生态化程度越高,则网络治理的整体功能发挥就越明显。作为结构治理的升维,生态治理对治理主体的多元化、治理责任的分散化及治理方式的协同化提出了更高的要求,生态安全也更为强调在多元主体间营造共同追求的价值理念。从要素谱系上看,治理诉求处于网络生态治理的中心地位;网络文化是网络生态治理的内环境;网络制度是网络生态治理的外环境;网络主体是网络生态治理的参与者,并嵌套于网络生态治理的制度环境与文化环境中(见图1)。

作为思想交流、信息传播、观点启发的重要媒介,要维护网络空间稳定、安全的局面,营造天朗气清的网络生态,就需要对网络生态治理的整体性机制进行统筹把握。[12]张力是外向力与内聚力的统一,[13]要素间的联动张力集中体现于治理实践中的元问题。林奇和卡尔在《公共空间与城市空间——城市设计维度》一书中表达了公共空间治理中要把握的四个元问题:① 区分公共空间的"正面"行为和"负面"行为;② 对空间中治理行为的限

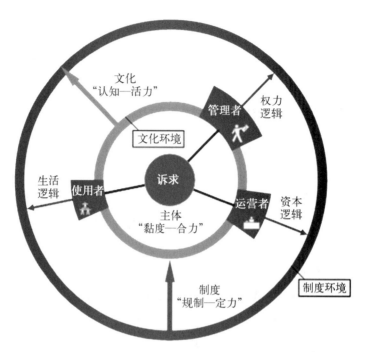

**图 1　网络生态安全治理的联动谱系**

度、标准形成稳定的集体共识;③ 统合不同治理主体对具体议题的差异化诉求;④ 为部分主体极端的干涉行为提供"隔离场所"。[14]"线上"作为"线下"的虚拟映射与延伸,相较于现实空间的治理,网络生态在治理过程中存在的元问题与之类似,但张力的内涵要更为抽象,其在传统意义的"收"与"放"之间多了一层对"虚"与"实"的考量。

(二)网络生态安全治理的边界与规则

主体要素与制度要素的联动决定了网络生态安全的治理边界与规则。运用法治思维和法治方式治理网络生态,建构专门的网络制度规范体系,确保法律的有效实施,既是着力提升网络生态治理水平的最佳选择,也是治理实践过程中必不可少的基石和依据。目前,我国以《网络安全法》为核心,以《信息网络传播权保护条例》《互联网信息服务管理办法》《网络信息内容生态治理规定》等行政法规和部门规章为配套,基本形成了网络生态治理的制度规范体系。党委、政府、企业、社会与网民作为网络生态治理的主体要素,均需要在网络生态治理的进程中承担相应的责任。可以抽象地将网络生态治理的主体分为"管理者""运营者"和"使用者"三类,其中,网络"管理者"遵循的是基于权力的治理逻辑,其以具有强制性的管控为基调,追求网络生态的安全性、确定性及简单化的运作流程;网络"运营者"遵循的是基于资本的治理逻辑,其以追求最大化的商业利益为基调,追求网络生态的宽容性、可塑性与竞争性;网络"使用者"遵循的则是基于生活的治理逻辑,其以舒适、自由及便携的网络使用体验为基调,追求网络生态的可达性、参与感和获得感。要在多元化的利益诉求中寻求最大公约数,就要兼顾不同主体对于网络生态的治理逻辑。

当前相关现象表明,随着安全领域的延伸、参与机会的增多,网络生态治理愈发陷入"激进"的陷阱。例如,公共舆论在网络生态治理中发挥了重要的监督作用,但是网络舆论监督中常被采用的"人肉搜索"极易侵犯相关人的隐私,甚至会导致"线上多数人的暴政",将网络治理异化为网络暴力。因此,为避免网络生态治理成为"大众的狂欢",避免安全需要成为行使暴力的借口,就需要为网络治理主体的治理行为设置行为边界,为网络生态的"规则之治"和"良善之治"提供发展空间,加速形成党委领导、政府管理、企业履责、社会监督、网民自律等多主体参与的治理格局。例如,在新冠疫情中,由中央网信办牵头,支付宝、微信等平台提供技术支持,网民举报谣言来源和线索,多方联合推出的"新冠肺炎疫情防控辟谣专区"有效降低了涉疫情谣言的传播范围和速度。

(三)网络生态安全治理的意想与活力

主体要素与文化要素的联动决定了网络生态安全的治理意愿与活力。网民对于网络生态治理的理解和参与程度取决于其所认同的网络文化,民众的价值偏好、态度倾向构成了网络生态的内环境,这在较深层面上影响着网络生态治理的发展动能。"在进入网络世界时,人们不仅可以构建源于意象的虚拟事务,而且能够进一步洞察人们经验的界限。"[15]网民在参与网络生态治理的过程中,会通过交换意见、感情联络、价值分享等"想象"的体验在网络生态中建立认同和归属,从而形成一个网络治理共同体,这意味着主体要素的身份建构、治理诉求的意见归属及利益表达的自由流动是网络生态中实践活动得以开展的关键,并贯穿了网络治理主体参与治理的动机,由以"兴趣"聚集为中心到以"文化"构建为核心的整个转换过程。

不同内核的网络文化在使利益存在差异的主体对自身在网络治理中的"身份"定位趋于分散的同时,也使同一或相似"身份"的主体对具体议题的治理意见、态度和信念不断趋同。例如,在抵制涉美官员的网络宣传通稿事件中,爱国网民在"身份展示"的基础上,通过对美国议员、政客的"戏谑表达",吸引大量网民的关注和参与;在中美经贸摩擦持续升级的背景下,网民相互间的情感不断强化,积极发帖揭露网络社交平台中的不实内容与双标言论。网络文化位于网络生态的精神范畴,是多元主体在网络治理实践中逐步形成的认知、态度、评价、意识和信仰,[16]由网络文化聚合的网络主体具有强大的参与意愿与力量。[17]因此,在主体基于想象的身份认同和情感共建的双重刺激下,网络文化不仅可以放大多元主体在网络生态安全治理中的合作效应,而且会在合作治理的实践中培育治理信念,激发网络生态的治理力度与水平。

(四)网络生态安全治理的范围与幅度

文化要素与制度要素的联动决定了网络生态安全的治理范围与幅度。网络制度既是网络生态的重要构成要素,也是衡量网络制度化建设的重要指标。正如亨廷顿所言:"政治制度化与政治不稳定成反比,政治制度化是政治稳定的基本条件";[18]网络生态中出现的治理议题越复杂,治理主体之间的合作与协同就越来越依赖于网络生态的制度化水平。所以,网络制度的意义不仅在于解决网络生态重点环节的突出问题,而且在于助力实现政府、企业、社会、网民的协同共治,健全的网络制度是保证多元主体有效参与网络生态治理的关键。[19]但是,在多元、复杂、动态的网络生态中,网民、社群、企业存在多元化的网络运用需求和治理行为动机,在利益高度分化的态势下,网络生态的治理诉求及意见表达必然趋于碎片化,并且在网络感性、冲动情绪的持续渲染下,差异化的网络诉求也逐渐趋于极端化;[20]无论网络制度的设计如何完备,其对治理主体的行为规制也无法达到绝对完善的程度。然而,正如戴维·伊斯顿所言:"体系所呈现出的基本倾向,与其主体结构和效能产出具有同样重要的研究意义",[21]在长期实践中产生的网络文化也会反过来对网络生态治理中的具体方式和行为幅度产生影响,其对于主体在网络治理中的道德约束同样具有重要作用。可以说，网络制度就像网络生态治理的"壳"，而网络文化则类似于网络生态治理的"芯"。在网络生态治理的发展过程中，网络文化与网络制度相互内化，有形的网络制度内部渗透着网络政治文化，而无形的网络政治文化则通过有形的网络制度得以表现，网络制度与网络文化在约束主体行为上的相伴相生，决定了主体要素开展治理实践的行动范围。

网络主体在网络制度的规制下，形成了多元协同的治理结构，有助于推进政府主体与非政府主体在安全领域中的合作共治。网络文化与网络制度依存交织，在软性文化与刚性制度的双重影响下，多元主体从现实需要和制度途径出发，发挥比较优势，在业务、活动所涉的网络安全领域内发挥专业优势。网络主体与网络文化相伴相生，在网络信息的内容净化与文化重构的进程中促进意见疏通、民主建设和群众监督，推进制度优势向治理效能转化。

### 三、网络生态安全治理的推进路径

事物的存在和发展都会受到时代背景的影响，对于不同场域中出现的安全威胁，不存在绝对的、永恒的、通用的治理模式，也不存在脱离现实的发展路径。只有坚持改革和创新才能适应不断变化的治理议题与发展需要。我国网络生态所要建设与追求的不是理想的"乌特邦"，而是在总体国家安全观的指导下，以"建立健全网络综合治理体系、营造清朗的网络空间、建设良好的网络生态为目标"[22]来推进国家治理体系和治理能力现代化。构建天朗气清的网络生态环境、形成"共建、共治、共享"的网络治理格局需要在推进协同治理的过程中释放各主体的最优效能。在治理诉求输入和治理成果输出的过程中，面对"有格局"但"没黏度"、"有活力"但"少秩序"、"高绩效"但"低认同"等治理困境，可以从格局高度、活力纽带、绩效认同这三个方面层层递进，对网络的结构化治理向生态化治理的发展进行展望。

#### （一）细化网络生态治理的规则导向机制

网络生态治理是多元主体和多方力量共同参与的调适过程，这既是治理方式的重大转变，也是推动政府由"划桨"向"掌舵"转变的目标驱动。政府机构在治理过程中的行为不再是一个"权力支配"的过程，而是要形成政府与社会协同的开放型治理模式；通过创新利益表达、利益协调、利益保护等多中心治理合作机制，实现秩序与冲突、规制与活力的动态均衡。[23]政府除了要对自身的权责、职能有清晰的定位外，还需要激发社会活力，让不同主体求同存异、相互尊重、互学互鉴。[24]网络生态治理既不能是管控下的"死水一潭"，也不能是放任下的"暗流汹涌"。在多元主体参与的背后，是不同治理逻辑的统合；要发挥协同共治的应有效能，则应有相应的制度设置和配套机制"保驾护航"。在我国推进网络生态治理的发展，根本的措施还是完善立法。

通过规制来引导行为是任何场域的治理实践中都必须倚重的手段和机制，完善的制度体系是提升治理行为秩序化、规范化的前提条件；规制设置的科学合理能达到无形之治、无为而治的效果。目前，各级政府部门发布的网络制度涵盖法律、行政法规、部门规章等诸多立法层级，形成了一个较为系统的制度体系；但是，内容多处于原则性、表态性的宣示，实践中缺乏配套的机制设计，政策的细化程度与社会主体的参与需求无法匹配。因此，为提高网络生态治理的弹性和水平，可以进一步细化政府向社会主体的赋权制度。例如，可通过增加行业组织的治理权限来增进行业自律，鼓励互联网企业在网络安全监测、安全告警、安全攻防、攻击溯源等方面的尝试；同时，设置高效的反馈机制，引导网民形成网络监督力量，发挥社会监督作用，同有害信息、极端言论和不道德行为做斗争，逐步净化网络生态[25]（见图2）。

### （二）优化网络生态治理的信息干预方式

网络信息传播具有范围广、速度快、途径多等特性，加上传播主体的虚拟性、流动性和复杂性等特征，使得网络空间成了一个"虚实相生"的场域，这也意味着网络生态非常容易陷入不清晰、不确定和不可控的状态。网络生态治理的对象以网络信息内容为主，对信息的传播路径等同于进行定向干预是毫无疑问的。然而，目前我国对于信息干预的处理手段过于追求高效、迅速、简单化，虽然部分网络舆论的发展路径可以在短时间内得到有效控制，但由网络舆论所造成的价值裂痕却无法在简单化的处理方式下得到弥合。意见、诉求只是被掩盖，并没有被吸纳；不断膨胀的"塔西佗陷阱"增加了治理行为的不确定性和多主体协同治理的沟通成本。

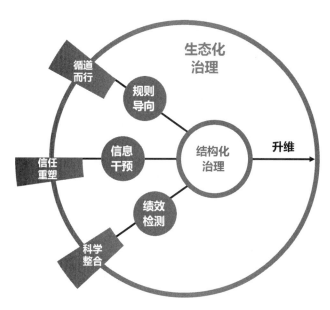

**图 2　网络生态安全治理的推进路径**

　　信任是所有治理活动的基础和前提,对于治理议题愈发复杂的现状,就越需要主体间的相互信任以保障协同治理的开展,尤其是在突发事件中,主体间快速信任的重塑与建构尤为重要,具体可以从对信息传输过程的阻断转向对信息传递源头的干预。在保障社会主体知情权、表达权、参与权的基础上,对信息传递的方式、过程进行标准化的约束,并直击热点难点,有步骤地回应社会关切的问题。对此,一方面,要在网络生态治理的组织运行体系中建立责任机制,从组织上要求责任主体真实、及时地就信息与公众进行充分的沟通;另一方面,应重视网民的情绪和心理,避免非人性化的信息公开方式再次引发矛盾。

（三）完善网络生态治理的绩效检测评估

　　"网络空间天朗气清、生态良好,符合人民利益。网络空间乌烟瘴气、生态恶化,不符合人民利益。"[26]网络生态事关人民利益,网络生态治理的根本目的是让广大人民群众充分享有我国网信事业的发展成果,而目标的实现与否需要通过科学准确的评价来加以检验。如果规则导向机制的存在是为了网络生态治理的正当性,信息干预机制的存在是出于网络生态治理的紧迫性,那么,绩效检测机制的目的在于保证网络生态治理的有效性。目前,我国对于网络生态治理的资源投入正不断增加、惩治力度正不断上升,"剑网""围猎""利刃"等网络生态治理专项行动的开展在打击互联网犯罪、保护信息安全、清除有害内容等方面取得了可观的成绩。国家网信办统计,2019 年全国网信系统关闭违法网站 11 767 家,清除各类违法违规账号、群组 73.7 万个。[27]但也要注意到,网络生态治理中"绩效高"但"认同低"的矛盾依旧突出。

垃圾广告、恶意插件、低俗动图、捆绑下载等问题依旧是网民抱怨的焦点,对于上述乱象的整治情况并没有在通报中体现。重决策、轻评估是我国治理过程中存在的突出问题。[28]目前我国的网络生态治理还没有形成系统化的评价体系,仍主要通过惩处数量上的"形式绩效"来衡量治理成效;而且,传统的评估模式较为依赖政府,遵循的是"谁决策、谁评估"的方式。这既不利于网络治理体系的完善,也不利于提升网络治理成效的信服度。应转变这一被动局面,建立多主体共同参与的评估机制:一方面,评估指标的选取要综合化,不能局限于政府主体对网络违法行为进行惩治的客观指标,同时应在评价体系中吸纳社会主体对网络治理结果的评价、感受、满意度等主观指标;另一方面,评估方式的途径要多样化,在既有的情况调查和例行听证之外,适当增加网络舆论评估的参考比重,以综合化的评价体系推动网络生态的自我净化能力。

## 四、结语

网络生态治理显然不同于治理一个现实的社会空间,但也绝不仅是治理一个虚拟的线上空间。其治理的是由线下与线上、现实与虚拟相结合而产生的"新空间"。长期以来,中外学界对于网络空间的研究是从"主体结构"思维出发的,主要以利益主体为分析核心,将网络空间视为利益博弈的环境,认为网络利益的合理分配可以带来网络生态的稳定。但是,在文化因素逐渐凸显、网络与现实日益密切的当下,传统的利益结构分析难以有效回应我国目前治理困境中普遍存在的"感性因素""冲动因素"。因此,本文尝试从主体与环境的互动出发,并以"边界与规则""意想与情绪"及"范围与幅度"这三组关系来考量网络治理模式的发展趋向与升维路径。另外,"空间的组织力量是各类社会主体所调动的一系列复杂力量的结合,在利益高度分化但又密切交织的生态空间中,这其实是充满矛盾和对立的过程"。[29]任何单一逻辑的治理主张均难以在实践中取得成功,只有实现"权力""资本"及"生活"逻辑的有机结合,才能在网络生态的治理进程中统筹考虑当下与未来,实现治理模式与安全需要的统一。

**参考文献**

［1］中国互联网络信息中心(CNNIC):《中国互联网络发展状况统计报告》,http://www.cac.gov.cn/2020-04/27/c_1589535470378587.htm,最后访问日期:2020年6月10日。

［2］阙天舒、方彪:《当前世界政党政治发展评估与新型政党制度的动能释放》,《探索》2019年第5期。

［3］那朝英等:《网络空间全球治理:议题与生态化机制》,《学术界》2019年第4期。

［4］张旺:《智能化与生态化:网络综合治理体系发展方向与建构路径》,《情报理论与实践》2019年第1期。

［5］中华人民共和国司法部:《网络生态治理规定(征求意见稿)》,http://www.moj.gov.cn/news/content/2019-09/10/zlk_3231789.html,最后访问日期:2023年6月10日。

［6］刘达禹:《国家安全视阈下虚拟空间治理的路径选择》,《社会科学战线》2019年第8期。

［7］叶进、王灵凤、邹驯智:《运用耗散结构理论提升政府社会风险管理水平》,《甘肃社会科学》2008年第1期。

［8］那朝英、庞中英:《网络空间全球治理:议题与生态化机制》,《学术界》2019年第4期。

［9］俞可平:《推进国家治理体系和治理能力现代化》,《前线》2014年第1期。

［10］王子蕲:《网络政治参与影响地方政府治理的路径和限度》,《行政论坛》2017年第1期。

［11］［加］马修·弗雷泽、［印］苏米特拉·杜塔:《社交网络改变世界》,谈冠华、郭小花译,中国人民大学出版社2013年版,第309页。

［12］董洪乐:《制度、组织、价值三维视角下党的优良政治生态构建》,《重庆邮电大学学报(社会科学版)》2018年第2期。

［13］徐建宇等:《城市社区治理的内生力面向探讨》,《中州学刊》2018年第5期。

［14］［英］马修·卡莫纳等:《公共空间与城市空间——城市设计维度》,马航等译,中国建筑工业出版社2017年版,第173页。

［15］邓天颖:《想象的共同体:网络游戏虚拟社区与高校亚文化群体的建构》,《湖北社会科学》2010年第2期。

［16］蒲业虹：《当代中国公众主体性提升与网络政治文化安全研究》,《东岳论丛》2019
年第 3 期。

［17］杨嵘均：《网络虚拟社群对政治文化与政治生态的影响及其治理》,《学术月刊》
2017 年第 5 期。

［18］［美］塞缪尔·享廷顿：《变化社会中的政治秩序》,王冠华、刘为译,上海人民出版
社 2008 年版,第 13 页。

［19］崔永刚、郝丽：《网络政治生态中的公民政治参与研究》,《理论学刊》2017 年第
4 期。

［20］李阳：《网络社群行为对公共决策的影响及其治理》,《探索》2019 年第 1 期。

［21］［美］戴维·伊斯顿：《政治生活的系统分析》,王浦劬译,人民出版社 2012 年版,第
2 页。

［22］《〈网络信息内容生态治理规定〉第一章第二条》,http://www.cac.gov.cn/2019 -
12/20/c_1578375159509309.htm,最后访问日期：2023 年 6 月 10 日。

［23］陈潭等：《"互联网＋"与"大数据 X"驱动下国家治理的权力嬗变》,《新疆师范大学
学报》2016 年第 5 期。

［24］阙天舒、方彪：《当前世界政党政治发展评估与新型政党制度的动能释放》,《探索》
2019 年第 5 期。

［25］邓晓旭：《试论建设网络强国的价值路径》,《陕西师范大学学报（哲学社会科学
版）》2015 年第 3 期。

［26］人民日报评论员：《让网络空间天朗气清——三论学习习近平在网络安全和信息
化工作座谈会重要讲话》,《人民日报》2016 年 4 月 23 日,第 6 版。

［27］《2019 年全国网信行政执法成效显著》,http://legal.gmw.cn/2020 - 02/20/
content_33573118.htm,最后访问日期：2023 年 6 月 10 日。

［28］赖先进：《推进县级公共决策科学化、民主化和法治化》,《中国党政干部论坛》2017
年第 5 期。

［29］［美］大卫·哈维：《世界的逻辑：如何让我们生活的世界更理性、更可控》,周大昕
译,中信出版社 2017 年版,第 164 页。

# 全球网络空间中的国家安全治理：议题迭加与跨域共治<sup>*</sup>

方　彪　阙天舒<sup>**</sup>

**摘要：**当前，随着新一轮科技革命与全球化的深入发展，网络空间作为一个开放流动的虚拟空间，日益成为世界范围内信息和经济交流的关键领域。与此同时，网络空间作为一个独特的领域，其数字资源、军事价值和国家安全吸引着越来越多的国家和国际组织介入全球网络秩序中，治理被嵌入到网络领域，从而成为全球治理和国家安全治理的重要组成部分。在此过程中，全球网络空间中的国家安全问题日益凸显，它与主权博弈、网络霸权等议题交织重叠，冲击着传统治理秩序和治理边界，给人们维护国家安全和利益带来各种挑战。为应对这些安全困境，中国超越网络治理的模式之争，提出了"网络空间命运共同体"理念，为全球网络安全治理贡献了更多的智慧和力量。

**关键词：**全球网络秩序；国家安全治理；跨域共治；网络命运共同体

从一定程度来说，互联网出现和发展的历史并不长，然而它却在短短几十年里在全球范围内快速扩张，有力颠覆了传统国家安全治理领域的观念和现实。由网络空间膨胀而产生的各种复杂问题和治理难题，给国家安全以及全球治理秩序带来了挑战。网络安全看似离我们很遥远，却每天都在

---

\* 本文系教育部哲学社会科学研究重大课题攻关项目"积极参与全球治理体系改革和建设研究"（20JZD057）的阶段性成果。

\*\* 方彪，华东政法大学政治学与公共管理学院博士，主要研究方向：网络治理与国家安全治理；阙天舒，华东政法大学中国法治战略研究院副院长、教授、博士生导师，主要研究方向：全球治理与国家安全。

真实的世界里上演着攻与防的剧本,而网络跨国界、跨领域的属性又给各国的网络安全治理增加了难度。

## 一、问题的提出

### (一)网络安全的概念化

"网络空间"一词最早可见于 1984 年威廉·吉布森的小说《神经漫游者》,他在此书中用其来指代"双方同意的幻觉"。[1]这种解释与我们今天所熟知的网络还相差甚远,但不妨碍其成为一个新概念,引起学界的关注。自 20 世纪 90 年代,"网络空间"这个词逐渐成为互联网以及由互联网而衍生的虚拟世界的同义词。在网络空间的定义中,虽然网络空间包括信息技术基础设施的各个方面,但互联网仍然是网络空间概念的核心。[2]从更深层次来说,网络空间又被概念化为三层相互链接的空间,分别是社会空间、信息空间和地理空间(物理),而在这些网络空间中,人的因素尤为关键,人们既是网络空间的一部分,也是网络空间的积极组成部分。[3]随着实践的发展,网络空间日益演变成我们今天所了解的互联网世界,并对个体与现实生活产生了不可忽视的影响。

事实上,在网络的日常运行当中,安全与发展是支撑整个网络空间的基石,也直接作用于网络治理的方方面面。关于"安全"的概念,我们同样可以从三个不同的层面进行理解和分析,即个人的安全、国家的安全和国际安全。本文从国家层面来理解其概念,即"安全"是一个民族国家试图消除或管理对其生存的威胁。这一概念主要适用于军事和政治领域,适用于存在性的威胁。然而,目前"安全"的概念已经扩展到包括经济、环境和社会等多个领域的威胁,传统安全与非传统安全已混合在一起,即使这些威胁不具有生存性质,其仍旧对国家与社会产生不确定的风险,例如频繁出现的网络安全、公共卫生安全以及气候安全事件。所以在这个意义上,安全又与共同体联系在一起,它要求相关政治主体增强责任意识和安全能力,使政治系统和社会系统良好运行。[4]

有学者指出,网络空间是建立在互联网基础架构和信息内容之上,在物理世界、社会、人与网络互动中不断演进的新空间。[5]这个新空间与民众的日常经济社会生活息息相关,其面临的威胁,即网络空间安全问题也日益受到社会各界的重视。国内学者方滨兴也主张："网络空间安全涉及网络空间电磁设备、信息通信系统、运行数据和系统应用等方面存在的安全问题"。[6]基于以上分析，笔者认为网络空间本质上是由世界各地的网络信息系统基础设施创造的独特领域，在此领域中，混乱与失序是常态，维持网络空间秩序的稳定需要各方共同努力，而网络安全就是一个免受伤害和威胁的动态过程或秩序平衡状态。

（二）各国深度介入网络空间的缘由

1. 数字资源是吸引各方参与的根本性因素

数字资源是一种有别于土地、河流、森林和矿产等有形资源的可再生资源，它是无形的存在且能够在网络空间源源不断地被生产出来，并在互联网分享和传播扩散而创造新的价值。因为数据可以通过信息传播创造知识，并直接用于现有产品的持续生产，或作为新的营利来源加强新产品和服务的开发。[7]随着我们进入到第四次科技革命时期，数字被时代与科技赋予更广泛的潜力，信息和数据资源以及处理海量数据带来的知识和力量的重要性不言自明。此外，互联网和数字技术极大地强化了信息在现代社会中的作用，它产生了知识，并在一定程度上为社会民众赋权。

在网络空间中，权力的构成要素也在发生变化，数字资源成为权力的主要来源和资源，为权力的运行增加了新的要件。虽然互联网最初建立在信息开放透明和自由交换的基础上，但现在这些初衷和原则逐渐受到挑战。网络、数字和新型技术的出现也不可避免地挑战了权力和治理关系的传统观念，从而对我们全球化世界中的政治经济秩序提出了新的挑战。国家和政府则通过广泛的立法或间接的政策工具来管理网络空间，将国家治理的触手延伸到虚拟领域，因为数字资源和网络空间关系我们未来的生存与发展。

2. 网络空间的军事战略价值愈加受到重视

互联网最初起步于美国的一个军事项目，用于在发生核攻击时促进信息的快速传播与分散，到了20世纪90年代中期，互联网开始面向社会公众推出，在此之前，其使用范围仅限于军事领域的研究和讨论。由于社会交流和经济活动开始在网络空间流行，公众逐渐利用互联网技术的开放性和创新潜力为自身服务,网络空间也渗透到社会生活的方方面面,其中就包括军事和战争领域。实际上,大多数现有的规范倡议包括联合国 GGE、塔林手册和数字日内瓦公约都依赖于战争的概念框架。[8]因此,网络空间的军事战略价值吸引着更多的国家介入到网络和国家安全治理中,尝试挖掘其战略价值。

从现实来看,网络空间和信息技术的发展正在使战争变得越来越智能化和精准化。在新技术的加持下,其可以通过部署大量的无人机和监控设备,使整个战争进程变得透明化和公开化,这样在很短的时间内就能够辅助决策机构做出军事情报搜集分析和研判工作,并且由于智能算法的迭代升级和可观察数据变得更加精细,网络系统将能够辅助指挥官进行快速化、精准化的军事决策,极大地改变战局演变。此外,网络在间谍和军事战略领域也大放异彩,网络间谍的存在使国家网络安全甚至国家主权都面临着新的挑战和威胁。[9]在军事战略领域,2022 年俄乌冲突爆发后,美国军方领导就公开承认,美国网络司令部以"前出狩猎"等网络战行动,"帮助乌克兰强化网络防御"。[10]近年来,一方面,世界范围内越来越多的国家开始把网络空间当作下一个军事领域竞争的主战场,并且向网络军事领域投入大量的人力和物力。然而,如何通过军备控制措施来规范这一行为,以及军备控制是否适用于网络空间领域的问题尚未有结果。另一方面,国际社会正在努力达成共识,以通过国家行为规范以及国际法的既定规则来规范各国在网络空间中的军事行为。

3. 网络空间已成为特定的国家安全领域

在传统国家治理过程中,物理边界在地理和领土规划中发挥着重要作用,因为它在一定程度上定义着民族国家疆域。因此,边界从物理空间锚定了一个国家与其他国家的来往和互动的安全治理范围。随着以互联网为主体的网络空间成为人类生活新空间,国家治理面临着前所未有的压力与挑战。[11]网络空间作为一种虚拟空间,具有无形性和流动性,使得边界和范围在国家安全治理过程中不再有实质意义。换句话说,网络空间与物理空间相互作用、相互嵌入,共同塑造了新时期国家安全治理框架。

从某种程度上来看,网络空间的治理边界已经极大地超越了传统意义上的地理范围。国家治理主体必须充分研究各种网络结构和运行规律,以了解网络空间属性和数字资源跨境流动的情况，从而更好地维护国家安全和民众利益。国家和国际组织应联合起来制定国家间网络交流互动的要求，包括技术标准、数据交换和国际网络管理规范等，以实现网络空间领域技术和服务持续稳定发展。当然，网络空间的国家治理是具有不同目标和观念的多个利益相关者之间相互作用的结果。网络治理不仅涉及合作，而且涉及竞争和冲突管理。例如，美国一方面通过扩大在数字技术领域的投资，提升其数字竞争力；另一方面，拉拢欧洲和印太地区盟友构建"数字联盟"，对中国进行精确打击与全面封锁。[12]诸如此类复杂的问题和事务使得网络空间越来越成为一种特定的国家安全治理领域。

## 二、全球网络安全治理的必要性与紧迫性

自网络空间成为特定的国家安全治理领域，网络安全作为一个研究主题、政策目标和实践领域，其在政策和治理领域已经领先于大多数其他与网络相关的议题。数据泄露、黑客攻击、网络诈骗、区块链加密和安全问题占据了网络治理的主导地位，并已成为世界各国优先立法和监管的议程。有学者称，网络空间是全球治理和规则制定的新兴领域。[13]当前，网络安全治理已成为网络治理的重中之重。网络安全治理还涉及一系列全球网络秩序以及国家安全治理的原则、规范、规则和程序等。全球范围内越来越多的针对特定网络安全问题的制度和机制出现，为应对现代国家面临的各种安全威胁与风险提供了治理框架。

（一）全球网络安全治理的必要性

网络安全无论对企业、社会群体还是对个人，都是重要的关切点，更为严峻的是，网络安全俨然成了国际政治的热点问题。[14]

一方面，网络诈骗、网络暴力以及网络犯罪等问题日趋频繁，已成为全球治理与国际合作领域的重要议题。众所周知，互联网是工作和社会交流的常见平台，其特殊性在于它是一个全球性的开放网络，没有国界或边界，故难以采取有效的跨国治理措施。互联网的匿名性又使得搜集这些犯罪或暴力行为的痕迹变得更加复杂。诚如犯罪学理论断言，如果一项行动被认为是匿名执行的，就会导致有罪不罚的情形增加，进而引发代理人实施犯罪

的风险增加。近年来,智能家居利用物联网实现了远程监控和自动化控制。然而,收集敏感的个人和商业数据资产使智能家居成为网络攻击的目标。[15]网络犯罪是世界各国的公敌,没有哪个国家能够置身事外。[16]

另一方面,网络世界中国家安全治理的必要性和重要性增加,针对国家关键基础设施的网络攻击威胁日益严重。当今世界,网络已经渗透到一个国家的日常运转、政治经济乃至社会生活的各个领域,许多网络关键基础设施成为支撑国家经济运行和社会正常运转的神经系统。一旦这些涉及金融、能源、国防、交通等重点领域的网络信息系统遭受攻击和破坏,将会直接导致政治、经济和社会秩序的混乱,国家也会面临严重的生存危机。网络攻击几乎涉及所有行业,例如金融、交通、能源、教育和农业等领域,最近医疗卫生系统开始成为网络攻击的最大目标之一。2021 年 5 月,爱尔兰共和国的信息技术系统遭受重大网络攻击,所有系统随后被关闭,以防止进一步的损害。结果,所有公共放射治疗部门都停止了放射治疗。由于放射治疗部门广泛采用电子病历,因此无法检索网络攻击发生时正在接受放射治疗的患者的详细信息,共有 513 名患者中断了放射治疗。[17]

### (二) 全球网络安全治理存在的问题

#### 1. 全球网络安全治理传统秩序存在缺陷

联合国在 2000 年开始恢复讨论研究网络安全治理框架,以建立更加灵活和分阶段的网络安全治理结构,即采取基于透明度的信任措施、创建网络文化、提高各国在该网络安全治理方面的重视程度以及重申对国家主权的尊重。联合国第一委员会(其职权范围为裁军和国际安全)于 2020 年 11 月 9 日投票支持两个不同小组的工作,即 2004 年成立的政府专家组和 2018 年成立的不限成员名额工作组。前者由 25 个选定的成员国组成,而后者则向任何希望参加的成员国开放。两者都是在双方同意的基础上运作的。[18]但是,网络安全问题涉及众多领域和主体,仅依靠联合国等相关国际组织或是各主权国家难以充分治理全球网络安全问题。

网络安全问题是一个全球治理问题,在网络安全挑战日益凸显的今天,越来越多的国家和国际组织意识到全球网络治理领域合作共治的重要性。例如,各国通过组建国际电信联盟作为全球治理机构,在信息治理方面进行合作;普及相关技术标准和法规,以促进可靠高效的信息交流。但是,长期以来,西方国家凭借经济发展和科技优势将诸多发展中国家排除在全球治理决策与秩序范围之外,这样就导致了传统治理秩序和模式存在的合法性、代表性和执行性问题。另外,由美国组建领导的网络安全多利益相关方联盟的结果可能就是加强某些国家对网络空间的控制,从而在更大范围内产生网络霸权问题。当前全球网络安全治理体系和机构存在的合法性问题,实际就是现实国际关系体系结构不平等、不均衡的反映。

2. 不同国家在网络议题上存在较大分歧

当前,世界上不同国家在网络规制、网络议题以及网络治理模式上存在较大分歧,并且形成了两大阵营,双方围绕相关治理问题展开了一系列的争论。其中,网络发达国家主张网络空间属于全球公共领域并适用现有国际法,应由"多利益攸关方"共同治理。这一主张遭到众多发展中国家的反对。[19]在西方发达国家看来,如果把全球网络安全治理等议题授权给政府,互联网治理前景将不明朗。它们认为网络犯罪与恐怖主义和国家主体结合的可能性更大,但国际社会未能为互联网管理制定一个有效的国际框架,而互联网仍然在美国政府的控制之下。关于网络空间的国际条约很少,那些已经生效的条约,例如与国际版权保护有关的 WIPO 条约,其适用范围非常有限,签署国也很少。[20]

在发展中国家看来,国家主体具有网络空间安全治理的权威,网络安全与国家安全紧密相关,应以国家为核心来主导网络治理机制。它们还积极推动建立了由政府组织主导的信息社会世界峰会(WSIS)和世界电信发展大会(WTDC)等。中国和俄罗斯对全球网络治理领域主权国家以及相关的国际组织一直持积极的态度。长期以来,中俄认为网络主权和数字主权是国家主权原则在网络空间的自然延伸和体现。[21]另外,在网络安全的认知上,西方发达国家认为网络安全是"机器的安全",只要机器是安全的,依赖于机器的社会功能就会受到保护。相比之下,对于中国和俄罗斯来说,网络安全不仅是机器的安全,而且是国家的安全。除非国家本身在基本定义范围内受到保护,否则,那些有害信息的传播将威胁政治系统的安全,美国等西方国家在网络空间进行"颜色革命"就是前车之鉴。

### 3. 网络军事等传统安全领域治理乏力

网络空间现在通常被称为"第四战场",而联合国、全球互联网治理联盟等其他国际组织对网络领域军事安全问题的治理也缺乏约束力,因而造成网络军事领域出现治理真空状态。网络空间的安全问题涉及领域较多,其中既有网络生物安全、意识形态安全、网络舆情安全等非传统安全问题,也涵盖了网络军事安全这一传统安全问题。因此,随着全球网络安全风险日益上升,网络冲突升级、网络武器扩散和不负责任的国家攻击等时有发生,军事领域安全的问题也十分突出,构成影响全球网络安全治理效果的关键一环。

纵观历史,人类一直在发动战争,在不断变化的国际权力游戏中寻求推进国家议程。从过去的冷兵器战争到今天的无人机袭击,这场权力游戏不断被技术驱动,不断演变。装甲车、飞机、舰船的发展以及电子信息的使用都扩大了战斗空间,并引入了新的创新方法来获得先发优势。正如飞行的技术创新引发了一场主宰天空的竞赛一样,网络空间的出现开辟了新的战略可能性和威胁,导致各方争夺其中的主导地位。[22]劳森在对美国网络安全话语的分析中就表明,虚拟世界广泛使用"战争"类比:一方面,网络战争被视为前所未有的军事威胁;另一方面,类似于冷战的威慑战略,虚拟环境的复杂性在其治理谈判中发挥了超越技术方面的全球政策层面的作用。[23]与此同时,某些国家的军队已出台相关措施来加强进攻能力,有时是出于威慑的原因,有时构建网络军事系统用于"主动防御"或"黑客攻击"等。例如长期以来,为达到美国政府情报收集目的,美国国家安全局(NSA)针对全球发起大规模网络攻击。我国就是 NSA 组织的重点攻击目标之一。[24]

## 三、全球网络秩序中国家安全治理议题迭加

互联网发展引发了从国内到国际的一系列经济、社会和政治秩序调整,网络安全已重新成为影响国家互动方式的主要议题之一。当前,无论是国家层面还是全球层面,不同治理主体一直在大力推动现有的全球网络治理秩序变革,从而承担新的安全治理责任,并相应地重塑其安全议程。

（一）全球网络治理秩序的接力发展

1. 主权国家与全球网络秩序建构

当今世界，维护网络安全的能力和水平已经成为一国综合国力的显著标志。此外，网络用户之多、应用之广、覆盖面之大，使得网络安全对国家安全牵一发而动全身。[25]网络安全旨在保护个人和组织以及主权国家免受攻击者的侵害，它涵盖了网络空间的关键数据、基础设施、资产和声誉等有形和无形的资源。以网络攻击为例，攻击者的主要目标就是金融、医疗卫生、交通、体育、贸易等为国家经济社会做出贡献的关键部门。因此，主权国家往往通过一系列国家行动来创建、改革或扩大网络治理秩序以维护安全。

一方面，主权国家通过创建相关治理体制机制对网络空间履行一系列具体职能，因此，新的网络治理秩序被赋予了一些新的安全功能属性，进而扩大国家在互联网中的影响和治理空间。进入 21 世纪，美国、中国、俄罗斯、英国和法国等纷纷设立网络治理机构，出台网络安全的国家战略，不断调整网络安全治理政策和体制，积极开展网络安全领域的治理行动以实现整体国家安全。另一方面，国家还可能通过改革现有的国际组织来影响网络治理的规模，从而改变它们承担的一揽子职能。同时，国家也可以通过发起国际倡议或规范来规范网络治理的行为，例如联合国框架下的"双轨制"平台发挥了非国家行为体的建设性作用，广泛汲取了网络发展中国家和多利益攸关方对全球网络空间规则的建议。[26]

2. 国际组织和全球网络秩序建构

越来越多的全球和区域组织积极参与网络空间的安全和治理。联合国作为一个全球性的权威组织，已经做出一些尝试，将包括网络安全在内的新问题和新领域列入其议程，例如联合国信息安全政府专家组机制，致力于提出适用于网络空间的行为规则，发布了关于国际行为准则的建议，并提出了构建国际合作机制的措施。作为制定网络空间国际规范的重要平台，联合国信息安全政府专家组机制分别于 2013 和 2015 年达成共识，确认国际法特别是《联合国宪章》适用于网络空间。[27]

网络空间扩张带来的治理挑战也催生了新兴的跨国机构，例如"互联网名称与数字地址分配机构"（ICANN）、"联合国互联网治理论坛"（IGF）等。[28]还有许多国际组织尝试采取不同的举措来解决网络安全问题，例如，国际电信联盟制定了"全球网络安全指数"(Global Cybersecurity Index),内容涵盖各成员在网络安全方面的措施,包括法律、技术、组织、能力建设和国际合作等。[29]欧盟和其他国家也加强了在网络方面的治理,以提升数字经济竞争力。欧盟积极消除不合理的数字贸易壁垒,于 2020 年 12 月正式签署《欧盟-英国贸易与合作协定》,并扩大涵盖的数字贸易问题,包括禁止数据本地化、提供电子信任服务以及保护软件源代码等。与此同时,欧盟建立了严格的数据保护体系,以确保开放和安全的数字贸易。[30]

（二）全球网络安全治理的议题迭加

1. 网络空间中的主权博弈

随着信息技术的蓬勃发展和网络空间向全球拓展,传统的国家主权概念被注入了网络时代的新内涵。[31]由此,网络主权日益成为全球网络安全治理领域博弈的焦点。网络空间主权问题在国家和学术界中日益分为两个对立的阵营：支持"主权作为一种规则"和支持"以主权为原则"。双方同时假定国际法适用于网络空间——领土主权存在于网络空间中,这种观点与传统意义上的国家主权概念一致。[32]"主权作为一种规则"概念的支持者在一定程度上依赖于现行的国际法,主张将它直接应用到网络空间。[33]因此,为了从一般原则建立法律规则,他们声称存在一种国际习惯,该习惯的存在得到了国际判例的认可。另一个阵营的代表支持"以主权为原则"的做法,认为虽然主权是每个国家在其行为中都必须考虑的重要原则,但它本身并不会导致国际义务。[34]这种方法并不侧重于上述提议的习惯国际法；相反,它强调其应用的细节。例如,美国就承认网络空间是一个独特的新领域。关于主权理论在网络空间的认知争论从未得到解决。

2. 网络领域的国家安全

随着互联网成为新时期全球核心基础设施,网络安全与网络空间国家安全逐渐成为全球性议题。[35]杰维斯指出,国家网络安全形势的特点就是：很难发现对手采取进攻还是防御态势,优势在于进攻而不是防守。在这种情况下,安全困境很严重。[36]此外,网络空间中的不安全还源于除主权国家之外的行为体。例如,2021 年 7 月 27 日,美国总统拜登在国家反恐中心讲话,认为网络威胁正在对现实世界造成损害和破坏,严重的网络攻击最终可能会引发战争。[37]这些事件都表明，当前网络空间中的威胁和风险已经渗透到现实世界中，并且影响物理空间的经济社会秩序，由此衍生出来的国家安全态势正在发生重大变化。因此，在全球化时代，维护网络安全是保障国家安全的重要基石，对于实现一个国家的经济社会发展稳定和总体国家安全具有关键作用。

3. 网络安全和全球监管挑战

世界上存在众多具有不同法规和社会习俗的国家，很难建立一种符合各国网络空间价值观的新的治理和监管模式。直到今天，世界各国还未就网络安全的全球治理和监管模式达成共识。网络空间监管的早期思想家强调了法律制度和执法在有效合法地监管网络空间方面的弱点，认为其不能普遍适用于网络空间中产生的威胁和所面临的挑战。[38]有学者在研究中提到网络空间中国家安全监管困境的存在。例如，通过允许民族国家以不进行暴力武装侵略的方式相互攻击或监视，网络环境中的安全困境比在核武器中的生存威胁要小。但是，出于同样的原因，它扩大了国家产生的网络不安全的范围，并使新形式的网络不安全更加频繁。[39]事实证明，有必要构建一个全球网络治理的互动模式，鼓励不同主体之间的对话、信任和平等参与。2020 年 9 月 24 日，欧盟委员会提交了欧盟数字金融战略，旨在为采用最新技术（例如在线平台）建立法律框架，加强对网络领域和金融服务领域的监管。[40]当然，我们也要认识到，治理模式的转变过程需要时间，需要在文化上改变那些根深蒂固的结构和理念。

4. 网络中的文化和意识形态安全

网络的发展还渗透到一个国家的文化和意识形态领域中，使不同领域的问题相互交织，进而形成更加复杂的网络文化安全威胁。"在政治环境中，网络文化看起来更像是一个永久的战场，而不是新社会主义乌托邦。"[41]因为在错综复杂的国际形势中，一些国家会借助网络的流动性和渗透性来进行文化入侵，更有甚者把网络空间当作推行文化霸权主义的最主要渠道，进而对一个国家文化发展和意识形态安全产生重大影响。有学者明确指出，美国正在凭借自身的技术、资本、信息和话语等优势，在互联网空间对中国进行一场前所未有的意识形态战略攻势。[42]因此，我们要特别警惕虚假负面信息逐渐渗透于民众思想，侵蚀国家的主流价值观和优秀文化。

### 四、中国推进网络命运共同体中的跨域共治方案

中国在网络空间主权理念指导下,在推进网络命运共同体中提出跨域共治方案,这将有助于推动世界各国在更大程度、更高层面上参与网络空间与国家安全治理,从而实现创新发展、开放共享和安全秩序。

（一）坚持主权原则,构建网络空间命运共同体

一方面,中国坚定地维护国家在网络安全治理中的主权,积极推动构建网络空间命运共同体,倡导各治理主体共同维护网络与国家安全。在世界政治经济局势与全球网络秩序变革的新阶段,网络空间领域呈现的问题和治理调整愈加复杂,国际组织和主权国家在全球网络中扮演角色和影响力的不对称性和不平等性都在加剧。中国始终坚持互联网"发展与安全"并重、积极维护世界人民共同精神家园、保护网络空间生态环境的现实要求,主张共同维护好全球网络安全。我国首先提出的"两个全球倡议"就是一个很好的例证。另一方面,我国致力于在网络安全国际对话和规则制定中发挥主动作用,参与国际多边谈判和合作机制,就网络安全议题进行协商和合作,例如参与制定国际网络安全法律框架和条约、共同应对网络犯罪和网络战争等威胁、积极参与国际组织和主权国家间的网络安全治理合作等。我们主张"国际网络空间治理,应该坚持多边参与、多方参与,由大家商量着办"。[43]

（二）出台国家战略,谋划网络安全法治建设

网络空间使国家主权和国家治理的边界延伸到虚拟空间,同时网络空间的各类活动和安全问题又会反过来辐射到现实经济社会中,对国家安全治理以及人民群众的利益产生不可忽视的外部效应。因此,我们要基于国家战略,从总体国家安全观视野下的整体布局出发,积极应对网络与国家安全领域的难题。美国、英国、法国和德国等西方国家正是从现实威胁情况和网络安全属性出发,将网络安全提升至国家战略高度。[44]2016 年出台的《国家网络空间安全战略》,初步体现了中国建设网络强国的后发优势,并结合我国作为发展中国家的现实构建了较为完整有效的网络空间战略布局。[45]此外,以《网络安全法》为核心的网络空间法治体系也逐步完善。还有学者

建议应当将我国网络安全法升级为网络空间安全法，引入"网络空间安全态"概念，为个人信息保护、违法信息监管、数据跨境传输、未成年人网络保护、知识产权保护等内容提供依据。[46]

（三）加快技术研发，动态感知网络安全风险

随着全球网络安全事件的频繁发生，网络安全研究变得非常重要，加快网络安全技术研发和应用也被提上日程。许多国家和组织投入了大量资源进行网络安全技术的研发和创新，这包括网络攻击的检测和防御技术、安全漏洞的修复和弥补措施、加密和身份验证技术等。可以说，这些技术创新帮助网络安全治理主体掌握当前网络形势并采取应对措施。因此，我国政府可提供持续的资金和资源支持政府、高校以及企业等加快网络安全技术的研发，例如通过设立研究基金、创新奖励计划和技术转移机制等，鼓励学术界和产业界加强网络安全研究。相关治理主体还可以利用人工智能、机器学习和大数据等新技术，开发新的网络安全防御和监测工具，这些技术可以帮助实时监测网络流量，分析异常行为并自动响应潜在威胁。

（四）促进国际合作，构建网络安全治理新秩序

"在威斯伐利亚之后，网络时代是否可能实现均势？或者换言之，均势的条件是什么，传统均势与网络均势有何不同？权力的平衡不是对权力的庆祝，而是试图限制权力的使用。当代国际体系的最大需要是达成一致的秩序概念。"[47]网络安全治理的重要性和复杂性决定了在这一问题上开展国际合作的紧迫性和必要性，即加强主权国家和国际或地区组织之间的合作，同时吸纳社会公众、跨国公司等不同层次的主体共享信息，协调联动一起应对网络威胁。在某种意义上，全球网络空间是一个深度互联、唇齿相依的利益整体，各国基于网络互联而共荣，当然也会基于网络互联而一损俱损。[48]因此，全球网络空间稳定性委员会（GCSC）指出："在不损害其权利和义务的情况下，国家和非国家行为者不应进行或允许故意和实质性损害互联网公共核心的普遍可用性或完整性，从而损害网络空间稳定性的活动"。[49]

## 五、国家安全治理边界与未来思考

在全球网络秩序和国家安全治理中,网络安全的重要性取决于不同主体对于治理边界和网络主权的认知。如前所述,我们可以通过两种不同的维度来理解全球网络安全治理:作为一种治理结构与作为一个治理过程。作为一种结构的安全治理,关系全球网络治理中"多利益攸关方"模式、"政府主导"模式等的对立与冲突,致使各国在与网络空间安全相关的制度结构和对安全的共同理解上存在分歧。[50]边界仍然发挥着重要作用,这些边界既有网络安全治理的范围边界,也有发达国家通过优势技术和法律制度人为构建起来的边界。与此同时,某些霸权国家网络安全治理也存在内在的模糊性,其在鼓吹网络自由、淡化网络主权的同时,不断加强对网络空间的控制,追求超越国家主权范围的"全球网络主权"。[51]将网络安全治理作为一个过程的理解,与结构性理解有着根本的不同。在这种观点中,网络安全治理不是关于网络安全治理模式变成了什么,而是国际社会可以通过合作构建人类命运共同体为安全治理做什么。从本质上讲,这种合作共治的倡议超越了网络政治边界,因为它是特定的愿景目标,而不是基于意识形态和治理能力水平的政治考虑。边界是流动的,因为这一倡议主张更新传统的治理秩序,强调建立对话协商机制以化解网络安全问题和治理冲突,以更加灵活的方式吸引一些全球网络安全治理的参与者。

**参考文献**

［1］William Gibson. *Neuromancer*. New York:Ace,1984,p.2.

［2］Milton Mueller. Is Cybersecurity Eating Internet Governance? Causes and Consequences of Alternative Framings. *Digital Policy*,*Regulation and Governance*,No.6,2017,pp.415 – 428.

［3］Bayne J. Cyberspatial Mechanics. *Ieee Transactions on Cybernetics*,No.3,2008,pp.629 – 644.

［4］阙天舒、方彪:《基于"政治性议题"的国家安全体系和能力现代化》,《学习与实践》2023 年第 5 期。

［5］鲁传颖:《网络空间治理与多利益攸关方理论》,华东师范大学博士论文,2016 年,第 38 页。

［6］方滨兴:《保障国家网络空间安全》,《信息安全与通信保密》2001 年第 6 期。

［7］刘悦欣、夏杰长：《数据资产价值创造、估值挑战与应对策略》，《江西社会科学》2022 年第 3 期。

［8］Julia Slupska. War, Health and Ecosystem: Generative Metaphors in Cybersecurity Governance. *Philosophy & Technology*, April 22, 2020.

［9］吕昇、李驰、徐天宁：《网络间谍的国际法地位研究》，《情报杂志》2016 年第 5 期。

［10］《美国是全球网络安全最大"病毒"》，《人民日报（海外版）》2022 年 6 月 25 日。

［11］杨怀中、朱文华：《网络空间治理及其伦理秩序建构》，《自然辩证法研究》2018 年第 2 期。

［12］王栋、高丹：《数字全球化与中美战略竞争》，《当代美国评论》2022 年第 2 期。

［13］黄志雄：《网络空间国际规则新动向：〈塔林手册 2.0 版〉研究文集》，社会科学文献出版社 2019 年版，第 1 页。

［14］郑永年：《网络世界濒临绝对的不安全》，https://new. qq. com/rain/a/20210827A02U3C00，最后访问日期：2023 年 5 月 15 日。

［15］Juan Ignacio Iturbe Araya, Helena Rifà-Pous. Anomaly-based Cyberattacks Detection for Smart Homes: A Systematic Literature Review. *Internet of Things*, Vol.22, 2023.

［16］谢晶仁：《以"中国方案"助推全球网络空间治理的意义及路径分析》，《湖南社会科学》2020 年第 3 期。

［17］Flavin A., O'Toole E., Murphy L., Ryan R., McClean B., Faul C., McGibney C., Coyne S., O'Boyle G., Small C., Sims C., Kearney M., Coffey M., O'Donovan A. A National Cyberattack Affecting Radiation Therapy: The Irish Experience. *Adv. Radiat Oncol.*, Vol.7, No.5, 2022.

［18］Nanette S. Levinson. Idea entrepreneurs: The United Nations Open-Ended Working Group & cybersecurity. *Telecommunications Policy*, Vol.45, No.6, 2021.

［19］左文君：《从全球治理看国际网络空间安全治理的实践难题及法治困境》，《南都学坛》2019 年第 5 期。

［20］Paul Przemysław Polański. Cyberspace: A new Branch of International Customary Law? *Computer Law & Security Review*, Vol.33, No.3, 2017, pp.371 – 381.

［21］王明国：《网络空间治理的制度困境与新兴国家的突破路径》，《国际展望》2015 年第 5 期。

［22］Michael Robinson, Kevin Jones, Helge Janicke. Cyber Warfare: Issues and Challenges. *Computers & Security*, Vol.49, 2015, pp.70 – 94.

［23］Lawson S. Putting the "War" in Cyberwar: Metaphor, Analogy and Cybersecurity Discourse in the United States. July 1, 2012.

［24］《独家揭秘美国国安局全球网络攻击手法：全球数亿公民隐私和敏感信息犹如"裸奔"》，https://news.cctv.com/2022/03/03/ARTIvJxZWBh4ftn2Xl8E9XdD220303.

shtml,最后访问日期：2023 年 5 月 15 日。

[25] 阙天舒、莫非：《总体国家安全观下的网络生态治理——整体演化、联动谱系与推进路径》，《当代世界与社会主义》2021 年第 1 期。

[26] 唐润华、李志：《全球网络空间治理的新路径：联合国"双轨制"平台及中国参与》，《未来传播》2022 年第 3 期。

[27] 徐龙第：《网络空间国际规范：效用，类型与前景》，《中国信息安全》2018 年第 2 期。

[28] 周长青：《8 个维度塑造网络强国》，《信息安全研究》2021 年第 9 期。

[29] 王贵国：《网络空间国际治理的规则及适用》，《中国法律评论》2021 年第 2 期。

[30] Ying Chen, Yuning Gao. Comparative Analysis of Digital Trade Development Strategies and Governance Approaches. *Journal of Digital Economy*，Vol. 1，No.3，2022，pp. 227 – 238.

[31] 王舒毅：《习近平人类命运共同体思想的安全视域》，《保密科学技术》2018 年第 6 期。

[32] Harriet Moynihan. *The Application of International Law to State Cyberattacks Sovereignty and Non-intervention*. December 2，2019，https://www. chathamhouse. org/2019/12/application-international-law-state-cyberattacks/2-application-sovereignty-cyberspace.

[33] Schmitt M. N.，Vihul L. Respect for Sovereignty in Cyberspace，*Tex Law Rev.*，Vol.7，2017，pp.1639 – 1672.

[34] Corn G. P.，Taylor R. *Sovereignty*，*Cyberspace and Tallinn Manual 2.0*. Cambridge：Cambridge University Press，2017，p.207.

[35] 王军：《观念政治视野下的网络空间国家安全》，《世界经济与政治》2013 年第 3 期。

[36] Jervis R. Cooperation under the Security Dilemma. *World Politics*，Vol.2，1978，pp.167 – 214.

[37] 张涛：《拜登喊话：严重网络攻击将引发现实战争！》，https://ibook. antpedia. com/x/656036.html，最后访问日期：2023 年 5 月 15 日。

[38] David Johnson. Law and Borders-the Rise of Law in Cyberspace. *Stanford Law Review*，Vol.48，1996，pp.1367 – 1404.

[39] Buchanan B. *The Cybersecurity Dilemma: Hacking*，*Trust and Fear Between Nations*. New York：Oxford University Press，2017，pp.4 – 12.

[40] Christian Stiefmueller. New Frontiers in Cyberspace：Recent European Initiatives to Regulate Digital Finance. *International Conference on Applied Human Factors and Ergonomics*，2021，pp.27 – 36.

[41] Tiziana Terranova. *Network Culture: Politics for the Information Age*. London：Pluto Press，2004，p.154.

［42］刘建华:《美国对华网络意识形态输出的新变化及我们的应对》,《马克思主义研究》2019 年第 1 期。

［43］《习近平谈治国理政》(第二卷),外文出版社 2017 年版,第 536 页。

［44］王舒毅:《网络安全国家战略研究由来、原理与抉择》,社会科学文献出版社 2016 年版,第 190 页。

［45］王珂玮、郑再:《浅析〈国家网络空间安全战略〉》,《数字通信世界》2019 年第 2 期。

［46］寿步:《网络空间治理前沿》,上海交通大学出版社 2020 年版,第 3 页。

［47］Kissinger H. World Order: Reflections on the Character of Nations and the Course of History. *International Affairs*, Vol.1, 2015, pp.172 - 174.

［48］董青岭:《网络空间威慑与国际协作:一种合作治理的安全视角》,《太平洋学报》2020 年第 11 期。

［49］GCSC. Call to protect the public CORE of the Internet. *New Delhi*, July 5, 2018. https://cyberstability.org/news/global-commission-proposes-definition-of-the-public-core-of-the-internet/.

［50］阙天舒、李虹:《网络空间命运共同体:构建全球网络治理新秩序的中国方案》,《当代世界与社会主义》2019 年第 3 期。

［51］叶征、赵宝献:《关于网络主权、网络边疆、网络国防的思考》,《中国信息安全》2014 年第 1 期。

# 总体国家安全观下数据安全保护体系完善研究

刘　昊　郭公为[*]

**摘要：** 随着数据要素在社会治理、经济发展等领域中扮演着愈发重要的角色，对于数据保护安全的需要愈发紧迫。然而，现行立法和实践操作中网络、信息、数据安全保护混杂，导致数据安全保护难以独立成体系，掣肘了我国数据要素的高效流通。在总体国家安全观视角下进行数据保护，需要注意运用体系性思维，不仅要考虑数据安全与其他传统安全及非传统安全的联系，而且需从顶层设计理念出发，立足当前国家各项战略需要，进一步构建独立的数据安全保护体系。

**关键词：** 总体国家安全；数据安全；数据流动；数据安全保护体系

数据作为新生代生产要素在全球掀起了第四次科技革命。数据流动宛如一把悬于各国头顶的"达摩克利斯之剑"，一方面，蕴藏着巨大的潜力与机遇，推动着社会进步和经济增长；另一方面，也带来了显著的安全挑战与风险，数据要素流通过程中的监管不到位使各项重要数据被非法获取，严重危害了国家安全。同时，总体国家安全理念落实不到位、数据安全工作的独立性缺失、安全需要与经济发展相冲突等问题也导致我国数据安全保护在体系化和精细化风险防控方向有进一步优化的空间。

## 一、数据安全保护领域中总体国家安全理念无法落实到位

总体作为一种状态侧重国家安全的相对性和可持续性，而安全作为相对

---

* 刘昊，上海政法学院 2021 级诉讼法研究生；郭公为，上海市长宁区人民检察院助理检察官。

概念,是保持一种相对没有危险和不受内外威胁的状态。由于我国当前数据安全工作重静态而轻动态的安全保护模式无法应对日益凸显的数据流通需求所产生的新型数据安全风险,[1]因此,我国数据安全保护的工作模式被迫由技术防御逐步向风险控制转变。虽然人工智能在国家安全治理方面提供了必要的技术支持,[2]但在数据交易以及金融、医疗、教育与制造业领域等具体场景下,有关风险识别、风险评估、风险决策以及风险控制过程中主权保护理解的不到位,导致重复监管、监管空白等问题成了数据要素在区域间流动的壁垒。

（一）数据安全保护研究中主权管辖权存在认识偏差

增强国家安全能力,必须坚定捍卫国家主权、安全、发展利益。2020年,我国在《全球数据安全倡议》中提倡各国应尊重他国主权、司法管辖权和对数据的安全管理权;不得侵犯第三国司法主权和数据安全等。我国还在《全球安全倡议概念文件》中提出:要共同应对各类网络威胁,构建开放包容、公平合理、安全稳定、富有生机活力的全球网络空间治理体系美好愿景。数据作为新型生产要素不断推进我国数字经济的发展,在信息、数据和网络三要素治理格局下,只有网络主权的概念在《"一带一路"数字经济国际合作倡议》中被正式提出,而对于数据主权是否应当被独立,学术界产生了两种观点:一是认为所谓数据主权只是数据在国家主权方面的延伸,由于数据的产生、控制及利用均是通过机器和操作的人进行的,因此,按照传统主权的内涵对人和设备进行管理和管辖能够实现数据主权,[3]由于传统主权包含内外两层含义,即对内的管辖权和不受域外干扰的内涵,因此该种观点还重视本地数据的排他性管辖;[4]二是从数据的利用及跨境传输角度出发,将数据主权分为两部分,即硬数据主权与软数据主权,对数据产品和相关设备予以区分,以不同的规则予以管辖。[5][6]在此背景下,数据主权的维护重点则是数据的安全管理权,而具体实施措施则主要分为传统主权管辖方式与新型数据管辖方式。前者认为数据国籍取得的原则既可以依据出生地主义原则,即在一国领域内产生的数据,也可以依据血统主义原则,即虽然在一国领域外,产生数据的主体是一国境内的个人和组织;[7]后者则基于虽然数据是无形的,但数据存储器以及相关数据驱动器具有物理形态的理念,认为在某国境内的这些数据存储器及驱动器,该国对其应享有主权。[8]这两种管辖方式仅将数据进行物理意义上的独立,并没有从数据和国家主权间的关系出发对数据主权的独立性进行深层次的理解。总体而言,学术界对于数据主权概念的分析侧重于数据主权性质,同时又将传统国家主权、网络主权和数据主权三个概念交织在一起,内容"多而杂"。[9]

此外,在"主权"一词的发展过程中,其内涵经历了一次由内到外的扩充。"主权"一词在刚被提出时并没有对外维度。法国学者让·博丹认为主权的假设前提是存在一个绝对的、排他的主体,这个主体只有将所有的他在物客体化才能成立,或者它在骨子里是不承认有平等的他在物的。[10]但到了17世纪,格劳秀斯将不受外部干涉独立自主地处理内部事务这一消极权力内涵加入主权内涵中,使"主权"一词的含义完整起来。但是随着网络科技的普及化和全球化进程的不断发展,主权具有了对外属性,且传统主权理论中的前提——排他性越来越难以实现。

基于上述情况,20世纪末,主权受限论在国外流行,主要针对国内法与国际法的交织程度加深、国与国之间的交流频率与程度不断加深而提出的来自国内和国外的制约,该观点反映了国际、国内的现实变动下西方学者对国家主权的演进的判断。[11]人类命运共同体思想为国际矛盾冲突的解决以及合作共治共享提供了新思路,因此,数据主权兼具对内的管辖属性以及对外的交流属性。对内的管理属性主要体现在对领土内公民行为的限制和支配,以及对领土内包括对人、组织和物的管辖,以及对外的交流属性(应对国际冲突和加强国际合作)。在对内的管辖方面,我国分别通过《数据安全法》《网络安全法》《关键信息基础设施安全保护条例》及各种国家标准实现对数据行为、设备、人员的管理,并发展出数据分类分级制度、风险管理制度、应急处理制度、审查制度、出口管制制度、反制歧视制度、反馈制度等数据安全的子制度。[12]欧美学者将数据主权研究重点放在数据的司法管辖和跨境隐私安全上,我国不少学者围绕跨境数据流动、国家数据安全、网络空间规制等数据主权的相关话题展开研讨,尤其注重对美国、欧盟等域外主要数据大国的数据战略解读、政策文本研究、网络主权规制合理性研究以及我国主权保障模式研究。[13]

近年来,随着RCEP协定等国际合作项目的展开,我国对于国家间的战略合作的重视程度也有所增强,这些倡议体现了中国积极参与数字经济国际合作和相关规则制定的建设性立场,但这些倡议从内容上看同样相对偏原则化,没有深入涉及隐私保护等敏感问题的解决,也没有形成可操作的规则体系。我国的数据安全保障制度在数据跨境流动的监管过程中存在执法难度大、规避成本低的问题。[14]因此,我国当前数据安全保护应当充分嵌入主权意识,对数据管辖权行使的具体对策进行研究,并且大力推动国际合作,以经济合作协定与网络安全合作协定为基础,共同探究数据跨区域流动使用,同时对于由数据交易、传输所引起的各种纠纷应当积极引入国际仲裁、调解等多元化纠纷解决机制;坚决抵制长臂管辖,执行相关事宜需要从国家层面建立长效合作机制,在尊重他国主权及司法管辖权的基础上进行国际合作。

（二）数据安全保护没有充分考虑国情

健全完善国家安全体系,要求加快形成一套立足基本国情、体现时代特点、适应战略安全环境,内容协调、程序严密、配套完备、运行有效的中国特色国家安全法律制度体系。我国对于数据安全的研究主要停滞于域外数据安全保护模式的探索及要素的本地化,并未从我国数据要素市场的现状出发,与数字经济发展相平衡。当前,世界数据要素市场形成了强调数据流动的美国模式、强调权利至上的欧盟模式和强调国家安全的俄罗斯模式,但这三种模式均不能完全适应我国国情,国家需要在尽力平衡政策目标的基础上,基于国情、文化和政治等因素形成不同的制度特征。没有哪一个单一因素能够解决所有问题,多种因素助推观念的形成,不同因素成为不同制度特征的主要推动力。[15]当前,我国数据要素市场发展潜力巨大,但是由于各地发展水平参差不齐,技术、设备、交易习惯存在巨大差异,需要在整合地方优秀经验的基础上形成统一的数据大市场。数据安全的保护也应当从数据的采集端、存储端和利用端进行重点适应性侧重。通过分析数据在国内利用与出口国利用的不同特点,适当调整数据跨区域流动和跨境流动的监管标准。例如,我国高度重视数据的价值,推动了数据的开放和共享,特别是政府数据,并且各行各业通过数据驱动进行智能化升级,形成了以大数据为核心的新型产业链和生态系统,通过利用数字经济在国内 GDP 所占据的重大份额,使数据成为推动经济增长的重要动力;而美国则在很大程度上由其成熟的科技产业和市场经济体系进行数据利用,谷歌、亚马逊、苹果等企业掌握了大量全球范围的用户数据,通过算法和 AI 技术的应用,进行深度挖掘和利用,为用户提供个性化服务,推动了各类技术的创新和产品的发展。企业数字化升级主要是通过采用新的技术和工具(例如云计算、大数据、AI 等)来改进和优化其业务流程,提高效率和效益。为此,企业可能需要收集和分析各种内部数据进行内部优化以及部分外部数据以帮助其做出更好的业务决策;而科技公司制定个性化服务通常需要使用大量的用户数据,以了解用户的需求和行为。这些数据可能包括用户的基本信息(例如年龄、性别、地理位置等)、在线行为数据(例如浏览历史、购物记录、搜索记录等)、社交媒体数据(例如好友关系、分享内容、点赞行为等),通过对这些数据的深度分析和挖掘,可以为每个用户提供个性化的产品和服务。以深圳数据交易情况为例,交易数据商主体涉及和讯华谷、数库科技,产品形态与数据产品、数据服务相关,包括数据产品和新闻分析数据,主要应用于商业分析及投研风控领域,[16]我国数据安全工作重点应当侧重于企业数据、行业数据收集、使用过程中可能涉及国家安全失控以及商业秘密和知识产权被侵犯的风险。我国虽已出台了一系列基础性规范和指导性文件,但对于商业秘密和知识产权被侵犯的问题,仅从原则层面出发,没有进行细致规定,而且由于产权制度设计具有滞后性,短期内难以解决产业实践发展中面临的现实问题。[17]

（三）数据安全、信息安全、网络安全保护杂糅

当前,我国对于数据、网络以及信息的管理均包含分级保护措施。① 但是随着对于数据安全的深入理解,在不同场景下对于数据安全的分类主体也有所区别,《网络安全法》中开展数据分类工作的主体是网络运营者;在《数据安全法》中,数据分类分级的主体却是国家。[18]分级主体的不同导致在制定数据安全保护一系列法律规范时需要考虑的角度、行政机关级别等

---

① 无论是针对数据安全还是网络安全、信息安全,均采取等级保护的思路,而数据安全则更加细致,在各行业分类的基础上进行了细致分级。参见《信息安全技术——快递物流服务数据安全要求》(GB/T 42013—2022)、《信息安全技术——网络安全等级保护基本要求》(GB/T 22239—2019)、《信息安全等级保护管理办法》(2007)。

问题有待解决,例如在我国互联网立法在主体方面出现的明显行政化现象并导致进一步部门化的背景下,立法主体的层级效力有待提高。[19]此外,早期对于信息的分级管理主要从系统和密码出发,采取静态管理的手段,其中对于信息系统的分级分类按照可能侵犯的法益的大小,对个人、社会、国家利益损害情况进行分级。然而,随着企业科技化转型的程度越来越高以及上网实名制的进一步推进,各种企业都需要掌握个人信息,因此,当前分级标准存在一定的不适应之处。并且,由于信息数字化程度的不断加深,数据能承载的信息量不断上升,由碎片化的信息所组成的完整的数据组能够达到问牛知马的效果。例如在行车轨迹数据中通常包含GPS位置数据、时间戳、速度数据、方向和航向数据、车辆状态数据、路况数据及环境数据等,在特定背景下对该组数据进行处理,可以获取乘客的个人隐私、出行习惯以及驾驶人的行车行为等,对该组数据进行进一步分析则可以推断出乘客的居住地和工作地、社会关系、消费习惯、健康状况等个人隐私。网络技术的进一步发展使数据收集和处理的方式更加便捷,导致数据、信息、网络治理出现困难,并出现了三者情景混同的情况。笔者认为,虽然个人信息保护、数据安全、网络安全三者保护的侧重点不同,但是信息的保护作为更加宏观的法益应当更加抽象,数据安全和网络安全从法律的层面应当根据其本身含义和特征进行展开,而非将三者的背景进行混同,从而造成保护体系混乱的情形。

（四）数据安全保护缺乏独立体系

当前,我国对"数据"的定义为：任何以电子或者其他方式对信息的记录。① 信息作为一个抽象的概念是指音讯、消息、通信系统传输和处理的对象,泛指人类社会传播的一切内容。然而,信息的概念及基本内容并没有统一,其在不同的学科背景下呈现不同的含义。但总体而言,信息是在发出者和接收者之间进行流动并具有在特定语境下能够被确定的特征。在数字化时代,信息通常也被认为是对数据、图表分析所得出的结果,而数据的产生也有一部分是为了记录某种信息。这种互为因果的关系使信息和数据无法

---

① 《数据安全法》第3条。

进行实质性剥离。信息和数据具有内涵的多元性，导致在讨论数据安全时应当结合当前社会对于数据的利用情况进行分析，即作为记录功能的数据在不同场景应用，包括问题分析、做出决策、进行预测等。因此，如果从数据安全保护及主权防护的角度出发，应当对数据进行更为特性化的规定，并从数据治理的特点出发，保证数据被安全保护并加以利用。首先，是数据资源的差异化治理，当前对于数据，我国采取分级分类模式进行区别管理，但对于哪类数据得以交易和共享，目前各地条例多采取负面清单的模式。① 对于部分争议型数据能否交易，理论界展开了激烈讨论，而法律并未有所规定，例如对于企业控制的个人数据是否可以被交易，国内学界尚存较大争议。[20]这种依赖数据记载内容进行限制的精细模式因数据对信息承载的内容和能力不同而无法统一规定，应当根据重点行业门类数据的特征以及数据处理的不同环节，依照"总—分"模式完善数据安全法。其次，是治理模式的转变。当前我国对于数据的治理主要通过监管机构、行业自律、公众监督等多元化主体监督。[21]单纯依靠互联网和信息化部门行政监管的模式既不能促进数据交易等新型数字经济赛道的飞速发展，又由于前沿技术壁垒可能导致数据安全监管效率不高。因此，我国需要充分发挥行业自律及公众监督等社会力量。

综上，《数据安全法》作为数据安全领域的基础性法律，应该建立独立的数据安全法律体系，不应该与《网络安全法》分割数据安全法律体系。[22]针对数据的特性，数据安全在立法及体系构建时应当进行独立，而在具体事项的规定中可以就某些与信息、网络不可分割的部分专门进行规定，并且视角不应仅局限于个人信息保护，而要囊括个人、企业数据权益、知识产权等相关数据利益的保护。

## 二、数据安全与流通的内生性冲突

（一）数据安全与流通——法益选择的两难境地

数据控制和保护并非完全与数据流通的立场冲突。[23]数据只有处于流动状态时，通过收集、整理、加工使其成为有利可图的数字产品，才能给社会

---

① 《上海市数据条例》第55条、《安徽大数据交易中心交易规则》25条等。

带来巨大的红利。[24]"一刀切"式的数据安全保护措施和地方性政策可能会形成实质性的壁垒,阻碍数据元素的流通,进一步降低数据创造经济效益的能力。而数据的流动性和穿透性使数据利用极有可能逃逸于主权国家的监管,进而影响国家利益和社会利益。[25]虽然有学者认为单向度的"权利—救济"立法路径失去了对于数据利益多样性的全面把握,更无法实现对于数据利益进行平衡的目标,因为数据领域的利益并不是单一的,而是多样化利益的复合存在物,[26]但是当前世界上对于数据安全工作与各权利主体之间的数据利益冲突并没有更好的解决方式。数据安全保护机制所涉及的个人数据、企业数据、产业数据等数据内容关系个人的隐私权、名誉权,企业的数据产权、知识产权、商业秘密和国家的公共利益等相关法益,并且根据保护手段的不同可分为刑事保护、民事保护和行政保护。原则上,在法益选择方面,国家安全的利益超越任何利益,排在第一位,任何危害国家安全的行为都是不可逾越的雷区。在实践操作中,"流动数据"愈发难以保护,责权边界模糊导致法律责任难以界定等问题成为企业数字化转型所面临的难题,[27]在现实操作中,保护"流动数据"的难度越来越大。在数据流动的过程中,责权边界的模糊使得法律责任的确定变得困难,成为企业数字化转型过程中的一项重大挑战。"高压监管""治理失控"和"工具匮乏"等更是在数据的使用和流通中成为无法回避的现实问题。数据的共享利用和流通会引发一系列问题,包括个人数据保护、数据权利保护等多重问题,但当前碎片化的法规及相关机制的不成熟,往往导致对多元法益保护的力度严重不足。例如,当前的数据保护规定可能无法有效解决个人隐私泄露、数据滥用、数据歧视等问题,同时也难以解决数据所有权、使用权和控制权的问题。

(二)数据安全保护缺位造成对数据流动的掣肘

随着构建双循环新发展格局的不断推进,培育跨境电商、数字贸易等面向全球的贸易新业态、新模式成为实行高水平对外开放的重要抓手。[28]数据跨境流动作为贸易的重要环节,其所涉及的政治、经济等多重风险需要采取综合手段予以治理。[29]而数据流通通常可能会涉及共享个人或组织的敏感信息,并且为了提高数据的利用效率,需要尽可能多地获取和组合使用数据,但这可能会增加数据和关键信息暴露的风险。此外,数据流通需要打破数据孤岛,实现数据的开放和交互,但这可能会侵犯数据所有者的数据主权,引发数据所有权和控制权的争议。

以 RCEP 中数据安全保护为例,RCEP 涉及货物、服务、电子商务贸易行业,使中小企业、经济技术合作和政府采购迎来了现代化发展,提高了数据跨境流动的需求。基于我国的理论与实践,数据跨境流动形成了以促进数据安全和自由流动为标准、坚持事前评估和持续监督相结合、风险评估与安全评估相结合的工作模式。由于数据跨境流动涉及多元要素,参与数据治理的部门纷繁复杂。目前,我国数据跨境流程可分为以下环节:数据收集、数据存储、合同制定、安全评估(申报、受理、审查、通知)、数据传输、数据监管、纠纷解决七大环节。多个行政主体直接或间接参与数据跨境流动的七大环节中,其中,国家网信办作为数据跨境流动的主要监管部门,对七个环节进行全流程监管。除此之外,还有国务院相关主管部门、县级以上人民政府、公安机关等行政主体对某一个或某几个流程进行监管(见表1)。然而,各主体间职能划分不够明晰,一方面,存在制度缺位;另一方面,又存在多机构的职能交叉。因此,权利保护困难、法律监督缺位及跨境管辖复杂等问题掣肘数据跨境流动,严重降低了我国数据跨境流动效率,影响高质量数字营商环境制度体系的构建。RCEP 由正文二十章及相关附件组成,涉及数据跨境部分主要为货物服务贸易、电子商务、政府合作等内容,上述数据跨境流动问题更为突出。未来,我国应充分发挥检察机关维护国家安全稳定、服务大局、保障民生、法律监督、溯源治理等职能,积极落实 RCEP 协定的各项要求,以化解区域贸易与投资服务风险。

表 1  各行政主体参与数据跨境流程情况

| 行政主体 | 数据收集 | 数据存储 | 合同制定 | 安全评估 | 数据传输 | 数据监管 |
|---|---|---|---|---|---|---|
| 国家网信办 | 统筹协调数据收集安全和相关监管工作 | 统筹协调信息共享平台技术标准以及数据存储规范 | 制定《个人信息出境标准合同规定》 | 组织国务院有关部门、省级网信部门、专门机构等进行安全评估 | 统筹协调相关数据跨境传输过程和相关监管工作 | 监管数据跨境流动 |

（续表）

| 行政主体 | 数据收集 | 数据存储 | 合同制定 | 安全评估 | 数据传输 | 数据监管 |
|---|---|---|---|---|---|---|
| 国务院相关主管部门 | 开展相关领域数据调查与收集,建立数据库 | 制定相关信息共享平台技术标准以及数据存储规范 | — | 规范行业数据安全评估管理制度,开展评估管理工作 | 提高数据传输质量和效率,防范数据传输风险 | 采取切实措施保障信息数据传输和存储的保密性和安全性 |
| 县级以上地方人民政府 | 完善相关资源保护设施和数据库 | — | — | — | — | — |
| 公安机关 | 犯罪线索收集 | — | — | — | — | 职责范围内承担数据安全监管职责 |
| 银行业金融机构 | 收集异常账户和可疑交易信息 | — | — | — | — | — |
| 国家市场监督管理局 | — | — | — | 开展数据安全管理认证工作 | — | 数据安全管理认证 |
| 数据交易所 | — | — | 制定数据交易指引,规范数据交易合同 | — | — | — |

为构建适应中国式现代化的"数据发展主义",加快发展我国数字经济,"行政机关事中事后监管"模式存在监管成本高、基层资源缺乏、监管效率低等问题,[30]不能满足实践需要。RCEP 没有详细涉及数据跨境流动的具体规范,但是对跨境信息的传输进行了规定。① 当前数据跨境流动申报由所在地省级网信部门提交材料,报送国家网信部门后,网信部门可以直

---

① RCEP 协定分别就第十一至十六章所规定的不同对象,对信息跨境传输、信息披露等任务进行了细致的规定,并鼓励企业在国际合作中获取更多信息。

接通知不予受理,即使受理,对评估结果存在异议时也只能申请复评,没有额外的权利救济途径(见图1)。

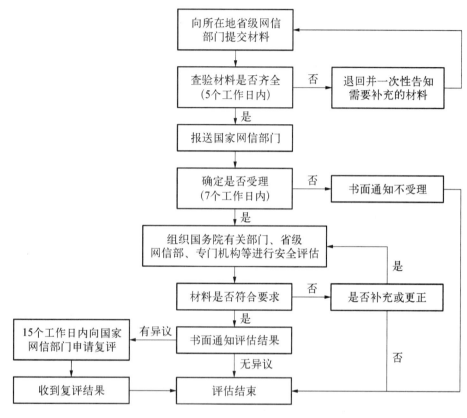

**图1  数据跨境流动申报流程**

综上,在进行数据跨境流动过程中数据安全保障的工作设计时,应充分考虑条约背后所蕴含的政治经济因素,按照比例原则对数据安全工作进行调整,达到数据流动效力与数据安全保护的价值平衡,从而推动数字经济和国家主权保护的顺利进行。

### 三、数据安全保护体系的完善

(一)在总体国家安全观下构建独立的数据安全保护体系

党的二十大报告明确指出,我国要以中国式现代化推进中华民族伟大复兴。构建数字经济创新体系是中国式现代化新征程中增强国内大循环内生动力和可靠性、畅通国内循环体系、提升国际循环质量和水平、加快建设现代化经济体系的重要战略支点。[31]数据安全的定位与重要性与日俱增，制度和机构进行现代化改革的需求也愈发迫切。数据安全保护体系的健全需要对我国数据要素市场发展的特殊性和人民利益需求的多样性进行重点考量，充分发挥我国的政治优势，并将数据要素转化为发展的资源优势，[32]以安全保障激发数据要素市场的潜力。

在数据安全保护体系的建构过程中，应当充分考虑国家主权利益，不仅要关注在数据跨境流动过程中对于数据、人员、设备的管理权以及对于国际争议的司法管辖权，而且应加深对主权的理解，充分考量国际合作和防御的大局形势。在进行具体数据安全工作的过程中，除了要充分考虑国家主权中传统政治主权、经济主权的保障外，还需要考虑文化主权等软权力。在文化主权概念被普遍认同的背景下，主权的内涵拓展成一个涉及政治、经济、安全、社会生活、价值观念等方面的多元立体概念。[33]在对主权有进一步理解的基础上，通过对数据主权与经济主权、政治主权及文化主权的紧密关系进行探讨，建立起独立且完备的数据主权保障体系，通过数据主权在不同场景下的具体体现，实现对数据主权的内涵填充，进一步完善数据安全工作。此外，数据安全保护体系还需要根据国家对于数据治理的顶层部署进行调整，对于我国在海外的重要数据利益也需要重点关注，通过对主权内涵的深入理解，全面评估国内外数据安全工作可能带来的多元利益损失。例如TikTok案，美国以数据安全为由对中国企业频繁制裁，中国应在维护和稳定中美关系的前提下支持中国企业的合法维权，并可以考虑借助国际法维护中国企业的海外利益。[34]

新时代坚持和发展中国特色社会主义的基本方略包括 14 项，"坚持全面依法治国"是其中之一。[35]国家安全法治研究开始进入以"总体国家安全观"为指引的新阶段。数据安全作为非传统国家安全，与科技安全、能源安全等其他非传统国家安全联系密切，我国也出现了非传统国家安全领域立法及具体制度构建缺位的情况。[36]因此，我国应当重点将数据安全与其他非传统安全进行紧密结合，在具体语境下充分探讨数据安全中其他非传统安全的综合性问题以及其他非传统安全数据化的现代化风险防控，完善非传统安全的立法和提高《数据安全法》与《刑法》等法律的协调性是构建完备的数据安全保障体系的应有之义。此外,对于由数据安全、数据交易等产生的纠纷解决,需要进一步强化我国判决的涉外承认与执行,执行他国判决需要进一步加强合作与监督。[37]充分利用诉讼、仲裁等多元纠纷解决制度以及国际合作制度完善数据安全的国际合作,维护国际合作关系中的中国主权和利益,统筹数据安全和发展。

（二）加强数据安全保护的本土化

走什么样的法治道路、建设什么样的法治体系,是由一个国家的基本国情决定的。[38]当前,我国学界仍然围绕数据财产化、[39]企业数据确权与授权[40]以及数据产权的结构型构建模式[41]与数据确权[42]进行探讨。数据安全的体系建构与我国数据要素市场的建设情况和中国特色社会主义市场经济等背景息息相关,随着数据资源的重要性日益凸显,立足中国国情的数据安全工作可以更好地保护中国的国家安全和社会稳定。数据安全不仅关系国家安全,而且关系每一个公民的个人权益,例如隐私权、知情权等。立足中国国情的数据安全工作可以更好地保护中国公民的个人权益。数据已经成为新时代的关键生产要素。立足中国国情的数据安全工作还可以保护企业的经营安全,维护市场的公平竞争,为数字经济的健康发展提供保障。

当前,我国需要充分推动公共服务、检察监督等多元主体力量在数据安全治理中的作用,结合政府公共数据的共享特色对数据安全进行更加详细的法律规定,同时根据上海、贵阳、深圳等地对数据交易探索形成的交易场所、流程、对象等不同交易范式,结合当地个性化的数据治理模式,探索出适合我国国情的数据交易共享范式,在此范式的基础上全面贯彻数据安全工作,从数据安全的角度出发,深入强化我国数据要素的供给侧改革,激发市场活力;推进高水平对外开放,依法保护外商投资权益,营造市场化、法治化、国际化的一流营商环境,推动共建"一带一路"高质量发展;[43]在新的治理策略下研究新的数据犯罪手段,以满足在数字时代中人民不断提高的对公平正义的期待和需求;加强对弱势群体的关注,保护社会中弱势群体的权益,为被侵犯数据权益的个人、群体以及中小微企业提供必要的法律支持,强化检察机关的公正意识,提高司法公信力,维护法律权威和尊严。

我国《"十四五"规划》明确指出要建立健全行业自律机制,而健全行业自律机制的核心在于建立完善的监督机制。由于商会具有市场组织与非市场组织的双重特征,[44]为防止以综合性商会为核心形成商业垄断,我国应当根据当前数据交易等相关现状,考虑建立数据交易、数据处理的相关行业协会。① 此外,针对大中小数据行业所面临的不同数据安全问题,应予以一定的帮助,例如大企业需要关注前沿技术难题的攻略,完善必要的产学研合作模式;鼓励高校、科研院所和企业进行合作,联合攻克重点问题;解决中小微企业面临融资难、融资贵所导致的数字化程度不高的问题。以新加坡为例,多数中小企业虽制定了数字化转型战略,但超半数的企业称,由于实施数字化成本高昂、数字技术差距大、政府行动意识低等因素,它们的数字化计划举步维艰。[45]因此,对于中小企业,基于其行业定位,应当注重其合规性和企业发展的平衡。

（三）以数据安全保护体系筹安全和效益

随着数据交易数量和范围的不断增长,数据安全保护体系构建与数据交易中嵌入法益考量的必要性也与日俱增。通过对传统国家安全和非传统国家安全理解的不断深入,应重点关注"数据本地存储""数据跨境流动"和"数据域外管辖"三个关键过程域和"文化教育""技术工具""政策战略""组织建设"和"立法司法"五项能力维度,以提高数据管理能力成熟度。[46]

随着政府对数据安全领域监管的日趋严格,企业也开始承担越来越多的数据安全义务。然而,履行数据安全义务与维护公司相关权益间存在一些矛盾冲突,亟待解决。例如出于数据安全和个人信息保护等原因,企业数据本身或其中的某些元素可能需要知识产权保护。[47]但是,算法透明和商业秘密保护具有天然的冲突,并在私法和公法领域中均有体现。[48]企业为保证数据安全,常会使用加密等技术来保护数据不被非法访问。而令各国对加密资产的监管立场和态度,以达成基本共识,是构建加密资产全球统一税收监管体系的基础。但现实中,各国在加密资产治理理念上并未达成一致,[49]这会导致数据安全工作和相关公司在涉及相关产品中所享有的知识产权相冲突。数据安全的目标是保护个人和组织的数据免受未经授权的访

---

① 当前我国有中国互联网协会、中国信息协会等综合性行业协会,而分工更加精细的行业协会还有待优化。

问、使用、披露、破坏、修改或销毁。在很多情况下,大规模的数据分析和使用可以为公众带来好处,但是企业会以数据安全为由禁止公布数据,而数据分析和使用未经适当的保护,又可能会造成大规模的个人数据泄露,侵犯公民的隐私权。在未来的大数据体系建设中,要考虑大数据权利人的经济利益和公共利益。[50]从本质上讲,出现数据孤岛现象的根源是数据隐私与安全保护机制的缺失,鉴于数据信息安全以及个人隐私保护的要求,虽然政府通过"最多跑一次"等改革措施打通政府数据壁垒,以强化关联和提高服务效能,但是数据往往以"可用不可见"的方式进行开发,距离真正意义上的数据开放和连通还有相当大的距离。[51]

## 参考文献

[ 1 ] 袁康、鄢浩宇:《数据分类分级保护的逻辑厘定与制度构建——以重要数据识别和管控为中心》,《中国科技论坛》2022 年第 7 期,第 167—177 页。

[ 2 ] 阙天舒、张纪腾:《人工智能时代背景下的国家安全治理:应用范式、风险识别与路径选择》,《国际安全研究》2020 年第 1 期,第 4—38、157 页。

[ 3 ] 邓崧、黄岚、马步涛:《基于数据主权的数据跨境管理比较研究》,《情报杂志》2021 年第 6 期,第 119—126 页。

[ 4 ] 王玫黎、陈雨:《中国数据主权的法律意涵与体系构建》,《情报杂志》2022 年第 6 期,第 92—98 页。

[ 5 ] 孙南翔、张晓君:《论数据主权——基于虚拟空间博弈与合作的考察》,《太平洋学报》2015 年第 2 期,第 63—71 页。

[ 6 ] 冉从敬、刘妍:《数据主权的理论谱系》,《武汉大学学报(哲学社会科学版)》2022 年第 6 期,第 19—29 页。

[ 7 ] 周明:《数据国籍制度体系的论证与构建》,《中国科技论坛》2023 年第 2 期,第 159—167 页。

[ 8 ] 张晓君:《数据主权规则建设的模式与借鉴——兼论中国数据主权的规则构建》,《现代法学》2020 年第 6 期,第 136—149 页。

[ 9 ] 郑令晗、郝嫚利:《我国数据主权的概念体系及其模型化研究》,《图书与情报》2023 年第 2 期,第 77—86 页。

[10] [法]让·博丹:《主权论》,李卫海、钱文俊译,邱晓磊校,北京大学出版社 2008 年版。

[11] 徐晓明:《全球化压力下的国家主权——时间与空间向度的考察》,华东师范大学出版社 2007 年版。

[12] 王雪诚、马海群:《总体国家安全观下我国数据安全制度构建探究》,《现代情报》

2021 年第 9 期,第 40—52 页。

[13] 冉从敬、刘妍:《数据主权的理论谱系》,《武汉大学学报(哲学社会科学版)》2022 年第 6 期,第 19—29 页。

[14] 李凡:《商业数据跨境流动的规范重塑及合规治理》,《中国流通经济》2023 年第 5 期,第 71—80 页。

[15] 邱静:《数据规则的国内构建、国际竞争和协调》,《安徽师范大学学报(人文社会科学版)》2023 年第 1 期,第 58—74 页。

[16] 郭玟君:《先行先试!深圳又一交易所诞生,如何打造?》,https://finance.sina.cn/china/gncj/2022 - 12 - 03/detail-imqmmthc6944653. d. html? oid = 3851060546455338&vt=4&wm=4007&cid=76729&node_id=76729,最后访问日期:2023 年 6 月 1 日。

[17] 冯哲:《数据要素流通规则的思考与探索——以产业数据为视角》,《科技与法律(中英文)》2023 年第 3 期,第 30—36 页。

[18] 洪延青:《国家安全视野中的数据分类分级保护》,《中国法律评论》2021 年第 5 期,第 71—78 页。

[19] 段传龙:《中国互联网立法的成就、问题与完善》,《河北大学学报(哲学社会科学版)》2019 年第 2 期,第 156—160 页。

[20] 付熙雯、王新泽:《我国数据交易研究进展:系统性文献综述》,《情报杂志》2022 年第 11 期,第 137—143 页。

[21]《国家网络空间安全战略》,《中国信息安全》2017 年第 1 期。

[22] 翟志勇:《数据安全法的体系定位》,《苏州大学学报(哲学社会科学版)》2021 年第 1 期,第 73—83 页。

[23] 高建成:《限制数据抓取行为的正当性及其价值衡量》,《中国流通经济》2022 年第 8 期,第 117—127 页。

[24] 翁国民、宋丽:《数据跨境传输的法律规制》,《浙江大学学报(人文社会科学版)》2020 年第 2 期,第 38—53 页。

[25] 郑智航:《数据安全与数据利用平衡的法治保障》,《人民论坛・学术前沿》2023 年第 6 期,第 79—87 页。

[26] 任颖:《数据立法转向:从数据权利入法到数据法益保护》,《政治与法律》2020 年第 6 期,第 135—147 页。

[27] 何航:《企业数据安全合规治理的关键问题与纾解》,《贵州社会科学》2022 年第 10 期,第 126—133 页。

[28]《加快构建双循环新发展格局的 9 大着力点(下)》,https://www.ndrc.gov.cn/xxgk/jd/wsdwhfz/202105/t20210507_1279328_ext.html,最后访问日期:2023 年 5 月 26 日。

[29] 徐汉明:《习近平"网络强国"重要论述及其时代价值》,《法学》2022 年第 4 期。

[30] 卢超:《事中事后监管改革：理论、实践及反思》,《中外法学》2020 年第 3 期。

[31] 任保平、何厚聪:《中国式现代化新征程中我国数字经济创新体系的构建》,《上海经济研究》2022 年第 12 期,第 17—26 页。

[32] 杨东、梁伟亮:《重塑数据流量入口：元宇宙的发展逻辑与规制路径》,《武汉大学学报(哲学社会科学版)》2023 年第 1 期,第 55—66 页。

[33] 余潇枫、贾亚君:《论国家主权的当代发展与理性选择》,《浙江大学学报(人文社会科学版)》2001 年第 2 期,第 31—38 页。

[34] 冯硕:《TikTok 被禁中的数据博弈与法律回应》,《东方法学》2021 年第 1 期,第 74—89 页。

[35] 肖君拥、张志朋:《中国国家安全法治研究四十年：回眸与展望》,《国际安全研究》2019 年第 1 期,第 4—39、156 页。

[36] 宋颖:《我国国家安全立法的不足与完善》,《甘肃社会科学》2021 年第 5 期,第 136—143 页。

[37] 张春良:《论"一带一路"视域下中国涉外司法公信力铸造之道——以最高人民法院为中心的考察》,《四川大学学报(哲学社会科学版)》2022 年第 5 期。

[38] 习近平:《加快建设社会主义法治国家(2014 年 10 月 23 日)》,习近平:《论坚持全面依法治国》,中央文献出版社 2020 年版,第 110 页。

[39] 吴汉东:《数据财产赋权的立法选择》,《法律科学(西北政法大学学报)》2023 年第 4 期,第 1—14 页。

[40] 孙莹:《企业数据确权与授权机制研究》,《比较法研究》2023 年第 3 期,第 56—73 页。

[41] 高富平:《数据持有者的权利配置——数据产权结构性分置的法律实现》,《比较法研究》2023 年第 3 期,第 26—40 页。

[42] 申卫星:《数据确权之辩》,《比较法研究》2023 年第 3 期,第 1—13 页。

[43] 习近平:《高举中国特色社会主义伟大旗帜,为全面建设社会主义现代化国家而团结奋斗》,《人民日报》2022 年 10 月 26 日,第 1 版。

[44] 秦诗立、岑丞:《商会：从交易成本视角的解释》,《上海经济研究》2002 年第 4 期,第 52—60 页。

[45] 靳思远、沈伟:《〈数字经济伙伴关系协定〉的科技战略导向和中国选择进路》,《中国科技论坛》2023 年第 2 期,第 122—134 页。

[46] 海瑛、文禹衡:《数据主权安全能力的成熟度模型构建研究》,《图书与情报》2021 年第 1 期,第 29—38 页。

[47] 汪庆华:《算法透明的多重维度和算法问责》,《比较法研究》2020 年第 6 期,第 163—173 页。

[48] 李安:《算法透明与商业秘密的冲突及协调》,《电子知识产权》2021 年第 4 期,第 26—39 页。

[49] 冯静:《加密资产国际税收治理:缘起、现状与展望》,《税务研究》2022 年第 9 期,第 119—126 页。

[50] 李艳:《大数据的知识产权保护与共享:冲突与解决(英文)》,《科技与法律(中英文)》2023 年第 3 期,第 124—136 页。

[51] 曲亮、许塬杰:《"要素—资本—产品"三态耦合视角下数据市场治理体系研究》,《理论学刊》2023 年第 3 期,第 123—130 页。

# 国际法视野下 ChatGPT 对数字安全的挑战及其对策[*]

公惟韬[**]

**摘要：**作为《全球安全倡议》的重要延伸，数字安全具有国家、社会和个人三重维度的内涵，目的是维护国家安全、弥合数字鸿沟以促进数字资源平等利用，并加强个人信息保护。OpenAI 公司发布的 ChatGPT 系生成式人工智能的标志性进展，但在算法、算力和数据层面，ChatGPT 却存在着威胁国家安全、数字资源利用不平等和泄露个人隐私的数字安全风险。目前，各国生成式人工智能发展水平不一，既有的国际法体系中又罕有对生成式人工智能的专门性规范，难以为相关技术水平落后的国家提供必要的保护，应完善相关的数字安全国际法制度，并从国家、社会和个人维度构建数字安全国际法体系，落实《全球安全倡议》。

**关键词：**ChatGPT；数字安全；生成式人工智能；风险；监管自治

2022 年 11 月，OpenAI 公司发布人工智能聊天机器人 ChatGPT，引发社会各界的广泛关注。ChatGPT 可以根据用户问题通过自然语言进行回复，系生成式人工智能的标志性进展。但是，ChatGPT 的运行与使用却存在着输出内容虚假、违法且价值不中立、数字资源分配不平等和泄露个人隐私的数据风险，对数字安全形成挑战。在 ChatGPT 推出后不到半年的时间，百度也推出类似 ChatGPT 的"文心一言"，"文心一言"的深度学习与运

---

[*] 本文系国家社会科学基金重大项目"构建人类命运共同体国际法治创新研究"(18ZDA153)的阶段性研究成果。

[**] 公惟韬，复旦大学法学院 2022 级博士研究生。

行模式与 ChatGPT 相似,[1] 也存在着数字安全风险。

2022 年 4 月,习近平主席在博鳌亚洲论坛上首次提出《全球安全倡议》,自该倡议提出以来,安全概念的内涵便得到不断丰富和发展,涵盖国家安全、社会安全和个人安全等在内的数字安全是该倡议的应有之义。目前,相关的国际法罕有专门针对生成式人工智能对数字安全损害的直接规制,而是多为经济层面的间接规制,且均为软法,执行力低,加之各国生成式人工智能发展水平不一,部分技术落后的国家可能没有能力发现并规制相关技术的危害,面临数字安全保护困境。对此,应完善既有国际法规则,从监管与行业自治这两个角度研究、制定规则,确保生成式人工智能的发展和运用在伦理、规则、法律的约束下进行,并以《全球安全倡议》精神为引领,构建数字安全国际法体系,应对生成式人工智能的挑战。

## 一、数字安全的内涵

《全球安全倡议》要求坚持共同、综合、合作、可持续的安全观,尊重各国主权、领土完整,遵守联合国宪章宗旨和原则,重视各国合理安全关切,通过对话协商以和平方式解决国家间的分歧和争端,统筹维护传统领域和非传统领域安全。[2] 其中,深化信息安全领域国际合作、加强人工智能等新兴科技领域国际安全治理、预防和管控潜在安全风险是重点方向。我国已提出《全球数据安全倡议》,希望推动达成反映各方意愿、尊重各方利益的全球数字治理规则,共同应对各类网络威胁,构建开放包容、公平合理、安全稳定、富有生机活力的全球网络空间治理体系。并且就人工智能军事应用和伦理治理,我国也已发布立场文件,愿与国际社会就人工智能安全治理加强沟通交流,推动达成普遍参与的国际机制,形成具有广泛共识的治理框架和标准规范。在数字化发展一日千里的背景下,数据安全、人工智能安全等一系列超出传统网络安全范畴的安全新挑战接踵而至,迫使网络安全升级为数字安全,将影响个人安全、社会安全乃至国家安全等遍布各类数字化场景的安全风险纳入其中。[3]

（一）数字安全内涵之国家维度：维护国家安全

工业化时代以来,国家间竞争形式总体上经历了从贸易竞争到产业竞争,再到技术竞争的发展路径。当下,数字全球化加速发展致使全球数字扩张无序性加剧,而当社会围绕着技术来组织时,技术力量就是社会中权力的主要形式。[4]在人工智能领域,生成式人工智能技术犹如一把"双刃剑",既打开了生活的无限可能空间,也映射出数字时代大国竞争的复杂性。以ChatGPT为例,ChatGPT诞生的背后就受到了美国政府的支持,其《国家人工智能研究发展战略计划》已将人工智能上升至国家发展与安全重大战略。此外,2010—2019年,仅美国国家科学基金会为人工智能研发提供的资金与项目数量就分别增长了161.6%和213.7%,可见,ChatGPT的成功是其背后的政府近10年来持续鼓励与资助人工智能研发的必然结果。[5]

生成式人工智能技术承载的价值包含政治价值。技术研发者所选择的数据、编写的代码都是技术研发者的政治观念与价值取向的无形反映,但这种无形性也导致相关的价值取向更趋隐蔽化、全域化、复杂化和动态化。此外,生成式人工智能所生成的信息的真实性、合法性还存在被伪造的可能,这种技术在合成虚假视频方面的应用极易煽动网民的非理性情绪,甚至动摇公众对政府公信力的信任。[6]由此,生成式人工智能技术不仅能凸显相关国家的数字科技地位,而且可以达到为其数字霸权优势地位服务的目的,无论是由此导致的价值取向冲突,还是违法犯罪活动,都将损害他国的国家安全。因此,捍卫国家安全是数字安全国家维度的核心内涵。

### (二)数字安全内涵之社会维度:弥合数字鸿沟

所谓数字鸿沟是指工业化社会和发展中社会之间互联网接入的差异,它关系每个国家信息贫富之间的差距,意味着那些能参与和不能参与数字生活、能使用和不能使用全套数字资源的人之间的差异。[7]在加速推进信息数字化的背景下,每个人每天都会生成海量的数字信息,包括生产、生活的运行轨迹和交往图式,以及身份、行为、关系和言语数据,它们塑造了人的数字属性和社会的数字生态,由此构成的数字资源已成为数字经济时代下的社会核心资源。数字资源作为数字化时代下国家及其居民赖以生存的重要资源,属于自然资源和社会经济资源组成的物质实体外延。对于此类数字资源的合理分配以及由于不能合理分配而形成的数字鸿沟问题是传统平等理论在数字空间的延伸,关系社会安全与稳定。

然而,由发达国家一手建立的既有国际秩序客观上限制了发展中国家的技术发展,因为先进技术往往被发达国家垄断,导致发展中国家生产技术落后。联合国贸易和发展会议组织(UNCTAD)于 2019 年 9 月 4 日发布的《2019 年数字经济报告——价值创造和捕获:对发展中国家的影响》指出:发达国家和发展中国家可能将分别被"高数字化国家"和"低联网国家"所取代;在最不发达国家,目前只有 20％的人能够使用互联网,而在发达国家,则至少有 80％的人能够使用互联网。此外,在其他领域例如利用人工智能技术的能力,发达国家和发展中国家之间的差距更大。[8]这种"鸿沟"如果不能弥合,甚至将导致数字殖民主义,也就是发达国家对发展中国家的数字掠夺和控制,并通过其大型数字技术公司的游说、基础设施的投资以及向发展中国家捐赠硬件和软件等方式,迫使发展中国家形成有利于发达国家的国家政策导向,并借此对发展中国家人民的日常生活进行捆绑、垄断。[9]因此,弥合数字鸿沟、应对发达国家的技术垄断、保护发展中国家的平等的数字技术发展权利是数字安全社会维度的核心内涵。

(三)数字安全内涵之个人维度:加强隐私保护

2020 年 9 月 8 日,中国在"抓住数字机遇,共谋合作发展"国际研讨会上提出《全球数据安全倡议》,呼吁在全球数据爆发式增长的背景下,应确保事关各国安全与经济社会发展的信息技术产品和服务安全,各国应采取措施防范、制止利用网络侵害个人信息的行为。[10]这是因为以人为本既是数字安全的出发点和落脚点,也是数字安全相关规则在发展中应解决的核心问题。所谓以人为本,并非一味强调安全而忽视隐私保护与数据开发利用的平衡,而是应既遵循数字经济共享共用共建的基本思想,又充分考虑和尊重个体在大数据时代的隐私保护,因为只有个体数据安全有了保障,数据产业的发展才能有根基。[11]

就生成式人工智能而言,个人信息数据存在被生成式人工智能获取而造成个人隐私泄露的危机:一方面,生成式人工智能处理大数据的强大能力可能使已被匿名化的数据与其他信息相联系从而达到识别信息主体和去匿名化的效果,加大了侵犯隐私的风险;另一方面,数据主体的知情同意是隐私保护下的一项重要权利,生成式人工智能无处不在的监测和收集能力使得对相关数据的收集也存在未经过数据主体的同意,而破坏隐私保护基石的情形,以致个人数据安全问题成为社会普遍的焦虑。[12]以中国为例,有统计数据表明,七成以上的民众认为其个人数据泄露严重;两成以上的民众曾因个人数据泄露受电信诈骗恐吓;六成以上的民众不知如何维权。因此,通过保护个人数据来保障个人人身、财产安全具有必要性,这样才能维护公共秩序与社会福祉,提升人民对自身个人数据的掌控感和对数据治理的参与度,增进人民数据安全感。[13]可见,隐私保护是数字安全个人维度的核心内涵。

## 二、ChatGPT 的本质及其对数字安全的挑战

### (一) ChatGPT 的本质

一般认为,ChatGPT 属于生成式人工智能,在 2023 年 4 月 11 日中国国家互联网信息办公室发布的《生成式人工智能服务管理办法(征求意见稿)》中,生成式人工智能被定义为:基于算法、模型、规则生成文本、图片、声音、视频、代码等内容的技术。此外,构成人工智能的三大要素是:算法、算力和数据。ChatGPT 作为生成式人工智能也由这三大要素构成。

ChatGPT 不同于传统搜索引擎,其并非生成互联网上既有文章等内容的数据链接,而是基于用户的问题,依据已收集的数据和资料,以经人工标注的算法智能生成文字内容;同时,ChatGPT 亦不同于打败人类围棋冠军的谷歌旗下的深度思维(DeepMind)公司研发的阿尔法围棋(AlphaGo)和IBM 公司研发的深蓝(DeepBlue)。因为后者的博弈规则清晰,亦不触及人类职业边界,而 ChatGPT 及其智能生成内容应用在专业邮件、文案甚至论文、小说写作以及编程、翻译等领域时,均能提供逻辑清晰、自然流畅、符合语法规则的多轮互动的人性化交流体验,对人类的工作、生活的影响较阿尔法围棋和深蓝更为深远。

从属性上说,ChatGPT 应属聊天机器人,但其运行逻辑又不同于传统聊天机器人,后者的回答多已预先写入数据库,用户提出问题后,传统聊天机器人将从已预先写入数据库的回答中调取相应答案,而且传统聊天机器人并不具备上下文学习能力,一旦用户问题超出预设范围或者提出与前续问题不存在关联的问题,传统聊天机器人就可能出现答非所问的情形。而ChatGPT 则是基于 3 000 亿个单词的语料,并通过 Transformer 算法形成

的高达 1 750 亿参数的 GPT-3 语言模型与用户对话；ChatGPT 的语料源自约 45 TB 的互联网公开数据和数字书籍，这些海量知识成为 ChatGPT 的自然语言模型和智能化数据基底，使其拥有了回答各类问题的基础能力。[14]

此外，ChatGPT 中还包含"几万人工标注"的数据，对其注入了人类偏好的知识，使其了解提问者的意图，并能评判什么是好的回答以及什么是不好的回答，例如比较详细的回答是好的，而带有歧视性内容的回答是不好的。[15]深度神经网络的学习能力和模型的参数规模呈正相关，ChatGPT 的高参数规模语言模型使得其能够精准描述所涉及的广泛话题，又能以拟人化的姿态应对用户的连续提问，并通过上下文学习及时补充回答。同时，ChatGPT 还会在与用户进行对话的过程中进行强化学习。大量用户实践经验表明，ChatGPT 在对用户意图的理解和结果的准确性、完成度和易用性上都达到了前所未有的高度。[16]但是 ChatGPT 的数据训练时间停留在 2021 年，①其文本处理能力的全面性和时效性相对受到限制。

（二）ChatGPT 对数字安全的挑战

如前所述，数字安全是数字时代与数字化相关的一切安全要素、行为和状态的集合，具有国家维度的国家安全保护、社会维度的数字鸿沟弥合和个人维度的隐私保护等内涵，而 ChatGPT 则分别在算法、算力和数据三个方面对数字安全的三个维度内涵形成挑战。

1. 算法层面：ChatGPT 对国家安全的挑战

2023 年 3 月 14 日推出的搭载 GPT-4 语言模型的 ChatGPT，在 GPT-3 语言模型的 1 750 亿参数规模上再次提升，而人类大脑皮层的突触总数约 100 万亿，一旦 GPT-4 实现 100 万亿参数规模，从仿生学的角度来说就意味着它将可能达到与人类大脑神经触点相同的规模水平，也就是说，GPT-4 语言模型在思想和创作能力方面几乎堪比人类大脑。[17]但是 ChatGPT 缺乏全面的伦理道德过滤机制，可能输出违法信息，完全依赖其进行决策将产生

---

① 例如对 ChatGPT 提问："你知道 2022 年北美上映的票房最高的电影是什么吗？"它的回答是："很抱歉，由于我是一个语言模型，我的知识截至日期是 2021 年，而且我没有实时的访问最新电影票房数据的能力。不过，我可以告诉你，北美票房最高的电影通常是由大型制片厂和知名导演制作的大片，例如漫威电影、星球大战系列、詹姆斯·卡梅隆的电影等。如果你想了解最新的票房数据，你可以查看电影票房网站或相关新闻媒体的报道。"

国家安全风险。

　　虽然在开发 ChatGPT 时，OpenAI 公司已经极力避免输出带有算法歧视、偏见或侮辱、攻击、色情、暴力及血腥导向的内容，但实践证明，如果使用者有意通过设置命令和禁止要求，仍可能诱导 ChatGPT 输出违法信息，致使 ChatGPT "越狱"，最终突破研发者对其设置的道德伦理及法律底线，[18] ChatGPT 甚至可以直接根据用户的要求编写代码，让"网络小白"变身"资深黑客"，危害国家安全。

　　此外，ChatGPT 人工标注数据的目的不是监督其内容的真实性，甚至 ChatGPT 在回答时会提供编造的虚假信息，例如在询问 ChatGPT 关于"加倍支付迟延履行期间的债务利息"所涉及的法律条款及相关案例时，虽然 ChatGPT 的回答提供了明确的《合同法》《民法典》的条款，以及相关的案件案号与案情总结，但是，当对法条和案号进行核实时，却会发现 ChatGPT 所提供的法条和案号均为虚构，而且《合同法》在 ChatGPT 给出回答时已被废止。① 另外，ChatGPT 的语料库截至 2021 年，存在时间和内容上的局限性。若直接以 ChatGPT 的回答作为判断依据而不进行核查，很有可能会得出错误而不全面的结论。更有甚者，部分西方国家利用高效隐蔽和灵活多变的信息分发对我国进行意识形态的渗透和价值分化，使民众对主流价值产生厌恶和偏见，进而在潜移默化中削弱了社会主义核心价值观的凝聚力和引领力，这在生成式人工智能领域也是一样的，如果 ChatGPT 被其背后势力

---

① 例如对 ChatGPT 提问："请帮我检索一下'加倍支付迟延履行期间的债务利息'的问题"，ChatGPT 给出的回答是："您好，根据您提供的关键词，我检索到的相关信息是指当债务人在迟延履行期间未按时偿还债务时，应当向债权人支付加倍的利息。这是根据《中华人民共和国合同法》的相关规定而来的。该法第 144 条规定：债务人未按照合同约定的期限履行债务的，应当支付违约金。违约金的数额可以按照合同约定的标准确定，也可以按照债权人因违约受到的损失确定；债务人违约后履行债务的，应当支付违约金。此外，根据该法第 201 条，债务人在迟延履行期间应当支付利息。迟延履行期间的利息可以按照债权人的主张加倍计算。需要注意的是，合同双方可以在合同中约定关于违约金和利息的条款，但是约定不得违反法律的强制性规定。"然而，其中所摘取的合同法条款经核实均为虚假，《合同法》没有 ChatGPT 回答的条款，而且《合同法》第 144 和 201 条分别规定的是在途标的物毁损、灭失风险承担，以及贷款人、借款人赔偿损失、支付利息的规定，而非加倍支付迟延履行的内容。再追问 ChatGPT："中华人民共和国民法典有类似的规定吗？"ChatGPT 给出的回答是："是的，中华人民共和国民法典(以下简称《民法典》)也对债务人违约时应支付的利息进行了规定。《民法典》第 846 条规定：债务人未按照合同约定的期限履行债务的，应当支付违约金。"该条款经核实也是不正确的，《民法典》没有该条规定，而《民法典》第 846 条规定的是技术合同支付问题。继续追问 ChatGPT："有相关的案例支持上述观点吗？"ChatGPT 给出了案号分别为 (2019) 朝民初 6287 号和 (2019) 京 03 民初 7644 号的案件案情与判决，但是在中国裁判文书网上检索后，并未查询到该两起案件。

所裹挟,给出虚假的、具有煽动性的回答,则可能出现公众舆论被操纵的后果。

在数字时代,数字空间对用户的自由选择权产生了极高的控制力和重塑力。有数据显示,平台通过用户画像对用户的平均可预测程度已高达93%,[19]基于此,平台会对用户进行相关商品的推荐,以达到营利的目的,而用户自认为进行的自由购物行为其实是受到平台大数据计算的预判和引导的,甚至还会由于这类推荐导致价值认同方面的信息同质化和极端化。ChatGPT 提供的回答同样存在前述问题,因为技术研发者为生成式人工智能技术所选择的数据、所编写的代码,都是技术研发者的政治观念与价值取向的反映。用户与 ChatGPT 的每一次互动,都会使生成式人工智能习得人类的观念和行为,与此同时,生成式人工智能也在影响人类的观念与行为,周而复始,一旦存在伦理风险,该风险就会在不断的交互作用中呈现演进发展的动态化特征,技术研发者观念的渗透也在此过程中更加难以为人们所觉察。[20]虽然 OpenAI 公司声称 ChatGPT 价值中立,但是目前 ChatGPT 的训练数据绝大部分是英文,中文数据占比较少。[21]进一步说,ChatGPT 可能的确无法表达自己的立场和价值观,但训练有素的语言模型一定可以表达其背后能够控制数据来源及知识立场的那些人的价值观。由于生成式人工智能技术具有自我强化的倾向,一旦存在偏见的数据被用于机器学习,看似客观中立的算法运行结果也将带有偏见,生成式人工智能的回答也将继承人类社会的原始偏见,并不断循环扩散,使偏见被进一步复制与强化,由此形成的价值冲突与恶意引导将对国家安全产生消极影响。

2. 算力层面:ChatGPT 导致的数字鸿沟挑战

根据中国互联网络信息中心发布的最新报告,我国的网民规模和互联网普及率呈现城乡二元对立的格局,其中,老年人群、贫困人群和文化层次较低人群分享数字红利的能力明显低于其他群体。[22]保护这些数字弱势群体的权利既是数字安全的应有之义,也是传统平等价值在数字空间的新变体。ChatGPT 等高新数字技术导致的数字鸿沟现象使发展中国家尤其是"低联网国家"的人民受制于信息本身的稀缺性和个人在获取、掌握和运用信息方面的技术匮乏,他们在使用信息传播技术和网络技术时存在劣势,无法平等分享数字红利。[23]

就教育领域而言,ChatGPT 虽可以拓宽学生的知识面和对各类问题的理解,但是其双刃剑效应也逐渐显现。ChatGPT 能自主整合并输出不同于原始资料的内容,因此它完全有能力代替学生完成论文写作。在美国 1 000 名接受调查的学生中,有 89% 以上的学生使用过 ChatGPT 完成家庭作业,约 48% 的学生使用过 ChatGPT 完成测验,超过 50% 的学生使用过 ChatGPT 写论文,22% 的学生曾要求 ChatGPT 提供论文大纲。[24]这将极大地影响教育生态,因为测验、论文评估的不是学生的能力和知识,而是 ChatGPT 用户的提问水平和 ChatGPT 的应答能力,同时这也不利于平等的竞争环境的构建,因为能够使用 ChatGPT 的学生可能较其他不能使用的学生而言,具有了特殊优势而造成数字资源利用不平等的现象。在教育领域以外的其他领域,如果企业使用 2023 年 3 月 22 日发布的内嵌 ChatGPT 语言模型的微软最新 Copilot 办公系统,就能够自动总结、改写、翻译、润色 Word 文字作品,自动生成 PPT 作品,并能够利用 Copilot 办公系统引导 Excel 文件的公式运用,在提高企业办公效率之余,Copilot 系统还可以对自带的 Outlook 邮件内容和专业性进行调整,让企业在对外交流尤其是在与外籍客户交流时,避免不必要的语言错误,改善企业形象。然而,对于受条件所限而不能使用相关办公系统的企业以及其他数字弱势群体来说,其将无法分享 ChatGPT 及 Copilot 办公系统的数字红利,无法通过生成式人工智能提高效率,面临数字资源分配不平等的困境。

### 3. 数据层面:ChatGPT 对隐私保护的挑战

ChatGPT 的用户反馈强化学习模式原理可以通过索尔克大学教授的实践予以解释:在其询问 ChatGPT 步行穿过英吉利海峡的世界纪录时,ChatGPT 的回答是步行穿过英吉利海峡的世界纪录是 18 小时 33 分钟。但是,事实上,一个人是无法步行跨过英吉利海峡的。ChatGPT 如此回答的原因是由于询问者使用了动词"步行"而不是"游泳",但如果用户针对 ChatGPT 的回答进行纠正,并告诉 ChatGPT 步行穿过英吉利海峡是不可能的,那么,ChatGPT 就会学习并在以后再遇到类似问题时避免相应的错误。[25]这暴露出一个潜在的问题,那就是用户的反馈、纠正将被 ChatGPT 学习并载入数据库。无论用户的反馈与纠正的信息内容是否涉及个人隐私,ChatGPT 都会"记住"并用于后期的模型训练和内容生成。

在世界范围内，"知情—同意"原则一直是传统个人信息数据处理的主要合法性基础。在数字社会中，大数据平台会通过算法了解用户的偏好兴趣和喜怒哀乐，并从海量用户行为数据中挖掘、分析、处理，生成体现用户全貌及作为生活方式数字化表达的用户画像，并赋予这些用户画像以数据商业价值。针对商家刻画的用户画像所涉及的信息安全风险，我国《个人信息保护法》赋予了个体知情权、决定权等个人信息权利。在欧美，以欧盟《通用数据保护条例》和美国《加州消费者隐私法案》为代表的一系列涉及数字空间个人信息保护的立法也都作出了类似的规定。[26] 在数字经济背景下，知情权的范围还包括平台有义务告知用户其数据将被处理的一切相关资讯，并只有在获得用户同意后才能处理相关的数据。ChatGPT 虽然和大数据平台的运行模式不尽相同，但是如前所述，采用用户反馈学习模式的生成式人工智能客观上需要采集用户提供的信息，并落实"知情—同意"原则作为规范生成式人工智能采集用户信息的基础，防止被作为学习及未来回答内容源的用户对话数据中的个人信息泄露。

OpenAI 公司一方面声称 ChatGPT 不会记住也不会主动提供用户的任何信息；另一方面，又表示 ChatGPT 与用户对话的数据需要被存储在 OpenAI 公司及其使用的云服务提供商的数据中心之中。[27] 这是因为，ChatGPT 所运用的生成式人工智能技术本身就要求其收集、储存和使用对话数据，才能实现用户反馈强化学习，从而通过和用户对话的方式促进 ChatGPT 迭代。虽然 OpenAI 公司具有对 ChatGPT 的内容源进行人工标注的技术能力，但是 ChatGPT 所包含的几万人工标注数据的目的只是对内容是否符合人类的习惯和偏好进行评判，并非对相关信息进行实质性的筛选和人工监督过滤，导致 ChatGPT 在自主学习训练与输出的过程中几乎不受监督，存在着将含有个人信息的用户对话数据作为模型训练的基础语料，并作为回答内容输出的可能，极大增加了隐私泄露的个人安全风险。

### 三、化解 ChatGPT 等生成式人工智能对数字安全挑战的路径

（一）ChatGPT 等生成式人工智能的数字安全保护现状

2021 年 11 月 24 日，在联合国教科文组织第 41 届大会上，193 个会员国一致通过的《人工智能伦理问题建议书》系首份涉及人工智能伦理问题的

全球性协议,也是目前对于 ChatGPT 及类似生成式人工智能在最广泛的各国政府层面达成的合作协议。该协议书之所以会提出,是因为考虑到人工智能技术虽然可以对人类大有助益并惠及所有国家,但也会引发根本性的伦理关切,例如人工智能技术可能内嵌价值观并加剧偏见,导致歧视、不平等,造成数字鸿沟。由此,为维护正义、信任和公平,以便在公平获取人工智能技术、享受这些技术带来的惠益和避免受其负面影响方面不让任何国家和任何人掉队,《人工智能伦理问题建议书》才得以提出。

此外,关于人工智能的规制还存在着相关区域性的实践、双边条约及共识,例如欧盟 2011 年发布的《网络治理指导原则宣言》,就明确网络治理需遵守国际法,而与人工智能伦理标准联系最为紧密的是 2018 年欧盟颁布的《通用数据保护条例》以及在此基础上制定的 2019 年《欧洲人工智能伦理准则》,其中所采取的价值取向是期望通过人工智能技术提升人类幸福,并在 2020 年从监管者视角出台《数字治理条例(建议稿)》《数字市场法(草案)》和《数字技术法(草案)》规范数据处理,保护个人尊严和人类基本权利。[28] 针对前述法律中与人工智能有关的规则主要是为了促进欧盟作为市场平台对投资者的吸引力,而缺失了对于所涉及的数字空间中可能出现的各种风险的规范,2021 年,欧盟颁布《人工智能法案》,系统、全面地从人工监管、隐私、透明度、安全、非歧视、环境友好等角度监管人工智能的开发和使用,评估人工智能存在的伦理风险。

美国则通过《2022 年算法问责法案》(*Algorithmic Accountability Act of 2022*)、《美国数据隐私和保护法案》(*American Data Privacy and Protection Act*)以及联邦政府对促进种族平等和支持服务不足社区的行政命令等方式,对人工智能进行规制,防止因为种族、性别、年龄、文化和残疾等偏见而导致训练结果输出内容中存在偏见。英国于 2021 年 5 月也颁布了《自动决策系统的伦理、透明度与责任框架》,防范算法歧视。2022 年 10 月,美国白宫科技政策办公室出台《人工智能权利法案蓝图》指导人工智能设计、使用和部署的相关原则。但是,英国和美国联邦层面均未颁布完整且专门针对人工智能的法案。

就我国而言,关于人工智能伦理问题的规范从 2017 年国务院办公厅印发《新一代人工智能发展规划》时已开始,之后,《科学技术进步法》《互联网

信息服务算法推荐管理规定》《互联网信息服务深度合成管理规定》《生成式
人工智能服务管理暂行办法》《网络安全标准实践指南——人工智能伦理安
全风险防范指引》等一系列法律规范和行业规范相继颁布，明确人工智能科
技伦理审查程序、标准、条件等。2023 年出台的《新一代人工智能发展规
划》明确在确保个人信息安全以外，保障人们具有完全自主的决策权，有权
自由选择是否接受人工智能系统提出的业务，也有权随意终止与人工智能
系统的通信，保证人工智能系统永远处在人们的掌控范围内等，防范人工智
能对人的自由选择的影响。

（二）ChatGPT 等生成式人工智能的数字安全保护缺乏国际规制

从 ChatGPT 等生成式人工智能的数字安全保护现状中可见，相关的立
法实践主要集中于欧盟及英美中等国。2023 年 3 月 30 日，联合国教科文
组织发表声明，呼吁各国政府尽快落实《人工智能伦理问题建议书》，这是因
为当前国际法中的人工智能规制尚未颁布统一规范，从执行力角度来说，
《人工智能伦理问题建议书》作为软法，其效力完全取决于国家自身是否有
意愿实施。针对数字安全主要受来自 ChatGPT 及类似生成式人工智能的
挑战，各国生成式人工智能相关技术的发展水平不同，部分技术水平欠发达
地区相关领域的规范可能面临空白，而其余各国国内法层面上关于生成式
人工智能数字安全的规范也不尽相同，由此可能导致部分行为在一国合法，
而在其他国家被规制的困境，这将不利于技术的长期、稳定发展，也无法形
成便捷的物联网。此外，部分发达国家为了实现自身在技术领域的利益与优
势地位，还有可能滥用长臂管辖原则，或以意识形态、国家安全等为缘由，隔
离、挤压新兴技术体和新兴技术国家，加之各国生成式人工智能技术水平存
在不同，可能出现部分国家想要规制生成式人工智能而没有能力的情形。[29]
因此，逐步构建统一的生成式人工智能数字安全国际法体系具有必要性。

（三）ChatGPT 等生成式人工智能的数字安全保护路径：逐步构建
统一的生成式人工智能数字安全国际法体系

1. 逐步构建生成式人工智能数字安全国际法体系的总路径

考虑到目前对于生成式人工智能这一新兴事物，尚无专门的普遍性国

际条约,既有的双边和区域性条约数量不多,涉及的国家数量也有限,而且各国对于生成式人工智能相关技术的态度不同,例如欧盟主要关注个人信息保护与数据安全,而美国则力主尽可能自由的数字流动,以充分发挥美国的既有优势。[30]因此,直接在国际层面上形成统一的国际规范存在一定的难度。对此,可首先效法防范网络安全犯罪领域内主要由学者编纂的《塔林手册》。也有学者就涉及生成式人工智能的所有可能存在的法律问题进行梳理,在数字主权、数字资源合理分配和个人信息保护等方面形成具有指导性而非约束性的示范性规则,保护平等与和谐的数字安全观,规范"知情—同意"原则、保障数字弱势群体并达成防范虚假和不良信息的国际共识作为建构生成式人工智能数字安全国际法体系的基础。然后,各国可以此示范性规则为指引,从宏观角度保护数字安全的国家、社会和个人,以及从微观角度规范生成式人工智能的算法、算力和数据,统一一国国内以及各国双边、区域条约中关于生成式人工智能数字安全的约定与实践,通过这些国内、国际实践逐渐将示范性规则的指导意见转化为习惯国际法,并在此基础上逐步形成统一的、具有执行力的生成式人工智能数字安全国际法规范体系。

2. 宏观层面的构建内容:从国家、社会、个人维度规范生成式人工智能

(1)国家维度:构建数字主权保护国家安全。针对生成式人工智能可能导致的对国家安全的挑战,国家需要加强应对相关挑战的自主性与规范性,构建数字主权。数字主权是将数据作为主权的一部分,其概念最早来自欧盟。在 2020 年 7 月的《欧洲数字主权》研究报告中,数字主权被定义为在数字世界中独立行动的能力,并可从保护机制和积极发展数字创新工具的自主性和规范性来理解:一是欧盟通过数字基础设施建设提升数字技术竞争力,自主掌控战略性技术和价值链的能力;二是欧盟对数字空间监管以及对数字标准进行规范的权力。[31]由此可见,通过在数字世界中建立管辖权,确定数字边界重新控制数据和数字基础设施、行使数字主权,才能以更加积极、自主的姿态来参与数字地缘竞争与博弈,应对在非对称技术竞争中的价值冲突,保护国家安全。

(2)社会维度:促进数字技术发展的权利。在数字主权的前提下遵循多元共治、合作普惠原则,处于数字技术和市场优势地位的国家应当承担起

引领责任,通过合理的制度安排,为在互联网的传输与使用中处于劣势、与别国存在信息差距和使用数字资源不平衡的国家和地区提供包括生成式人工智能技术在内的必要的数字技术援助。此外,应发挥区域贸易协定的作用,在逆全球化趋势下,相较于联合国大会统一决议出台可能效率较低的情况,区域贸易协定将有助于发展中国家确保更大的市场和竞争力,例如在区域贸易协定中制定电子商务、竞争和消费者保护政策和规则将更加有效地处理跨国数字公司的技术垄断行为。[32]此外,还可参照《数字经济伙伴关系协定》的数字包容性条款,引导缔约各方合作共赢、共同发展,消除技术和基础设施上的障碍,平等获取发展数字技术的权利,应对客观存在的发达国家与发展中国家之间尤其是在生成式人工智能领域内的技术鸿沟。

（3）个人维度：设置个人信息保护总则。数字贸易的活力源于信息及其技术的发展,尤其是跨境流动的信息,而这些信息中的大部分又是个人信息。应平衡隐私保护与贸易,避免涉及个人信息安全的安全例外成为变相限制国际贸易的条款。此外,考虑到目前各国生成式人工智能技术等相关数字技术发展不一,个人信息保护的技术不健全,应在生成式人工智能技术数字安全国际法体系中设置总则性的个人信息保护规则,并对不同种类的个人信息进行分类,增设提升个人对数据掌控的自主性规则并完善、强化通知与救济制度,开展多维联动的全球造法活动,加强隐私保护。[33]

3. 微观层面的构建内容：从算法、算力、数据层面规范生成式人工智能

（1）算法层面：政府监管和行业自治相结合,完善对虚假、违法信息的识别,防范国家安全风险。数据作为新型生产要素,是数字化、网络化、智能化的基础,已快速融入生产、分配、流通、消费和社会服务管理等各环节,深刻改变着人们的生产方式、生活方式和社会治理方式。针对 ChatGPT 这类生成式人工智能存在的提供虚假数据的可能,应引导企业将防止虚假、错误信息的算法加入语言训练模型,并利用人工标注技术,引导 ChatGPT 回答问题的偏好标准,避免在收到关于客观事实的提问时给出虚构的答案。此外,对于 ChatGPT 类生成式人工智能可能会受到用户诱导而生成违反道德、法律的回答的问题,应加强各国的政府监管,必要时,可对人工智能生成结果进行审核,完善对违法、不良信息的识别和阻断机制,抵御潜在的道德风险与危害,维护良好的网络生态环境。

就 ChatGPT 对人的自由选择和价值判断的影响,一方面,从实质来看,生成式人工智能技术是一种对人类已有知识、发现、认知等的"再现",但这种"再现"主要是依据算法模型进行信息提取基础上的"再现",而目前 ChatGPT 类生成式人工智能的这种"再现"的水平还不够高,例如前述要求 ChatGPT 进行法条与案例检索时,它给出的回答便是编造的,显然不具有"专才"水平,担心 ChatGPT 类生成式人工智能对人类的取代是不必要的;另一方面,用户的思维能力仍存在受到 ChatGPT 背后所含价值观影响的可能,有扰乱数字社会运作中的秩序伦理的风险。由于科技的超越式进步,法律规则的时滞性弊端将更为凸显。考虑到数字社会中,服务民生的义务主体已不再局限于以政府为代表的公权力机关,因此还可通过国际行业自治的力量,在政府监管之外,通过更灵活的行业自治条例等软规范,应对新技术应用带来的风险。例如在 20 世纪 90 年代互联网开始大规模商用、国家法律监管介入之前,互联网早期的工程师、计算机专家通过运用网络技术规则,建立了一套依据伦理道德原则和技术规则的技术编码网络控制方式,并形成了有效的网络空间秩序。[34]可见,非政府社会组织、商业机构等网络空间利益相关方其实与政府对网络空间秩序的形成几乎具有同等作用。由此便可在国家法律介入监管之前,通过行业自治,尽可能引入不同的价值观念,并建立内含自治伦理的普遍技术编码体系,从算法层面防范恶意引导致使的价值冲突对国家安全的危害。

(2) 算力层面:保障数字弱势群体,防范数字鸿沟风险。ChatGPT 及其他类似的生成式人工智能能够通过其强大的数据运算能力,提高人类工作、生活效率,但是客观上说,由于技术等各类原因,老年人、贫困地区和文化层次较低的人群可能难以在分享数字红利时获得信息公平权益的保障。然而,数字弱势群体依法平等享有知悉公共信息资源及其服务的权利,并有资格享有数字空间的公共信息及其服务。[35]ChatGPT 及类似的生成式人工智能技术不应被垄断在少数"绝对强者"手中,而产生阶级固化和技术壁垒。

针对 ChatGPT 及类似生成式人工智能可能造成的平等使用权"数字鸿沟",有必要在技术之外辅之以制度性的法律回应,具体来说,可借鉴在法国、英国、芬兰等国家已正式纳入规范性法律文本的上网权,作为平等使用生成式人工智能技术的具体权利制度的理论基础。此外,以教育领域为例,如果担心学生利用 ChatGPT 及类似生成式人工智能进行作弊、完成课程论文，对于学校来说，回归传统线下的监考制度将是一项积极的应对措施，同时应进一步加强学术审核和学术不端行为的问责机制及规章的惩罚执行力度。此外，还应通过第三方的技术手段建立有效的、具有针对性的检测体系，采用定期审核、评估、验证算法机制，分辨文本是由人类撰写还是由 ChatGPT 及其他类似人工智能生成的，通过此类方式防止学生利用生成式人工智能造成教育领域的不平等现象。

（3）数据层面：落实"知情—同意"原则，防范隐私泄露风险。无论是对 ChatGPT，还是其他类似的生成式人工智能，在其研发和运营过程中，应严格落实企业的数据合规主体责任，实现个人信息利用和保护之间的平衡。一方面，应将个人信息保护作为企业数据合规体系的重要内容；另一方面，对于像 ChatGPT 这样采取用户学习反馈模式的生成式人工智能，从基础算法上无法避免对用户对话数据的采集，那么，应首先征得用户的同意，遵守"知情—同意"的规则；其次，对于经用户同意而采集的用户对话数据，应要求企业强化个人信息的甄别能力，采取隐私计算等技术过滤受法律保护的个人信息，甚至可采取"机器＋人工"双重安全审核机制，强化输出内容管理；再次，对于互联网中已经公开的个人信息，也应当充分运用技术措施和管理制度予以核实；最后，在收到关于他人个人信息的提问时应谨慎回答，从而确保个人信息处理的合法性。

## 四、结语

在大数据背景下，数字安全是国家、社会和个人发展的基础，而且数字技术也正在成为信息时代的核心战略资源，其背后存在的数字安全风险亟须解决。对于 ChatGPT 及类似生成式人工智能可能存在的所提供信息不真实、不合法且歧视偏见、数字资源分配不平等和非法处理个人信息等危害数字安全的风险，考虑到各国技术发展的水平不同，应针对目前既有数字安全国际规则体系的不足，引导各国政府和企业保护个人信息，公平分配数字资源，保护数字弱势群体使用生成式人工智能的权利，并把握、平衡好技术发展与安全的法律和伦理天平，在此基础上构建数字安全国际法体系，以保护国家安全，弥合数字鸿沟，并加强隐私保护。

## 参考文献

［1］赵广立：《百度首席技术官王海峰揭秘：文心一言是如何炼成的?》，《中国科学报》2023 年 3 月 23 日。

［2］刘贞晔：《落实全球安全倡议，构建人类安全共同体》，《光明日报》2023 年 5 月 6 日。

［3］周鸿祎：《数字安全时代到来，解决问题才是王道》，《中国信息安全》2023 年第 1 期。

［4］［美］安德鲁·芬伯格：《技术批判理论》，韩连庆、曹观法译，北京大学出版社 2005 年版。

［5］戚凯：《ChatGPT 与数字时代的国际竞争》，《国际论坛》2023 年第 4 期。

［6］余杰：《人工智能时代的意识形态风险及其化解》，《思想理论教育》2022 年第 12 期。

［7］J. M. Spectar. Bridging the Global Digital Divide: Frameworks for Access and the World Wireless Web. *N.C.J. INT'L L. & COM. REG.*, Vol.57, 2000, p.26.

［8］贾泽驰：《联合国发布首份数字经济报告，美中主导全球数字经济》，《文汇报》2019 年 9 月 6 日。

［9］王淑敏：《全球数字鸿沟弥合：国际法何去何从》，《政法论丛》2021 年第 6 期。

［10］国际论坛：《心正，就会认同〈全球数据安全倡议〉》，《环球时报》2020 年 9 月 9 日。

［11］何翠云：《保障数据安全仍需以人为本》，《中华工商时报》2021 年 6 月 23 日。

［12］华劼：《人工智能时代的隐私保护——兼论欧盟〈通用数据保护条例〉条款及相关新规》，《兰州学刊》2023 年第 6 期。

［13］谢迪扬：《论"一带一路"倡议下数据安全共同体的规则建构》，《国际经济法学刊》2023 年第 2 期。

［14］朱光辉、王喜文：《ChatGPT 的运行模式、关键技术及未来图景》，《新疆师范大学学报（哲学社会科学版）》2023 年第 4 期。

［15］陆小华：《ChatGPT 等智能内容生成与新闻出版业面临的智能变革》，《中国出版》2023 年第 5 期。

［16］陆小华：《智能内容生成在催生什么传播新变局》，《青年记者》2023 年第 3 期。

［17］朱光辉、王喜文：《ChatGPT 的运行模式、关键技术及未来图景》，《新疆师范大学学报（哲学社会科学版）》2023 年第 4 期。

［18］樊雪寒：《ChatGPT 的数据安全问题引发关注》，《第一财经日报》2023 年 2 月 27 日。

［19］［美］艾伯特-拉斯洛·巴拉巴西：《爆发：大数据时代预见未来的新思维》，马慧译，北京联合出版公司 2017 年版。

[20] 余杰：《人工智能时代的意识形态风险及其化解》，《思想理论教育》2022 年第 12 期。

[21] 王建磊、曹卉萌：《ChatGPT 的传播特质、逻辑、范式》，《深圳大学学报（人文社会科学版）》2023 年第 2 期。

[22] 郑智航：《数字人权的理论证成与自主性内涵》，《华东政法大学学报》2023 年第 1 期。

[23] 杨洸、杜丽洁：《数字技术与数字鸿沟：弥合数字不平等的困境与行动》，《青年记者》2022 年第 22 期。

[24] 邓建鹏、朱怿成：《ChatGPT 模型的法律风险及应对之策》，《新疆师范大学学报（哲学社会科学版）》2023 年第 5 期。

[25] Terrence J. Sejnowski. Large Language Models and the Reverse Turing Test. *Neural Computation*，Vol.309，2023，p.25.

[26] 徐娟：《用户画像中的人权保护》，《河北法学》2023 年第 2 期。

[27] 邓辉：《妥善应对 ChatGPT 带来的个人信息保护挑战》，《民主与法制时报》2023 年 2 月 22 日。

[28] 殷佳章、房乐宪：《欧盟人工智能战略框架下的伦理准则及其国际含义》，《国际论坛》2020 年第 2 期。

[29] 李盛竹：《跨国公司国际竞争背景中的技术霸权现象——理论回顾与展望》，《社会科学家》2011 年第 9 期。

[30] Peter Drahos. Developing Countries and International Intellectual Property Standard-Setting. *J. World Intell. Prop.*，Vol.5，2002，p.765.

[31] 闫广、忻华：《中美欧竞争背景下的欧盟"数字主权"战略研究》，《国际关系研究》2023 年第 3 期。

[32] 王淑敏：《全球数字鸿沟弥合：国际法何去何从》，《政法论丛》2021 年第 6 期。

[33] 刘笋、佘佳亮：《美欧个人信息保护的国际造法竞争：现状、冲突与启示》，《河北法学》2023 年第 1 期。

[34] 李建新：《数字社会人权保护的伦理进路》，《河北法学》2022 年第 12 期。

[35] 宋保振：《"数字人权"视野下的公民信息公平权益保障》，《求是学刊》2023 年第 1 期。

# 总体国家安全观视域下金融安全法律规范体系的构建*

李建伟**

**摘要：**金融安全是国家安全的重要组成部分，金融制度是经济社会发展中重要的基础性制度。我国目前的金融安全法律规范存在政策法律化、制度化滞后，政治性、总体性、专门性和体系性不足等问题。在新时代，我国金融安全由政策驱动向依法治理、由行业稳定向总体安全、由分散立法向体系构建转型中，应坚持以总体国家安全观和习近平法治思想为指导，科学把握金融安全的主权性、总体性和发展性等特点，做好党中央关于新时代金融安全工作政策主张的法律转化，构建包括"基本法律条款、专门普通法律、相关法律规定、行政法规、部门规章、地方性法规、涉外公约条约"等七位一体的金融安全法律规范体系，不断发展完善新时代金融安全立法的理论与制度体系。

**关键词：**总体国家安全观；国家安全；金融安全；法律规范体系

金融是国家重要的核心竞争力，金融安全是国家安全的重要组成部分，金融制度是经济社会发展中重要的基础性制度。[1]在当前国际金融政治化、工具化趋向和国内守住不发生系统性金融风险底线的背景下，金融安全立法成为关系我国经济社会发展大局的重要课题。党的十八大以来，以习近平同志为核心的党中央从统筹中华民族伟大复兴战略全局和世界百年未有

---

\* 本文系国家社科基金重大项目"新时代国家安全法治的体系建设与实施措施研究"（20&ZD191）的阶段性成果。刊载于《法学》2022 年第 8 期。

\*\* 李建伟，上海社会科学院法学研究所副所长。

之大变局，实现国家长治久安的战略高度，创造性地提出了新时代国家安全工作的指导思想——"总体国家安全观"，强调"要积极推进国家安全、科技创新、公共卫生、生物安全、生态文明、防范风险、涉外法治等重要领域立法"，[2]"健全金融法治，保障国家金融安全"。[3]贯彻落实总体国家安全观、加快构建我国金融安全法律规范体系，是关系新时代中华民族伟大复兴和经济社会发展全局的带有战略性、根本性的重要课题。

## 一、总体国家安全观视域下金融安全的界定

西方学术界一般认为"国家安全"概念于 1943 年由美国政论家、专栏作家沃尔特·李普曼（Walter Lippmann）在其著作《美国外交政策：合众国之盾》中首次提出。[4]事实上，1936 年，我国学者张弼就提出了"国家安全"的概念。[5]第二次世界大战结束后，"国家安全"成为国际政治中一个较为常用的概念。在其后的发展中，国家安全经历了以政治安全、国土安全、军事安全为主的传统安全，到金融安全、文化安全、科技安全、生物安全等非传统安全并存的发展演进。21 世纪以来，随着金融全球化的发展演化，尤其是一些国家和组织将金融政治化、工具化，金融安全成为现代国家安全的组成部分与重要领域。同期，世界主要国家相继推进金融安全立法，以法治方式维护和保障其金融主权、安全和发展利益。

党的十八大以来，党中央高度重视国家安全在全局工作中的重要地位和作用。十八届三中全会提出"设立国家安全委员会，完善国家安全体制和国家安全战略，确保国家安全"。[6]2014 年 4 月 15 日，习近平总书记主持召开中央国家安全委员会第一次会议，提出"总体国家安全观"，[7]实现了对于新时代国家安全事业的规律认识深化和重大理论创新，成为中国共产党"历史上第一个被确立为国家安全工作指导思想的重大战略思想"。[8]总体国家安全观通过领导论、地位论、总体论、宗旨论、道路论、体系论、防范论、科技论、法治论和共同论等内涵要义，[9]首次系统揭示和阐释了包括金融安全在内的国家安全工作的政治性、总体性、人民性、特色性、体系性、法治性和共同性等重要特点，为新时代金融安全法律规范体系构建提供了重要的指导思想。

通过文献分析，国内外学者对金融安全这一非传统国家安全的概念尚

未形成统一的共识,尤其是总体国家安全观视域下的金融安全及其立法研究目前几乎为空白。[①] 在外文文献中,"金融安全"并非以专有名词出现,通常是将其作为国家安全及其子概念经济安全的组成部分,置于上位系统中探讨。笔者认为,现代金融安全立法应立足总体国家安全观视域,从本质、系统、长期角度对金融安全的特性和规律进行分析界定。在综合考察分析的基础上,笔者认为新时代总体国家安全观下的金融安全具有以下主要特点。

第一,主权性。金融安全是金融全球化的产物。传统金融安全主要是从行业领域、技术角度,探讨影响一个国家内部金融体系稳定运行的相关问题。随着金融全球化的发展,金融成为对国家主权构成影响的重要领域,金融主权成为国际法所确认的重要国家权力。根据主权原则,每个国家都有权对本国金融资源进行宏观调控,对本国境内金融机构、金融业务进行监督管理。有学者提出:金融安全包括金融主权的独立和金融体系的稳定两大核心要素;[10]金融主权就是在一切对内对外金融事务上,主权国家享有独立自主、至高无上的各种权力,即对国内外所有金融事务的决断权与控制权,[11]是关系国家发展战略、经济命脉和基本制度的金融权力,包括货币主权、金融机构控制权、金融市场定价权和金融调控独立决策权等。[12]这些分析界定都突出反映了金融安全的主权性。

在金融全球化背景下,具有金融优势的国家往往对其他国家的金融主权造成影响甚至损害,从而影响该国金融安全。1997年东南亚金融危机的重要诱因就是有关国家的金融主权被削弱、侵害。近年来,我国对比特币等虚拟货币的规制,主要依据之一即其损害了我国货币发行权、监管权等金融主权,从而影响我国的金融安全。主权性是现代金融安全的根本属性,在金融安全法律规范体系构建中应予以专门明确和体现。

第二,总体性。金融安全的总体性,主要是指在总体国家安全观视域下,金融安全作为国家安全的重要组成部分,与其他国家安全领域密切联系,关联现代国家安全的众多方面和相关进程,构成一个相互影响、彼此联

① 在中国知网以"总体国家安全观"和"金融"作为关键词文献检索,截至2022年5月31日,相关文献仅1篇:张红力:《金融与军事:支撑大国崛起的两大重器》,《中国延安干部学院学报》2018年第11期,第121—128页。

动的整体,需要总体把握、总体统筹和总体维护。金融安全的总体性主要表现在以下方面:一是金融作为现代经济的核心,已不再局限于金融行业、金融领域,而是已经融入国家经济运行、社会发展、社会稳定等各个方面,成为具有跨行业、跨领域、跨国界影响的多层次、多方面的总体系统工程。二是金融安全与其他领域安全相互关联,金融风险的传导性、联动性、外溢性等效应明显。正如习近平总书记所指出的:"新形势下我国国家安全和社会安定面临的威胁和挑战增多,特别是各种威胁和挑战联动效应明显。"[13]金融风险一旦发生传导蔓延,极易对经济和社会造成重大影响,进而影响一国国家安全。三是维护和塑造金融安全,需要总体统筹、协调多个方面重要关系。主要包括总体统筹"国家利益至上,以人民安全为宗旨,以政治安全为根本"的有机统一;统筹"外部安全和内部安全、国土安全和国民安全、传统安全和非传统安全、自身安全和共同安全"等重要关系。[14]

第三,发展性。统筹发展与安全是总体国家安全观的重要内涵和明确要求。"全面贯彻落实总体国家安全观,必须坚持统筹发展和安全两件大事。"[15]现代金融安全的发展性与之前主要追求一国内部金融体系稳定不同,其更加注重在金融全球化背景下,本国金融体系健康发展过程中的金融安全维护,注重以科学的、主动的金融发展促进和塑造更高水平的金融安全。

金融安全的发展性主要体现在:① 随着世界经济和国际金融的发展,各个国家的金融市场、金融机构、金融业务、金融产品及金融监管不断发展演化,从而导致金融安全相应也具有了动态发展的性质与特点。② 面对21世纪以来不断变化乃至动荡的国际金融环境和国内金融发展形势任务,现代金融安全已超越传统的金融行业相对静态的稳定追求,应该是在动态发展中实现和保障金融安全。③ 在国际金融全球化及政治化、工具化背景下和博弈中,封闭、静态、被动应付的传统安全模式已不适应金融安全维护和保障需要,必须在科学认识、专业应对基础上,推进本国金融体系的持续健康发展,才能真正维护好现代国际金融格局下本国金融安全。

基于上述分析,本文从总体国家安全观角度,将现代金融安全界定为:金融全球化背景下,一国金融主权和金融体系的稳定运行、可持续发展及其他重大利益,处于不受侵害的状态。基本概念界定是理论体系建构的基础,在总体国家安全观指导下，应立足于现代金融安全的主权性、总体性和发展性等本质属性和特点，推进我国现代金融安全概念理论体系与法律规范体系的科学构建，以法治方式建立健全现代金融安全的制度体系与长效机制。

## 二、总体国家安全观视域下我国金融安全立法面临的主要问题

（一）我国金融安全法律规范的现状考察

我国金融安全法律规范的现状，可以从金融管理法律法规中金融安全相关规范、外商投资法律法规中金融安全相关规范、国家安全法律法规中金融安全相关规范等方面，进行考察分析。

1. 金融管理法律法规中金融安全相关规范

随着社会主义市场经济的不断发展，我国金融法律规范不断建立健全。目前，我国已建立了以法律为核心，行政法规、部门规章为重要内容，地方性法规为补充的多层次的金融法律规范体系。其中，对金融安全有一定规范的法律主要包括：《中国人民银行法》《商业银行法》《银行业监督管理法》及《反洗钱法》等；行政法规主要有：《人民币管理条例》《外汇管理条例》《外资银行管理条例》《外资保险公司管理条例》《证券公司风险处置条例》等；部门规章主要有：《人民币利率管理规定》《银行业金融机构国别风险管理指引》《人民币跨境支付系统业务规则》《外资银行管理条例实施细则》《外国机构在中国境内提供金融信息服务管理规定》等。地方性法规主要是在地方金融的央地双层金融监管体制改革探索背景下，2017年12月以来，各省市陆续发布实施的地方金融监督管理条例。

上述金融法律法规主要规范的是金融市场、金融机构、金融业务等的运行及其监管，囿于部门立法、行业立法等原因，其中的金融安全条款多碎片化分散于多部法律法规，缺乏顶层设计和专门规范，缺乏跨部门、跨行业的体制机制统筹安排，且一般为原则性规定，缺乏可执行的程序和实体规定。

2. 外商投资法律法规中金融安全相关规范

改革开放以来，我国对外开放力度持续加大，外商投资市场准入等法律法规不断健全，对金融领域外商投资的相关金融安全维护也逐步纳入规范视野。就其主要立法规范而言，2020年1月1日开始实施的《外商投资法》，就外商投资准入负面清单规定限制投资的领域，提出了外国投资者投

资应当符合负面清单规定的股比、高管人员等方面限制性要求。2020 年 12 月,国家发展改革委和商务部联合发布《外商投资安全审查办法》,并于 2021 年 1 月 18 日起施行。《外商投资安全审查办法》以《外商投资法》和《国家安全法》为上位法,对投资于"重要金融服务"领域的外国投资者做出了安全审查主动申报制度安排。经党中央、国务院批准,由国家发展改革委、商务部联合发布的《市场准入负面清单(2022 年版)》,对禁止违规开展金融相关经营活动、未获得许可不得设立金融机构营业场所及交易所、未经指定不得从事人民币印制相关业务等进行了规定。

金融的高水平制度型开放与金融安全维护是需要统筹协调、同步推进的一对辩证关系和重要工作。如何把握促进金融开放和维护金融安全的平衡,构建与高水平开放相配套的金融安全法律规范体系,营造"更开放、更安全"的金融制度环境,是一个需要高度重视、同步解决的重要问题。

3. 国家安全法律法规中金融安全相关规范

党的十八大以来,国家安全立法持续推进,其中部分法律法规涉及金融安全问题。2014 年 11 月 1 日公布施行的《反间谍法》,对包括金融机构在内的机关、团体和其他组织对本单位的人员进行维护国家安全教育,动员、组织本单位的人员防范、制止间谍行为进行了规定。2015 年 7 月 1 日公布实施的新《国家安全法》,虽未直接使用"金融安全"的表述,但其第 20 条规定:"国家健全金融宏观审慎管理和金融风险防范、处置机制,加强金融基础设施和基础能力建设,防范和化解系统性、区域性金融风险,防范和抵御外部金融风险的冲击。"该法律条款为金融安全法律规范体系构建提供了重要基础。2017 年 6 月 1 日起施行的《网络安全法》,对金融等重要行业和领域关键信息基础设施实行国家重点保护进行了规定。2021 年 9 月 1 日开始施行的《数据安全法》,对包括金融数据在内的数据安全风险评估、报告、信息共享、监测预警机制建设,以及金融主管部门承担的数据安全监管职责等作出了规定。

综上可见,目前我国金融安全法律规范主要散见于金融管理、外商投资、国家安全等法律法规。总体而言,上述法律规范主要侧重于金融市场准入、业务运营环节和金融基础设施建设方面维护金融稳定,总体国家安全观指导要求下的金融法律规范体系尚有待建立健全。在国际金融全球化不断演化、我国金融对外开放持续推进的背景下,金融安全法律规范体系建设存在一定程度的缺位和不匹配、不适应的情况,[16]亟待研究解决。

（二）当前金融安全法律规范的主要问题

从现状考察来看,当前我国金融安全法律规范及其体系构建存在诸多需要解决的问题,突出表现在以下三个方面。

1. 金融安全政策的法律化、制度化滞后

党的十八大以来,以习近平同志为核心的党中央高度重视金融安全工作,形成了习近平关于新时代金融安全工作重要论述,成为党中央对于新时代国家安全工作政策主张的主要内容,并由此制定出台了相关政策。但是,党的政策主张在经立法机关、立法程序予以规范化成为现行法律之前,不具备要求全社会遵守执行的规范性和普遍强制性。[17]正如习近平总书记指出的:"要善于使党的主张通过法定程序成为国家意志。"[18]在新时代全面依法治国方略下,将党的政策主张通过立法转化为国家法律是我们党治国理政的重要方式。

实然层面,长期以来,金融安全多是我国金融监管领域内一个政策性的而非法制化的表达和安排。我国金融安全应对机制以临时性、应急性的政策手段为主,多停留在政策性、行政性的文件层面,缺乏法律化、制度化的机制与方式。以"金融安全"进行法律法规检索,可以发现"金融安全"在我国现有的立法中仅有零星的一些规定和表述。在全国人大及其常委会制定的各部法律中,仅在《行政处罚法》(2021 年修订)第 36 条出现了"金融安全"的表述。在行政法规层面,仅有《工业产品生产许可证管理条例》和《国有重点金融机构监事会暂行条例》两部条例中出现了"金融安全"的表述。相对政策而言,法律具有明确性、强制性、稳定性的特点,法律规范及其之上的依法治理,相较政策驱动型治理具有"固根本、利长远、稳预期"[19]等更好的支撑保障和规制规范作用。党的政策主张到国家法律规范的转化不及时,也导致了金融安全维护保障、金融风险防范化解等依法行政依据及司法根据不足等诸多问题。

2. 金融安全立法的政治性、总体性不足

政治性是包括金融安全在内的国家安全的首要属性。就此,总体国家安全观明确提出了以人民安全为宗旨,以政治安全为根本和国家利益至上有机统一的政治立场、观点。经济是政治的物质基础,政治是经济的集中表现。金融作为现代经济的核心,其在一定时期、一定范围被忽视的"政治性"其实是马克思主义政治经济学的重要论断和必然推论。马克思曾批判性地指出:"虽然在观念上,政治凌驾于金钱之上,其实前者是后者的奴隶。"[20] 2022年6月17日,中共中央政治局明确强调要"深化对金融工作政治性和人民性的认识,坚定不移走中国特色金融发展之路"。[21]

如前所述,总体性是现代金融安全的重要特性。金融安全立法是一项涵盖国内外,涉及各领域、各部门、各条线、全方位多层次的总体性工作。金融安全立法的总体性主要指贯彻总体国家安全观,金融安全立法需要做好相关总体统筹:一是总体统筹金融发展和金融安全;二是总体统筹金融体系安全和外部社会安全;三是总体统筹规制传统金融风险和新型金融风险;四是总体统筹本国金融安全与国际金融形势。应该注意到的是,现实中金融安全法律规范的分散性、碎片化,与金融安全的"总体性"形成了较大反差。

长期以来,我国金融安全及其立法理论和实践,主要是从金融系统的经济性、技术性、行业性出发,未能全面准确反映现代金融安全的"政治性""总体性"等本质属性和特点,一定程度影响了我国金融安全法治的水平和成效。

3. 金融安全立法的专门性、体系性缺失

在对我国法律规范体系进行的评估中,立法完备性是衡量法治体系有法可依程度的指标,而这一指标又将"法律体系完备性"涵盖在内。[22] 通常认为,是否具有专门性立法和层次性结构,是某一类法律规范是否足以成为法律规范体系的重要衡量因素。

通过梳理我国现有的与金融安全相关的法律规范不难看出,这些法律、法规尚不足以构成体系。一方面,其中的大多数规范并非为实现维护金融安全目的设立,而多表现为在规范金融体系、机构和产品等运行发展的同时,起到维护金融行业安全的一定作用;另一方面,我国立法体制下形成的法律规范体系的层次性,在当前金融安全相关法律规范中几乎得不到体现。目前,仅有一部《国家安全法》作为金融安全法律规范总的上位法,且该法是由全国人民代表大会常务委员会通过的普通法律。在基本法律层面、普通法律层面、国务院行政法规及涉外公约条约方面，金融安全专门立法几乎为空白，表现出亟待填补的缺位状态，滞后于党对于金融安全法治的主张要求和实践的迫切需求。

构建系统完备的金融安全法律规范体系，是新时代金融安全发展的重要基石和基础制度。在 21 世纪复杂的金融安全形势下，贯彻落实新时代全面依法治国方略，解决我国金融安全立法的专门性和体系性不足等问题，亟待在理论和实务层面予以推进。

### 三、构建金融安全法律规范体系的政策基础

党的十八大以来，以习近平同志为核心的党中央高度重视金融安全工作，对金融安全工作创造性地提出了一系列新理念、新论断、新部署，系统回答了新时代金融安全工作的战略地位、政治保障、主动防范、根本任务、根本举措、改革深化、加强监管、国际治理、组织保障和法治保障等一系列重大理论和实践问题，形成了习近平关于新时代金融安全工作的重要论述，成为党中央对于新时代金融安全工作政策主张的重要内容。重要论述主要包括以下核心要义。

一是"战略根本论"，指出了金融安全的重要地位价值。"维护金融安全，是关系我国经济社会发展全局的一件带有战略性、根本性的大事"，要"切实把维护金融安全作为治国理政的一件大事"。[23]基于金融作为现代经济核心、资源配置和财富分配的重要工具、推动经济发展重要力量的重要地位和作用，"战略根本论"将金融安全提升到了国家全局层面和根本战略高度，为金融安全法律规范体系建设的宗旨、意义和价值奠定了坚实基础。

二是"政治保障论"，强调了金融安全的党的领导和中国道路。"做好新形势下金融工作，要坚持党中央对金融工作集中统一领导，确保金融改革发展正确方向，确保国家金融安全"，[24]"要强化党中央对金融工作的集中统一领导，坚定不移走好中国特色金融发展之路"。[25]"政治保障论"明确了我国金融安全事业的政治性这一首要属性，明确了党的领导这一最大优势，确立了我国金融安全及其立法的政治原则、发展道路和根本保障。

三是"防范化解论"，突出了金融安全工作的主动性和防范化解的重要

性。"准确判断风险隐患是保障金融安全的前提",[26]"要把主动防范化解系统性金融风险放在更加重要的位置"。[27]"防范化解论"指出了金融安全工作的事前预防、预警、防范和化解等主动性工作的重要性,对于现代金融安全理念提升,金融风险的监测评估、预防预警、防控化解、处置应对和恢复重建等全流程保障和规范,提出了重要的立法方向和内容要求。

四是"风险底线论",强调了金融安全的底线思维和立法保障。"防范化解金融风险特别是防止发生系统性金融风险是金融工作的根本性任务",[28]强调要"以防范系统性金融风险为底线,加快相关法律法规建设"。[29]"风险底线论"明确了金融工作防止发生系统性金融风险的根本任务,强调了金融安全的底线安全、极限安全,为金融安全法律规范建设中防止发生系统性金融风险的底线安全立法保障,明确了重要方向和要求。

五是"服务实体论",明确了维护金融安全的根本措施。"为实体经济服务是金融的天职,是金融的宗旨,也是防范金融风险的根本举措",[30]"实体经济健康发展是防范化解风险的基础",[31]"遵循金融发展规律,紧紧围绕服务实体经济、防控金融风险、深化金融改革三项任务"。"服务实体论"揭示了金融风险形成的根本原因,指明了防控金融风险、维护金融安全的根本举措,对于金融服务实体经济的立法规范提出了明确方向和重要指引。

六是"深化改革论",强调了金融系统的供给侧改革。"深化金融改革"是习近平主持中共中央政治局第四十次集体学习时提出的维护金融安全六项任务之首,[32]并强调要"深化金融供给侧结构性改革,平衡好稳增长和防风险的关系,精准有效处置重点领域风险"。[33]"深化改革论"基于金融安全的发展性,揭示了通过金融供给侧改革,促进和保障金融体系可持续安全的规律,对金融改革保障和促进金融安全的相应立法提出了重要要求。

七是"加强监管论",明确了维护金融安全的监管模式与监管重点。"加强监管"是习近平主持中共中央政治局第四十次集体学习时提出的维护金融安全的第二项任务。提出要"加强金融监管",[34]"改革并完善适应现代金融市场发展的金融监管框架"。[35]"加强监管论"基于金融系统作为多重多层复杂委托代理关系结构的特点,从现代金融安全角度,为科学的金融监管理念树立、金融监管体系建设、金融监管方式手段完善等提出了立法要求。

八是"国际治理论",强调了现代金融安全的国际合作与治理优化。"完善全球金融安全网,加强在金融监管、国际税收、反腐败领域合作,优化国际金融机构治理结构,提高世界经济抗风险能力"。[36]共同、综合、合作、可持续的全球安全观是总体国家安全观的重要内容。"国际治理论"立足金融安全的主权性、联动性和跨国性等特点,对金融安全的国际合作、国际治理的相关国际法立法完善,提出了重要的方向和倡议。

九是"队伍建设论",强调了金融安全干部人才队伍建设的重要性和素质能力要求。要"提高领导干部金融工作能力",强调领导干部要"把握金融规律,既要学会用金融手段促进经济社会发展,又要学会防范和化解金融风险",[37]对金融人才队伍建设提出了"政治过硬、作风优良、业务精通"的要求。[38]干部人才队伍建设是金融安全事业的重要基础与基本保障,"队伍建设论"为金融安全干部人才队伍建设的立法保障与促进做出了明确部署要求。

十是"安全法治论",提出了金融安全依法治理、依法维护的明确要求。"用法治方式有效应对挑战、防范风险,维护国家主权、安全、发展利益",[39]强调要"健全金融法治,保障国家金融安全"。[40]在全面依法治国背景下,健全完善的金融安全法律规范体系是金融安全工作合法性、有效性的基石和保障。"安全法治论"为我国新时代金融安全法律规范体系构建奠定了坚实的政策基础,做出了明确的部署要求。

执政党的主张成为国家意志是现代政党政治的普遍现象和必然要求。[41]使党的主张上升为国家意志,将党的理论、纲领、路线、方针和政策通过立法程序由国家立法机关上升为法律,是新时代全面依法治国的基本途径和方式。[42]习近平关于新时代金融安全工作的重要论述,是我们党对于新时代国家安全政策主张的主要内容和重要渊源,是在统筹中华民族伟大复兴战略全局和世界百年未有之大变局,科学把握国际国内金融安全形势任务的基础上,对新时代金融安全工作一系列相关重要问题作出的系统思考和理论回应,为我国新时代金融安全法律规范体系构建奠定了重要的政策基础和立法导向。

## 四、总体国家安全观下保障我国金融安全应采取的转型方向

以总体国家安全观、习近平法治思想为指导,基于当前我国金融安全法律规范的现状与问题,笔者认为,应从治理范式、治理目标和治理体系三个

方面推进现代金融安全立法的发展转型。总体而言,在金融安全治理范式上由政策驱动向依法治理转型,在治理目标上由行业稳定向总体安全转型,在治理体系上由分散立法向体系构建转型。

（一）金融安全治理由政策驱动向依法治理发展转型

党的十八大提出,法治是治国理政的基本方式,要加快建设社会主义法治国家,全面推进依法治国。[43]这一重要论断和决策做出了我国国家治理范式全面法治化转型的重大部署。对于涉及地位作用重要、主体众多、利益关系复杂、影响综合深远的"金融"和"国家安全"两项重要工作的集成的"金融安全",结合我国金融安全治理长期以来以政策驱动型治理为主、政策法律化较为滞后、一定程度上影响我国金融安全维护的客观情况,应着力推进金融安全由政策驱动向依法治理的发展转型。

国家安全政策的法律化既是法学、国家安全学、国际关系学等多学科、多知识交叉的重要课题,也是国家安全实践在现代金融条件下面临的一个现实问题。治国理政制度安排从理论发展到公共政策,再到国家立法是国际上一个较为通行的模式。以金融安全法律制度有较长发展历史的美国为例,金融及其安全立法发展呈现出"金融活动—金融政策—金融立法"的运行轨迹,从而在不同历史时期对应产生了相应的金融安全立法,例如《格拉斯—斯蒂格尔法》(*Glass-Steagall Act*)、《联邦存款保险公司改进法》(*The FDIC Improvement Act*)、《金融机构改革、复兴和强化法》(*Financial Institutions Reform Recovery and Enforcement Act*)等。对于我国而言,党和国家关于金融安全的公共政策与法律规范的价值追求与定位是相统一的,前者可以作为后者的重要基础。法律的规范性、程序性、强制性,法治固根本、稳预期及利长远的功能,能够更好地保障和规范现代金融安全工作。坚持依法治国、依法执政、依法行政共同推进,法治国家、法治政府、法治社会一体建设已成为基本国策,[44]对于金融安全这一重要的国家安全领域,应该通过依法治理,实现金融安全治理的现代化。

（二）金融安全立法由行业稳定向总体安全发展转型

现代金融安全的总体性,金融风险的联动性、传导性、外溢性等特点,决

定了金融安全的治理目标不再是之前传统技术和狭义角度的一国金融行业
稳定。总体统筹金融发展与金融安全、涉外金融安全与内部金融安全、传统
金融安全与新型金融安全等关系,保障总体金融安全,应成为新时代金融安
全工作的应然目标,并在立法和执法、司法和守法等方面做出相应的制度安
排和实然努力。

　　长期以来,金融稳定是金融系统重要的传统追求和工作目标。2017 年
7 月,第五次全国金融工作会议后,我国设立了国务院金融稳定发展委员
会。2022 年 1 月,中国人民银行发布了《金融稳定法(征求意见稿)》《宏观
审慎政策指引(试行)》等,为金融稳定、金融风险应对化解提供了法律法规
支撑。基于前述分析,尤其是基于金融作为现代经济核心的重要地位,笔者
建议我国金融安全立法,应以总体国家安全观为指导,确立"总体金融安全"
的目标和模式,逐步实现从行业稳定上升到总体安全的发展转型。转型应
重点推进三方面立法保障:一是统筹金融安全与金融发展的协调与共进。
基于金融对经济社会大局的重要影响,金融安全法律规范体系构建更应注
重保障发展和维护安全的总体统筹。二是统筹传统金融与新型金融的总体
安全。在维护银行、保险、证券等传统金融业态安全的同时,对非本国中央
银行发行的数字货币、虚拟货币、区块链金融等新型金融业态、产品进行科
学立法规制,防控金融风险。三是统筹国内金融与涉外金融的共同安全。
应重点关注环球银行间金融电信协会(Society for Worldwide Interbank
Financial Telecommunications,SWIFT)参与金融制裁、外汇储备被冻结等
金融风险中的作用,以专业立法维护总体金融安全和共同金融安全。

　　(三)金融安全制度由分散立法向体系构建发展转型

　　从国家安全立法发展演进来看,中华人民共和国成立后,面对复杂严峻
的国家安全形势,我国以维护主权安全、国土安全、政治安全等传统国家安
全为主,制定实施了包括《宪法》在内的一系列维护国家安全的相关法律法
规。从 1954 年的《宪法》到《兵役法》(1955 年)《全国人大常委会关于宽大
处理和安置城市残余反革命分子的决定》(1956 年),再到改革开放后制定
实施的《刑法》(1979 年)《保守国家秘密法》(1988 年)《国家安全法》(1993
年)《反分裂国家法》(2005 年)等,相关立法在相应历史发展阶段较好地保

障和维护了我国的国家安全。

在新时代各种国家安全类型、领域相互联系,联动传导明显的新的历史阶段,我国相关国家安全系统立法有待进一步加强。目前,我国金融安全立法还处于较为分散的状态,专门立法和体系化立法缺位。现有金融安全相关法律规范多散布在金融管理、外商投资和国家安全法律法规的某一具体条款,点状分散分布、碎片化情况明显。虽然立足于总体国家安全观的《国家安全法》于 2015 年 7 月 1 日颁布实施,但是对于金融安全、科技安全、生态安全等一系列重要的非传统国家安全领域,专门立法尚处于缺位状态,相应国家安全法律规范体系远未形成。党的十八大以来,党和国家高度重视金融安全等国家安全立法工作。习近平总书记多次提出:"健全金融法治,保障国家金融安全",[45]"要加快形成完备的法律规范体系"。[46] 所以,贯彻落实总体国家安全观,推进现代金融安全法治建设,应将推动金融安全由分散点面立法向专门体系构建转型作为一项重要工作。

## 五、保障我国金融安全宜采取的法律规范体系结构

金融管理主要是中央事权。金融安全法律规范体系构建应主要集中于国家立法层次。在党的十九大将坚持总体国家安全观纳入新时代坚持和发展中国特色社会主义的基本方略,并写入《中国共产党章程》,成为新时代国家安全工作的根本遵循和行动指南的背景下,建议在《宪法》序言、第 28、40、54 条等国家安全有关条款统摄下,金融安全法律规范体系自上而下的应然结构为:由《国家安全法》基本法律到《金融安全法》和法律金融安全条款,再到金融安全行政法规、金融安全部门规章、金融安全地方性法规,以及金融安全相关涉外公约、条约等共同构成的法律规范体系。结合我国金融安全法律规范构建的现实基础,建议我国建立健全包括"基本法律条款、专门普通法律、相关法律规定、行政法规、部门规章、地方性法规和涉外公约条约"在内的七位一体的金融安全法律规范体系。

(一)基本法律金融安全框架规定

上位立法是金融安全法律规范体系构建的前提与基础。从立法位阶上看,《国家安全法》并非属于《宪法》及《立法法》规定的"基本法律",其制

定和修改都是由全国人大常委会负责。而规范国家安全具体专门领域的《反分裂国家法》《情报法》等却是由全国人大制定通过,位阶效力高于《国家安全法》。为此,建议适时将全国人大常委会审议通过的属于普通法律范畴的《国家安全法》修订完善,提升至由全国人大审议制定的基本法律,使其能够在更高的法律位阶贯彻落实总体国家安全观,统领新时代我国国家安全法治建设,为金融安全法律规范体系提供更为坚实的上位法依据。

《国家安全法》的高度和广度必然使其只能对某一领域、某一方面的国家安全作出篇幅有限、宣示性的规定。目前《国家安全法》关于金融安全的条款主要是第 20 条:"国家健全金融宏观审慎管理和金融风险防范、处置机制,加强金融基础设施和基础能力建设,防范和化解系统性、区域性金融风险,防范和抵御外部金融风险的冲击。"本条表述的是在金融领域维护国家安全的任务。基于前述总体国家安全视域下的金融安全的分析界定,结合习近平关于新时代金融安全工作的重要论述的部署要求,建议在下次修订时,充分认识把握现代金融安全的主权性、总体性和发展性,将该条修改完善为 3 款。具体建议为:"第 1 款:国家维护金融安全,保障国家金融主权和金融体系稳定运行、可持续发展及其他重大利益;第 2 款:提高金融服务实体经济水平。促进金融业竞争能力、抗风险能力、可持续发展能力提高。加强金融安全基础设施建设,健全金融审慎监督管理;第 3 款:建立健全金融风险防范化解、应急处置、恢复重建等机制,防范和抵御内部、外部金融风险的冲击,守住不发生系统性金融风险的底线。"

作为基本法律金融安全专门条款,该条 3 款对于金融安全立法的总体目标、根本措施与主要措施、风险防范化解与底线安全等作出了明确规范。关于第 1 款,主要对维护金融主权,保障金融体系的稳定运行、可持续发展及其他重大利益作出立法明确。第 2 款主要对维护金融安全服务实体经济这一根本措施、金融基础设施建设这一基础措施和科学专业监督管理这一过程措施等作出立法规范。第 3 款是对金融风险的事前防范化解、事中应急处置、事后恢复重建和底线安全等作出法律规范。上述条款较好体现了现代金融安全主权性、总体性、发展性等本质属性,落实了习近平关于新时代金融安全工作重要论述的相关要求。

（二）金融安全专门普通法律

《国家安全法》需要统摄传统安全与非传统安全的各个方面，其统领性特征必然使其自身难以对国家安全的各个具体领域作出专门性的规定。因此，以国家安全基本法律中金融安全相关条款为基石，立足金融安全在新时代国家治理和发展中的重要地位，制定金融安全领域的专门普通法律——《金融安全法》，对于金融安全法治化水平提升尤为必要和重要。我国在传统国家安全具体领域已有一系列专门性法律立法，例如军事和国防领域的《国防法》、谍报领域的《反间谍法》、反恐领域的《反恐怖主义法》等。总体国家安全观提出后，我国也先后制定发布了《网络安全法》（2016 年）、《核安全法》（2017 年）、《生物安全法》（2020 年）、《数据安全法》（2021 年）等非传统国家安全普通法律。相较之下，对于总体国家安全具有重要影响的金融安全专门普通法律立法尚未启动，滞后于实践需求。

制定《金融安全法》具有较好基础：① 指导思想基础。总体国家安全观和习近平关于新时代金融安全工作的重要论述，为《金融安全法》的制定奠定了坚实的指导思想基础。② 政策法规基础。我国前期出台的金融安全一系列相关政策和法律规范，尤其是习近平关于新时代金融安全工作的重要论述等在金融安全领域的重要政策主张，可为《金融安全法》提供较好的渊源基础。③ 组织机构基础。我国已形成由国务院金融稳定发展委员会、中国人民银行、证监会、银保监会组成的"一委一行两会"等金融监管的组织与机构机制。④ 实践积累基础。改革开放尤其是党的十八大以来，我国金融安全从指导思想到政策法规到监督管理，有着较为丰富的法治实践积累。⑤ 比较借鉴基础。国外金融安全立法例如法国 2003 年《金融安全法》（*Loi de sécurité financière*）、美国 2007 年《外国投资与国家安全法案》（*Foreign Investment and National Security Act*，FINSA）、英国《2009 年银行法案》（*Banking Act 2009*）等可提供域外经验参考。

重点而言，《金融安全法》应做好党中央关于新时代金融安全工作重要政策主张的立法转化，重点是对习近平关于新时代金融安全工作的重要论述所明确的金融安全的"战略地位、政治保障、主动防范、根本任务、根本举措、改革深化、加强监管、国际治理、队伍建设和法治保障"作法律转化与立法规范。具体立法转化建议包括：① 立法宗旨条款。明确金融安全的立法宗旨、战略地位和目标价值。② 政治保障条款。明确党的领导是金融安全工作的政治保障和最大优势,确定金融安全工作的道路方向。③ 防范化解条款,明确金融安全的预防预警、防范化解、应急处置等主动性工作的立法规范。④ 底线安全条款。构筑金融安全"防火墙"等制度,防止局部散发金融风险演变为系统性风险,明确守住不发生系统性金融风险的底线安全法律规范。⑤ 服务实体条款。对服务实体经济这一防范金融风险的根本举措作出立法安排,对金融空转、金融异化等情况进行立法规制。⑥ 深化改革条款。明确持续推进金融供给侧改革,推进形成"更高水平改革开放,更高水平金融安全"的法律规范。⑦ 加强监管条款。明确维护金融安全的监管目标、监管模式、监管方法和监管重点等。⑧ 国际治理条款。明确现代金融安全的国际合作与治理优化,建立健全应对国际金融资本过度投机、国际金融市场风险传导及反干涉、反制裁等法律规范和法律工具。⑨ 队伍保障条款。保障和规范金融安全的干部队伍和人才队伍建设。⑩ 依法治理条款。明确维护金融安全的法治轨道、法治方式和法治手段,以及相关法律责任。

（三）金融安全相关法律规定

金融作为中国特色社会主义市场经济中的核心领域,覆盖和涉及经济社会的各行业、各环节,经济领域各法律规范中的金融安全条款不应缺位。从我国目前金融安全法律规范体系的现状来看,散见于各金融法律中的有关规定是金融安全法律规范的重要存在形式之一。这些法律主要包括:《商业银行法》《证券法》《保险法》《证券投资基金法》《信托法》等分业监管法律,以及《外商投资法》《反垄断法》《反不正当竞争法》《出口管制法》等相关法律。对这些法律法规中分散存在的金融安全相关法律规定进行适时补充、调整和完善,应当作为未来金融安全法律规范体系建设工作的重要组成部分。

现行金融法律法规多为对各自领域的金融行业发展、金融产品创新、金融监督管理的立法规范。从金融安全角度,在总体制度设计和体系构建上还存在一定的缺位和滞后,尤其是总体金融安全观视角的金融安全法律规范条款还不多,有待适时修正和补充完善。由此,随着金融业态不断发展,各金融领域、部门的法律法规,应将贯彻落实总体国家安全观、维护现代金融安全作为各具体金融领域法律法规制定和修订的必要价值定位和条款的重要内容。

主要措施如下：① 对已有法律规定进行调整完善。随着总体国家安全观成为金融安全立法的指导思想和新《国家安全法》的颁布实施，原各项法律中的金融安全有关规定可能会出现过时、抵触的情况，有关立法部门应适时对相关法律规范进行审查，对不适应金融安全形势任务和立法规范要求的部分法律条款，以适当方式予以废止或修正。② 对缺位的法律规定进行补充完善。相关法律中专门条款往往更侧重于该法本身规制的行业或经济活动中的金融安全，相较国家安全基本法律，在其所规范领域活动中有更鲜明的指向性和更强的应用性。立法部门应结合金融系统各具体分业、具体领域、具体业务的运行特点，在各金融领域强化金融安全的立法理念，补充完善金融安全相关法律规定。

（四）金融安全行政法规

在基本法律和普通法律金融安全条款的统领、宣示和规范等功能基础上，由国务院制定的金融安全行政法规在金融安全法律规范体系中，具有实现具体化、实施性规制的重要作用。由于金融主要是中央事权，在党中央关于金融安全及其法治的决策部署基础上，结合我国金融正处于分业经营、分业监管向综合经营、功能监管双层架构机制发展的特定阶段，以及金融在总体和各行业主要都是国务院及其金融管理部门负责管理的客观情况下，金融安全相关行政法规应成为我国金融安全维护落地落实的重要制度环节和法律规范内容。

国务院立法部门应当会同有关金融主管部门，在对我国金融市场运行过程中可能存在的金融安全问题有较为充分的认识和论证的基础上，推进金融安全行政法规的修法工作。

贯彻落实总体国家安全观，结合我国金融市场实际情况，建议制定以"维护金融安全，防范化解金融风险"为宗旨原则的金融安全行政法规。① 侧重对金融机构的金融安全主体责任的监管规制，制定适应我国金融市场发展阶段的可适用性规则。② 基于发达国家往往通过金融壁垒限制外资进入，发展中国家通常存在过度金融开放从而影响本国金融安全的情况，应制定金融安全审查机制，在市场准入、经营管理、市场退出过程中维护金融安全的规范。③ 推进涵盖各金融部门领域风险预防化解、应急处置、善后重建等金融安全事前事中事后系统法律规范的建立健全。④ 制定实施金融系统有效应对、应急处置境外对我国可能实施的金融攻击或金融制裁的专门行政法规。⑤ 制定实施有效防范、化解、应对区域性金融和系统性金融风险的行政法规。⑥ 适时修订、更新《外汇管理条例》《金融机构撤销条例》《外资银行管理条例》《证券公司风险处置条例》等总体国家安全观提出前和发布时间较早的行政法规。

（五）金融安全部门规章

在维护金融安全的部门规章立法层面，中国人民银行、中国银行保险监督管理委员会等金融主管部门前期已陆续制定出台了《金融机构反洗钱规定》《金融机构反洗钱和反恐怖融资监督管理办法》《银行保险机构应对突发事件金融服务管理办法》《证券期货业信息安全保障管理办法》《外国机构在中国境内提供金融信息服务管理规定》等与金融安全相关的部门规章。但正如前文所述，已出台的部门规章多为各金融管理部门从规范规制角度，对所监督管理的具体金融行业、金融机构、金融业务、金融产品进行的立法，而非贯彻落实总体国家安全观，结合各自金融风险的情况、特点，维护金融安全的专门部门规章立法。

在金融安全成为国家安全重要组成部分，维护金融安全成为"关系我国经济社会发展全局的一件带有战略性、根本性的大事"背景下，[47] 在我国长期金融分业经营、分业监管及综合经营、功能性监管发展趋势下，应坚持"抓发展必须抓安全"这一重大原则，国务院立法部门、国家安全部门应建立健全与国务院金融稳定发展委员会、中国人民银行、证监会、银保监会等金融主管组织机构和部门的相应联系工作机制，分工合作，健全完善部门规章层面各金融部门、行业的金融安全立法。

根据当前金融发展与国家安全的现实情况，建议在金融安全部门规章立法层面，建立"谁主管、谁负责""谁审批、谁负责"的金融安全责任体制机制，并通过立法予以确立。在此基础上，针对各个具体金融部门、金融行业，在金融主管部门的国家安全职责、任务、权力及其保障，金融管理对象的国家安全责任、义务,金融业务的性质、流程涉国家安全的事项等方面,通过部门规章,从事前预防、事中处置、事后处理等全流程角度,对银行、保险、证券、期货、货币外汇、基金、信托以及村镇银行等具体金融行业的国家安全工作等进行立法规范。

### (六) 金融安全地方性法规

近年来,作为防控化解金融风险的重要制度安排,我国金融监管正在探索地方金融的央地双层监管体制,从传统的金融中央事权向中央事权与地方授权结合的路径发展。[48]习近平总书记提出:"地方各级党委和政府要按照党中央决策部署,做好本地区金融发展和稳定工作,做到守土有责,形成全国一盘棋的金融风险防控格局。"[49]由此,地方党委、政府在金融安全维护保障方面也承担着重要的职责任务。

一段时期以来,我国出现了经济活动金融化、地方金融普遍化及地方监管薄弱化等现实情况。突出表现在:① 地方金融一定范围、一定程度的管理失序、监管缺位。无视或忽视金融行业的特性特点,盲目、错误信奉"法无禁止皆可为",导致地方金融机构、金融业务、金融产品市场准入失序、管理失范。② 小额贷款公司、融资担保公司、区域性股权市场、典当行、融资租赁公司、商业保理公司等"7+4"多种金融业态[50]纷纷设立,但是由于监管法规依据缺位、监管力量不足等原因,导致一段时期风险事件多发、频发,甚至对一些地方的社会稳定造成严重影响。

在中央已赋予地方相应的地方金融监管权力与责任的情况下,围绕金融安全塑造和维护,应建立健全相关地方性法规。① 金融必须监管,按照"中央统一规则、地方实施监管"和"谁审批、谁监管、谁负责"的原则,将地方相关各类金融业态、金融机构、金融业务纳入统一监管框架。② 把握和发挥好地方立法的执行性、自主性和先行性。通过高质量的地方立法,保障地方金融风险的防控和管控有法可依、有良法可依。③ 明确地方金融风险防控的规则、机制、职责、职权,加强中央地方协调配合制度安排。④ 明确地方金融机构金融安全主体责任,明确和压实其金融风险的预警、报告、防控、处置等责任义务。⑤ 赋予并保障地方金融监督管理部门的防控和处置金融风险的执法权、调查权、处罚权。⑥ 推动建立健全包括以金融机构主体责任为核心的自我监管、行业协会自律监管、监管机构行政监管、金融消费者投资者监督、社会监督等在内的"五位一体"地方金融风险防控机制体系。[51]

### （七）金融安全涉外公约条约

在金融全球化发展演化格局和背景下，金融拟制权、创制权、定价权、主导权、制裁权等成为影响国际博弈均衡走向的重要因素甚至工具的情况下，国际法层面涉外公约、条约成为影响一国金融安全的重要方面。有观点认为，涉外公约、条约不属于狭义的法律规范体系内容。但是，在国际金融成为全球治理重要领域和战略工具、公约、条约成为金融治理合作重要方式的背景下，基于现代金融的主权性、总体性和发展性及跨境风险外溢传播等特点，将涉及金融安全的涉外条约、公约纳入金融安全系统性法律规范体系是应有之义。

从现状考察来看，国际金融活动中涉外公约条约以国家间多边或双边金融合作为多见。目前我国加入的金融安全相关条约、公约主要有：《联合国打击跨国有组织犯罪公约》《制止向恐怖主义融资公约》《巴塞尔委员会关于统一国际银行资本衡量和资本标准的协议》《巴塞尔资本协议》等。目前，对于加强不同国家金融主管机关对跨国金融机构、金融业务监管合作与协调，尤其是金融安全维护的专门条款较为欠缺，[52]特别是国际金融合作、金融往来中，金融安全的制度化机制和安排不足。在金融安全日益成为影响经济社会发展大局和国际关系的重要因素的背景下，我国应借鉴世界主要国家及国际组织的有益经验，将有关公约、条约不得损害我国金融主权、安全和发展利益设定为保留条款，积极稳妥制定、修订和完善涉及金融安全的涉外条约、公约，维护好我国在金融开放和发展中的金融安全和重大利益。

立足现代国际金融活动及国际法发展现状，围绕维护新时代金融安全目标，在涉外公约、条约领域和层面，建议：① 积极稳妥地加强与巴塞尔委员会、国际货币基金组织等国际组织的联系，加强双边与多边合作中的金融安全维护。② 在贸易金融发展方面，依托中国第一大贸易国的地位，积极稳妥参与、引导国际贸易投融资规则和支付规则的制定。③ 在金融发展与监管方面，加强对重要金融机构、金融基础设施和外债审慎管理等易引发金融风险机构和业务的法律规范。④ 在区域和国际金融发展合作、治理协作中,注重区域金融安全网、国际金融安全网的构建。⑤ 统筹国际金融规则和金融安全,落实《区域全面经济伙伴关系协定》(RCEP),做好加入《全面与进步跨太平洋伙伴关系协定》(CPTPP)、《数字经济伙伴关系协定》(DEPA)等重要公约条约的相关准备工作。总体而言,应统筹金融开放和金融安全,在金融开放、金融发展与金融安全的对立统一中,以涉外公约、条约发展完善等法治方式,保障我国金融体系的主权、稳定运行与可持续发展等重大利益。

## 六、结语

在新时代中华民族伟大复兴战略全局和世界百年未有之大变局中,金融安全作为国家安全的重要组成部分具有前所未有的重要性。党和国家高度重视金融安全在经济社会发展大局中的战略性、根本性地位和作用。在新时代金融安全目标任务实现的过程中,金融安全法律规范体系构建既是应然层面的重要要求,也是实然层面的必要基石。

新时代我国金融安全法律规范体系构建是一个新的带有建构性特色的理论、制度和实践命题,是一项整体的、长期的、创新的重大工作。我国应当在"总体国家安全观"和"习近平法治思想"的指导下,推进金融安全由政策驱动到依法治理、由行业稳定到总体安全、由分散立法到体系构建的发展转型,推进党中央关于新时代金融安全工作的政策主张,按照法定程序转化为国家法律法规,最终建立起具有中国特色的主权性、总体性、发展性"三性合一"的"基本法律条款+专门普通法律+相关法律规定+行政法规+部门规章+地方性法规+涉外公约条约"等七位一体的现代金融安全法律规范体系,推进和保障新时代我国国家安全法治事业取得更大的发展。

**参考文献**

［1］习近平:《深化金融改革,促进经济和金融良性循环健康发展》,《人民日报》2017年7月16日,第1版。

［2］习近平:《坚定不移走中国特色社会主义法治道路,为全面建设社会主义现代化国家提供有力法治保障》,《求是》2021年第5期,第10页。

［3］习近平:《深化金融改革,促进经济和金融良性循环健康发展》,《人民日报》2017

年 7 月 16 日,第 1 版。

[ 4 ] Walter Lippmann. *U. S. Foreign Policy: Shield of the Republic*. Boston: Little Brown, 1943, p.49.

[ 5 ] 张弼:《德国废弃罗加诺公约与欧洲政局》,《世界知识》(第 4 卷)1936 年第 1 期,第 7 页。

[ 6 ]《中共十八届三中全会在京举行,习近平作重要讲话》,《人民日报》2013 年 11 月 13 日,第 1 版。

[ 7 ]《坚持总体国家安全观,走中国特色国家安全道路》,《人民日报》2014 年 4 月 16 日,第 1 版。

[ 8 ] 陈文清:《牢固树立总体国家安全观在新时代国家安全工作中的指导地位》,《求是》2019 年第 8 期,第 19 页。

[ 9 ] 李建伟:《总体国家安全观的理论要义阐释》,《政治与法律》2021 年第 10 期,第 65—72 页。

[10] 张军果:《论国际金融霸权与我国的金融安全》,《唯实》2022 年第 Z1 期,第 106 页。

[11] 李国平、周宏:《金融资本主义全球化:实质及应对》,《马克思主义研究》2014 年第 5 期,第 59 页。

[12] 刘海林:《论金融主权与主动金融安全战略》,《金融发展评论》2014 年第 5 期,第 122 页。

[13] 习近平:《切实维护国家安全和社会安定,为实现奋斗目标营造良好社会环境》,《人民日报》2014 年 4 月 27 日,第 1 版。

[14] 习近平:《在中国共产党第十九次全国代表大会上的报告》,《人民日报》2017 年 10 月 28 日,第 1 版。

[15] 习近平:《全面贯彻落实总体国家安全观,开创新时代国家安全工作新局面》,《人民日报》2018 年 4 月 18 日,第 1 版。

[16] 李晓安:《开放与安全:金融安全审查机制创新路径选择》,《法学杂志》2020 年第 3 期,第 10 页。

[17] 梁慧星:《政策是法律的依据和内容,法律是政策的规范化——"政策"与"法源"关系辨》,《北京日报》2017 年 2 月 20 日,第 14 版。

[18] 习近平:《在首都各界纪念现行宪法公布施行三十周年大会上的讲话》,《人民日报》2012 年 12 月 5 日,第 1 版。

[19] 习近平:《坚持走中国特色社会主义法治道路,更好推进中国特色社会主义法治体系建设》,《求是》2022 年第 4 期,第 4 页。

[20]《马克思恩格斯文集》(第 1 卷),人民出版社 2009 年版,第 51—52 页。

[21]《中共中央政治局召开会议审议〈关于十九届中央第八轮巡视金融单位整改进展情况的报告〉,中共中央总书记习近平主持会议》,《人民日报》2022 年 6 月 18 日,第 1 版。

［22］冯玉军：《中国法律规范体系与立法效果评估》，《中国社会科学》2017 年第 12 期，第 142 页。

［23］习近平：《金融活经济活金融稳经济稳，做好金融工作维护金融安全》，《人民日报》2017 年 4 月 27 日，第 1 版。

［24］习近平：《深化金融改革，促进经济和金融良性循环健康发展》，《人民日报》2017 年 7 月 16 日，第 1 版。

［25］《中共中央政治局召开会议》，《人民日报》2022 年 2 月 26 日，第 1 版。

［26］习近平：《金融活经济活金融稳经济稳，做好金融工作维护金融安全》，《人民日报》2017 年 4 月 27 日，第 1 版。

［27］习近平：《深化金融改革，促进经济和金融良性循环健康发展》，《人民日报》2017 年 7 月 16 日，第 1 版。

［28］习近平：《深化金融供给侧结构性改革，增强金融服务实体经济能力》，《人民日报》2019 年 2 月 24 日，第 1 版。

［29］习近平：《深化金融改革，促进经济和金融良性循环健康发展》，《人民日报》2017 年 7 月 16 日，第 1 版。

［30］习近平：《深化金融改革，促进经济和金融良性循环健康发展》，《人民日报》2017 年 7 月 16 日，第 1 版。

［31］习近平：《深化金融供给侧结构性改革，增强金融服务实体经济能力》，《人民日报》2019 年 2 月 24 日，第 1 版。

［32］习近平：《金融活经济活金融稳经济稳，做好金融工作维护金融安全》，《人民日报》2017 年 4 月 27 日，第 1 版。

［33］习近平：《深化金融供给侧结构性改革，增强金融服务实体经济能力》，《人民日报》2019 年 2 月 24 日，第 1 版。

［34］习近平：《金融活经济活金融稳经济稳，做好金融工作维护金融安全》，《人民日报》2017 年 4 月 27 日，第 1 版。

［35］习近平：《关于〈中共中央关于制定国民经济和社会发展第十三个五年规划的建议〉的说明》，《人民日报》2015 年 11 月 4 日，第 2 版。

［36］习近平：《构建创新、活力、联动、包容的世界经济》，《人民日报》2016 年 9 月 5 日，第 3 版。

［37］习近平：《金融活经济活金融稳经济稳，做好金融工作维护金融安全》，《人民日报》2017 年 4 月 27 日，第 1 版。

［38］参见习近平：《深化金融改革，促进经济和金融良性循环健康发展》，《人民日报》2017 年 7 月 16 日，第 1 版。

［39］习近平：《在中央人大工作会议上的讲话》，《求是》2022 年第 5 期，第 9 页。

［40］习近平：《深化金融改革，促进经济和金融良性循环健康发展》，《人民日报》2017 年 7 月 16 日，第 1 版。

［41］方世荣：《论执政党主张成为国家意志的科学化建设》，《法学》2010 年第 7 期，第 21 页。

［42］钟金燕：《新时代坚持和完善人大制度：逻辑、价值和路径》，《人大研究》2022 年第 1 期，第 6 页。

［43］习近平：《关于〈中共中央关于全面推进依法治国若干重大问题的决定〉的说明》，《人民日报》2014 年 10 月 29 日，第 2 版。

［44］习近平：《关于〈中共中央关于全面推进依法治国若干重大问题的决定〉的说明》，《人民日报》2014 年 10 月 29 日，第 2 版。

［45］习近平：《深化金融改革，促进经济和金融良性循环健康发展》，《人民日报》2017 年 7 月 16 日，第 1 版。

［46］习近平：《坚定不移走中国特色社会主义法治道路，为全面建设社会主义现代化国家提供有力法治保障》，《求是》2021 年第 5 期，第 10 页。

［47］习近平：《金融活经济活金融稳经济稳，做好金融工作维护金融安全》，《人民日报》2017 年 4 月 27 日，第 1 版。

［48］李建伟：《把握地方金融监管十大关系》，《解放日报》2020 年 4 月 26 日，第 10 版。

［49］习近平：《金融活经济活金融稳经济稳，做好金融工作维护金融安全》，《人民日报》2017 年 4 月 27 日，第 1 版。

［50］李建伟：《把握地方金融监管十大关系》，《解放日报》2020 年 4 月 26 日，第 10 版。

［51］李建伟：《把握地方金融监管十大关系》，《解放日报》2020 年 4 月 26 日，第 10 版。

［52］曹胜亮：《金融开放、金融安全与涉外金融监管》，《中南财经政法大学学报》2014 年第 3 期，第 82 页。

# 总体国家安全观下深度伪造危害国家安全的应对路径

郭恩泽*

**摘要：** 人工智能、大数据、5G 等新兴科技的发明为社会发展增添了动力，但是，也给国家安全带来了严重威胁。在人工智能下进行深度学习看似正常，却在悄无声息中给深度伪造技术造成可乘之机。本文以深度伪造兴起的背景与特点为切入点，剖析其在各类严重刑事犯罪中所充当的工具主义，以及给国家安全领域带来的诸多危险和社会挑战。在应对深度伪造犯罪的当下，为了严格贯彻落实总体国家安全观，需要加强研发预警检测技术，不断加强立法监管，在推进国际安全合作治理中共建国家安全共同体。

**关键词：** 总体国家安全观；深度伪造；时代挑战；应对路径

随着 WB4.0 技术的研发，网络领域中的深度学习以及算法创新都有所突破，人工智能技术也在新一轮的改革中迎来了发展契机。然而，随着技术的发展，风险也在逐步来临，深度伪造（Deepfake）逐渐走近人们的视野。2019 年，网上流传着一则关于特朗普的视频，内容以批评比利时的气候变化为主，其实该视频中的主人公并非特朗普本人。此前，在德国的一些机构与部门中就曾发现有关普京、小布什等国家首脑的假视频。2019 年 1 月，卡耐基国际和平研究所发表《国家如何应对深度伪造乱象》一文，明确指出深度伪造技术对政府、企业所造成的破坏是深远的，影响也是消极负面的。[1]美国曾专门就深度伪造技术问题举行了听证会，这足以表明深度伪造

---

* 郭恩泽，哲学博士，广西警察学院反恐怖与反邪教研究中心特聘研究员，主要研究方向：刑事法学。

技术在美国社会发展变化中具有深远的影响。本文通过对深度伪造技术兴起的背景和特点的研究，深入分析其对国家的政治、经济、生态、文化等方面所带来的全新挑战，在进一步分析风险和应对挑战的同时，从中找寻合理的对策。

## 一、深度伪造兴起的背景与特点

### （一）深度伪造兴起的背景

"深度伪造"这一概念最早出现在 2017 年年底，因一位名为"deepfakes"的用户在网上发布的一段拼接合成的色情视频而备受关注。深度伪造就是深度学习（deep learning）与伪造（fake）的集合体，利用人工智能技术加强对深度学习的人像合成技术应用。随着网络技术的蓬勃发展，深度伪造在视频、声音、文本和微表情等方面的深度合成技术已经十分成熟，达到了以假乱真的程度。深度伪造技术的背后是对深度学习的进一步研究，以生成性对抗网络（Generative Adversarial Network，GAN）和卷积神经网络（Convolutional Neural Network，CNN）为主要内容。对学习算法的相关数据越深刻，数据在实际的应用方面就会显得越真实，合成伪造出来的产品内容也就越逼真。而对于看到的当事人究竟有没有做相关的事情，大家都是本着"眼见为实，耳听为虚"的本能来进行自我判断。

### （二）深度伪造的技术原理

#### 1. 视频伪造：AI 换脸

视频伪造作为深度伪造技术的核心代表，其制作以假乱真的视频技术又被称为人工智能换脸技术（AI face swap），即 AI 换脸，通过技术并且利用技术随后生成相应的对抗网络或者卷积神经网络，在此基础上，将所要模仿和伪造的人脸面部进行"嫁接"和"移植"。[2]但是要想形成完整的假视频，就需要把每一张拼接的图片进行技术处理，再形成完整视频，最后大家看到的就是经过技术处理的拼接视频。而这样的技术对于前期不断学习者而言是不难做到的，因此，有越来越多的 AI 换脸视频在网上流传。

#### 2. 音频伪造：语音合成

深度伪造的另一典型类型是音频伪造，即利用"语音克隆"技术实现嫁接,此项技术最初在苹果 Siri 等人工智能中作为虚拟物品出现。基于此,语音克隆以说话者自适应(speaker adaption)和说话者编码(speaker encoding)为典型代表,对伪造语音进行拼接。因为每个人的音调和声调不同,说话者编码会利用技术对说话者的声音进行微调,不断调整所要模仿的声音类型,进而针对说话者的少量声音进行模仿和伪造,从中找到声音的特性。

3. 其他伪造技术：相互拼接

虽然视频和音频伪造也是相互拼接与嫁接的,但是这并不包括对于其他类型的深度伪造。当前,深度伪造的主要技术难度是在自然语言处理(Natural Language Processing,NLP)方面难以进行真假识别,这主要是由于受到网络技术的限制和鉴定技术能力的制约,人们难以鉴别不法之徒利用自然语言处理技术生成伪造的与视频、音频程度相当的文本。[3]而微表情伪造以图像合成技术对被伪造对象的人脸进行瞬间抓拍,通过技术分析之后将人脸当中的面部微表情进行进一步处理,在近四十种的面部微表情中进一步判断并对人脸进行加工,进而实现对人脸面部微表情的深度伪造。[4]

（三）深度伪造的特点

1. 以算法技术为主,成本和门槛极低

其实,伪造技术的高低之分早在此前就已经出现,只是传统伪造和人工智能伪造之间具有本质性区别。日常生活中的 Photoshop 就是最常用的一种拼图技术软件,该软件技术使用方便,不需要有深度的学习算法功底就可以实现轻松嫁接,也正是基于此原因,其可以在深度伪造中实现想要伪造的内容。此类软件的技术门槛极低,并且在网上都可以搜索到相关的实际案例,在没有伪造成本的情况下可以轻松实现深度伪造。此外,随着计算技术的进一步扩散和程序化伪造,对于深度伪造技术的学习要求已经不复存在。计算机爱好者在代码托管(Github)的网站上就可以看到一些伪造视频的学习素材。谁掌握了这些软件和素材的制作与使用,就可以对整个深度伪造的技术核心有所突破,而这个过程就是一个技术含量很高的过程。

2. 效果逼真且多元,辨别难度较大

深度伪造技术涵盖了包括视频、音频、文本、微表情等常见内容在内的多个伪造类型,有可能对国家的整体安全造成一定的威胁,而且这种威胁也正是在这样的环境中进一步扩散的。深度学习可以在一定程度上实现对深度伪造的延伸和拓展,在反复循环中实现自我学习。具体来讲,就是在目标较为明确的条件下,使伪造出来的假视频和音频等电子产品在内容上让人无法辨别真伪。当前,深度伪造主要集中在明星、政客以及其他公众人物当中,由于公众可以随意获取到他们的相关信息,使得他们最终成了深度伪造的原材料。对于一般人而言,深度伪造产品起初还可以通过肉眼观测到一些面部特征的不符,但是随着这类技术的不断推进,2017年,深度伪造技术较为成熟之时,人们已经无法进行肉眼观测。算法与人工智能技术对深度学习的不断探索令人在真假难辨中失去了自我。未来相当长的一段时间里,无论是声音、微表情还是文本等特征的多种形态特征,在伪造技术的运用方面都将成为趋势,人民群众的自我识别也会更加困难。

3. 以网络为载体,传播速度快

深度伪造技术的制作使一部分人的猎奇心理得到了满足,许多网民都在不断满足于自身的炫耀。互联网作为一个整体发展空间,已经在全球网络变化当中成为一个整体,正是在这样的一个环境背景之下,深度伪造产品利用自身的强大影响范围,在形成的规模变化中逐渐成为一种新时代的网络空间发展载体。与此同时,其影响范围越广泛,所吸引的点击流量也就越大,如此一来就会出现快速传播,而传播速度无论快慢都会对国家安全的整体运行造成灾难性破坏。网络瞬息万变,可能在没有造成严重破坏的情况下,就已经形成了大范围的传播。

## 二、深度伪造给国家安全带来的挑战

（一）深度伪造威胁政治安全

1. 政治人物受到歪曲

深度伪造技术已经成为抹黑政治人物、破坏其在国民心中良好政治形象的重要工具。[5]这些都是政治人物容易忽视的,曾经在执政期间的一些公开画面形象都会成为深度伪造的原材料,例如不断丑化特朗普和南希·佩洛西的视频仅点击量就超过百万,两人在视频当中神志不清、说话磕巴,并且举止怪异。同样,奥巴马的脸也成为攻击的对象,其点击和浏览量也已超过数百万。流传的普京等国家领导人的假视频也在很大程度上严重影响着一个国家的政治形象。虽然就目前而言,许多网民只是将其作为一种取乐的对象,但深度伪造已经成为对一国政治安全的严重威胁。

2. 政治制度受到严重冲击

随着新时代网络技术对政治安全的巨大影响,网络社交媒体对于一个国家的政治制度也产生了消极、负面影响。[6]今天在深度伪造技术方面所呈现的时代特征其实是对政治安全的不信任。每到选举执政党和国家元首之时,就会有人利用深度伪造技术对候选人在生活作风、纪律遵守等方面进行抹黑,这些都会对政治安全造成严重的威胁和挑战。"深度伪造大选"其实就是对政治制度的践踏和破坏。通过社交软件中的伪造视频不断扰乱民主选举制度,这些都是极为简单的龌龊之举。真正称得上民意的选举,都是在国民的可预期中产生对选举的实质性影响。同样,在深度伪造技术的驱使下,选民所知道的真相也会越来越少,久而久之就会对个人的思想造成消极影响。

3. 破坏国家间友好合作关系

深度伪造技术作为一种信息传递和传播的重要载体,同样是国家安全的重大影响因素。过去,利用假消息煽动国家政治冲突的现象并不鲜见,[7]例如,在19世纪末,美国民众受到挑拨离间,一度要与西班牙开战。当今,冒充和歪曲国家领导人的深度伪造视频不仅严重背离外交政策,而且在歪曲事实的同时破坏各个国家领导人之间的相互信任,对大国之间的合作与交往带来不利影响。除此之外,其也会对这些国家在深度伪造预防方面造成不利影响,这对于整个国家安全而言,都是一种破坏国家间友好合作关系的负面例子。如何在开展更多友好合作的同时,能够为国家之间的合作与交流带来新的发展契机,大国合作除了讲求信任之外,还应在联合打击各类违法犯罪方面进行深度合作。

(二) 深度伪造影响经济安全

1. 深度伪造成为破坏企业形象的帮凶

企业是市场经济的主体。深度伪造一旦发生在企业内部,就会对企业自身的发展造成严重破坏,不利于企业在全球经济建设中维护良好形象。对于企业之间的商业竞争,一旦以深度伪造手段污蔑竞争对手,有可能给对方带来更大的信任危机,例如针对企业高管以及相关管理人员的说话内容、对外介绍,搜集相关资料之后将其制作成为假视频、假音频以抹黑企业负责人,不断破坏该企业的商业信誉,从而导致该公司的名誉受损。

2. 深度伪造给金融市场稳定性带来了新的风险

深度伪造在很大程度上会引发整个金融市场的动荡不安,并且会为今后更多的不稳定发展因素提供生存的土壤。[8]例如,国内外的相关经济学者、专家对今后一段时期内的经济发展走向所做出的判断,通常会被别有用心的深度伪造者通过制作假视频、假音频的方式歪曲事实、误导民众,从而造成社会的恐慌,使企业或者商家在名誉问题上严重受损,而肇事元凶则会坐享其成。新的危险在于,消极负面影响传播速度较快,对于广大民众来讲,在经济动荡不安的背景下,很难获得更多的利润回报,不难看出,利用深度伪造技术歪曲事实已经对市场经济造成了严重的不利影响。

（三）深度伪造危害社会安全

1. 造成社会信任危机

就深度伪造技术所实施的犯罪而言,其根本社会危机在于信任危机。人与人之间的社会问题很多是由彼此之间的不信任所致,久而久之整个人际关系交往都陷入一种不利的影响当中。在人际交往中,眼见为实、耳听为虚的传统观点,依旧是判断人际关系的一条重要依据,如果在其中插入深度伪造,势必会严重影响整个社会的人际交往。FakeApp 换脸软件和Lyrebird 变声软件的开发和应用,由于制作成本极低直接导致人际交往的困窘。假视频、假音频一旦流入社会,由于传播速度极快,会使社会信任危机蔓延,导致社会进入"后真相时代"。

2. 挑战现有法律底线

深度伪造技术在自动生成高可信度的假视频和假音频之后,如果不加遏制会给整个社会带来诸多麻烦,其中就包含对社会主义法治的严重践踏。[9]法律注重理论与实践的深度融合,一切以事实为根据,以法律为准绳,在案件事实和证据的支撑指引下,为社会主义法治建设的未来发展与建设带来生机。但在深度伪造技术的快速传播与发展下,在没有相关防御技术的支撑和指引下,社会发展同样也会停滞不前。就社会主义法治体系建设而言,深度伪造技术的出现会出现相关的法律风险:栽赃陷害他人;提供虚假证据进行虚假诉讼；在不断的转发、传播和扩散中无法找到始作俑者。

### 3. 容易滋生恐怖主义

深度伪造技术会成为恐怖分子的秘密武器，一旦更多的恐怖分子掌握了深度伪造的技术，其开展恐怖行动就会更加便利，这是对我国社会发展和经济建设的严重践踏，不利于国家对暴恐犯罪活动的严厉打击。恐怖分子与深度伪造技术之间如果"强强联手"，就会对国家治理和社会治理的整体效果带来消极和负面的影响，在"网络恐怖主义"与"深度伪造恐怖主义"之中会出现更多的危害国家安全事件，这就需要我们在预防和遏制恐怖主义蔓延的同时，突出对深度伪造技术的管控和制止，否则必然会对国家安全造成严重威胁。

### （四）深度伪造影响社会发展

#### 1. 造成群众财产损失

语音作为一个人发音的本质特征，虽然在生物特性方面具有很强的识别性，但是由于伪造技术的不断提升，对普通公民个人来讲很难进行识别。一些"猜猜我是谁"的诈骗电话就会借机诈骗受害人，并且与被模仿对象没有本质性区别。在公安机关查获的一些案件中，陆续发现了不法分子利用假视频、假音频从事电信网络诈骗的刑事案件。

#### 2. 有损群众个人名誉

深度伪造还容易对个人的名誉和精神产生严重的消极负面影响。自深度伪造技术被移植和嫁接到色情暴力等事件中，其在某种程度上已经成为诋毁他人的新型武器。由于被伪造的情境和场景十分逼真，令熟悉自己的亲朋好友都难以相信自己的眼睛，在一些极端案件中，受害人精神焦虑甚至自杀。[10]精神折磨是一个人最大的痛苦，深度伪造技术的发展，对整个国家、社会和国民来讲，都会造成更为严重的名誉损害。目前，网络恶搞性质的假视频、假音频会造成对他人个人名誉的践踏。人工智能换脸技术是对深度学习和深度伪造的技术提炼，很难破译。虽然在被伪造的人物当中，内容都是假的，但是依旧会对公民个人的名誉和社会地位带来不利影响。每个人都生活在社会当中，并且扮演着不同的社会角色，而名誉往往代表着一种社会信任和地位，因此对于公民个人而言具有重要意义。

### 三、防范和应对深度伪造危害国家安全的几点思考

（一）加强各个部门之间的交流与合作

深度伪造给国家安全带来的风险不亚于传统的国家诋毁，对于国家安全造成威胁的严重性和紧迫性是各国亟待解决的现实问题。对此，一是要建立国家安全全球观。构建人类命运共同体需要各国的相互协作，人工智能技术也应当围绕国家和社会发展的本质进行全面交流与合作。[11]人工智能对于一个国家的未来发展必不可少，同样为深度伪造技术的发展也提供了一定的便利，这些都对整个国家安全造成了严重威胁和挑战，需要技术支持来引导各个部门之间的密切配合与相互支持，将各国之间的交往与合作提上议事日程。二是政府需对打击深度伪造行为给予最大的帮助与支持。汇集公安、司法以及科研技术人员，加大在预警检测技术工具上的研发力度，不断提升对深度伪造技术的持续打击力度。要在检测技术方面提升打击力度，采取"以暴制暴"的方式，在蛛丝马迹中寻找差异，这对于防范和化解深度伪造技术而言具有划时代的意义。三是政府要鼓励科技创新。在技术研发的同时将技术创新融入进去，充分发挥高等院校和科研院所对技术研发的攻坚作用，不断增强对非传统国家安全因素的打击力度与应对能力。[12]

（二）共同推进刑事立法与行政监管

一是针对深度伪造产品在生产主体当中的法律责任，要从源头上加大对刑事立法的推进。深度伪造技术本身是要服务国家、社会和个人的，面对利用深度伪造技术的刑事案件，应当加大对刑事立法的推进力度。强化和约束政府官员自身道德和纪律作风，不要给别有用心之人留下可乘之机。

二是对于网络媒体责任的监督与管理，在传播过程中要报道真实新闻内容，传递社会正能量。网络媒体的迅速发酵会对一个国家的制度理念带来根本影响，传播速度直接导致局面的失控。网络世界如同社会发展一样，都是对国家经济和政治文明进步有重要影响的因素。要在行政规制层面首先对深度伪造技术加以限制，即使是带有娱乐性质的深度伪造也要在明确告知的前提下开展，对于有可能产生政治风波的应当做出说明。突出责任主体的承担，在超出行政规制之后，则有必要采取刑事立法手段推进对深度

伪造技术的行业监管。

三是要建立相应的应对机制,一旦发现有涉嫌深度伪造嫌疑的人员和部门之后,要尽可能避免事态的扩大化。为此,政府部门应在国际交往中在确保技术允许和信息畅通的情况下,积极与他国开展相关的合作与交流。

### (三)提高公民之间的自我防范意识

一是要加大对本国公民的教育和积极引导,不断提升公民的自我防范意识,对于常见类型的深度伪造类型要做集中展示,防止群众上当受骗。各级党委和政府应当在电视宣传中引导公民不断提高自身防范意识,不要以过去传统的"眼见为实"或者"耳听为实"的形式判断,而是要在自我判断中,进行防范。[13]

二是为公民提供更多的防范技巧。随着深度伪造技术的持续加深,对于一些案件信息的真假做出实质性判断的难度增加。此时,就需要政府职能部门之间不断配合,加大对科技研发和攻坚的力度,为广大人民群众提供更多的技术支持,避免其上当受骗,遭受更多的经济损失。

三是要正确指引网络媒体多做正面报道。随着自媒体时代对深度伪造技术的扩散,人们可以通过一些社交网络或者自媒体进行收看以及传播扩散。基于此,深度伪造技术在虚假视频、虚假音频等扩散和传播的同时有可能造成深度传播、扩散。因此,需要引导和教育广大人民群众识别真假,避免成为深度伪造技术的"帮凶"。

### (四)加强国际合作

一是要将深度伪造纳入全球治理合作框架过程当中。深度伪造技术的进一步发展会对整个国家安全造成严重破坏。深度伪造技术是对人工智能技术的翻版,一些国家明确指出,人工智能技术存在被滥用的风险,深度伪造技术就是其中的典型。[14]要不断打击和预防深度伪造技术对国家社会发展的传播影响力,防止深度伪造技术的进一步蔓延和扩散。

二是要加强在打击深度伪造技术方面的国际合作,特别是加大跨国犯罪和跨国恐怖主义犯罪的打击力度。不法分子通过深度伪造技术实施违法犯罪行为是新型犯罪的一大趋势,而且这种趋势正在逐渐发展成为危害国家安全的犯罪类型。为有效应对该风险,应当采取对等的机制,以中国智慧应对深度伪造技术。

三是要加强对主体责任的严格落实和管控。[15] 当前,社交软件的开发和发展使得受益人群越来越多,但是要警惕和提防由此而产生的消极负面影响。应加强各国之间的合作与交往,防止更多假消息对国家的发展产生负面影响。

## 参考文献

[ 1 ] 虞崇胜、舒刚:《近年来关于政治安全问题研究述评》,《探索》2012 年第 3 期。

[ 2 ] 王林:《反恐刑法学的法律定性与学科定位》,《中国刑警学院学报》2019 年第 4 期。

[ 3 ] 李建伟:《总体国家安全观的理论要义阐释》,《政治与法律》2021 年第 10 期。

[ 4 ] 李营辉、毕颖:《新时代总体国家安全观的理论逻辑与现实意蕴》,《人民论坛·学术前沿》2018 年第 17 期。

[ 5 ] 黎宏:《论总体国家安全观的变革性特征》,《重庆大学学报(社会科学版)》2015 年第 3 期。

[ 6 ] 徐光顺:《习近平新时代国家安全战略思想探析》,《邓小平研究》2018 年第 2 期。

[ 7 ] 李文良:《新时代中国国家安全治理模式转型研究》,《国际安全研究》2019 年第 3 期。

[ 8 ] 和晓强:《建国以来“国家安全观”的历史演进特征分析》,《情报杂志》2020 年第 2 期。

[ 9 ] 贾宇:《以总体国家安全观为指引、以法治为保障的中国〈国家安全法〉》,《法制与社会发展》2017 年第 3 期。

[10] 王宏伟:《总体国家安全观指导下的国家安全系统性风险及其治理》,《现代国际关系》2017 年第 11 期。

[11] 何怀远:《中国特色国家安全道路的新探索》,《思想理论教育导刊》2017 年第 2 期。

[12] 孔雀:《总体国家安全观的意义研究——基于马克思恩格斯国际关系理论的视角》,《南方论刊》2019 年第 4 期。

[13] 马振超:《总体国家安全观:开创中国特色国家安全道路的指导思想》,《行政论坛》2018 年第 4 期。

[14] 凌胜利、杨帆:《新中国 70 年国家安全观的演变:认知、内涵与应对》,《国际安全研究》2019 年第 6 期。

[15] European Union Agency for Law Enforcement Cooperation. The Internet Organised Crime Threat Assessment(IOCTA). https://www.europol.europa.eu/activitiesservices/main-reports/internet-organisedcrime-threat-assessment-iocta-2016.

# 总体国家安全观视角下的中国核安全问题研究

丁　伊*

**摘要：**核安全问题既是人类社会所面临一个的重大挑战，也是我国国家安全的重要关切。核安全关系人民的生命健康和环境的可持续发展，直接关系国家的安全和稳定，因此，核安全问题的潜在风险和危害性不容忽视。从总体国家安全观的视角来看，核安全是总体国家安全观的重要组成部分，既是人民安全的重要保障和经济安全的重要依托，亦是军事安全的重要屏障。当前，我国正面临着众多的核安全挑战，例如周边地区核扩散与核战争风险提升、核事故风险持续存在以及核恐怖主义不断滋生。为应对这些挑战，我国需要以总体国家安全观思想为指导，通过全面加强核安全的国内监管制度、出口管控制度、涉核应急管理制度以及推动全球核军备控制与核裁军等路径，促进核安全的提升以及核能的可持续发展。

**关键词：**总体国家安全观；核安全；核武器；核事故；核恐怖主义

随着核武器的不断发展以及民用核技术的推进和扩张，核能在国家安全与经济社会发展中的重要性日益凸显。同时，核安全问题的潜在风险和危害性亦不容忽视。人类历史上曾经多次发生核安全事故，造成惨重的人员伤亡和经济损失。鉴于核安全对于国家安全的重要意义，2014年4月15日，习近平总书记在中央国家安全委员会第一次会议上提出构建集政治安全、国土安全、军事安全、经济安全、文化安全、社会安全、科技安全、信息安

* 丁伊，上海政法学院上海全球安全治理研究院助理研究员。

全、生态安全、资源安全、核安全等于一体的国家安全体系,[1]从而将核安全纳入总体国家安全观的范畴之内。

## 一、核安全问题的危害性

自 20 世纪以来,核物理领域取得的重大突破使人们在惊叹于原子核所蕴藏的巨大能量的同时,亦深深忧虑此种能量可能带来的灾难性后果。

一方面,核爆炸所展现出的毁灭性力量令人震惊。核武器仅有的两次在战争中被投入使用,分别发生在日本的广岛和长崎。以广岛为例,1945年 8 月 6 日,美国向日本广岛投下了一枚名为"小男孩"的原子弹,该原子弹共携带大约 64 千克高浓缩铀,虽然实际只有大约 800—900 克在爆炸中发生核裂变反应,但其爆炸当量却高达 1.6 万吨。据统计,截至 2020 年 8 月 6日,广岛受原子弹爆炸影响而死亡的人数达到 324 129 人,[2]至今仍有部分幸存者受到核辐射所造成的癌症和白血病的长期折磨。美国向日本投掷原子弹虽然造成了极为惨重的人员伤亡和经济损失,但在一定程度上加速了日本投降以及第二次世界大战(简称二战)的终结。鉴于核武器展示出的巨大战略价值,不少国家将其视为巩固国防乃至地区争霸的"撒手锏",核军备竞赛风险延续至今。

另一方面,除了核爆炸之外,民用核设施相关的核事故也有可能危害国家安全。人类历史上曾经发生过多次重大核事故,其中最严重的"七级"核事故当属苏联切尔诺贝利核事故与日本福岛核事故。① 据统计,切尔诺贝利核事故所释放的辐射量是二战时期日本广岛与长崎两枚原子弹爆炸所释放的辐射总量的 200 倍之多,乌克兰境内有超过 5％的领土遭到核泄漏事故的严重污染。[3]日本福岛核事故给当地的经济社会发展蒙上了阴影,作为其后续,日本政府还罔顾国际社会的强烈抗议,执意将福岛核污水排放入海,此举将对全球生态环境以及人类的生命健康带来长期负面影响。

此外,国际恐怖势力活动依然猖獗。作为大规模杀伤性武器,恐怖分子

---

① "国际核事件分级表"(INES)用于对造成放射性物质向环境的释放及工作人员和公众的辐射照射的事件进行的分级,其中一级最轻微,七级最严重。截至目前,仅有切尔诺贝利核事故和福岛核事故被划定为最严重的"七级核事故"。

毫不掩饰其对核武器的企图,因此,当前各国都面临着核恐怖主义的威胁,对核武器、核材料与核设施的存放、运输、转让、运营等各个环节的安全性也提出了更高要求。由此可见,在当前国际环境中,核安全问题依然是重大难题,核扩散、核事故以及核恐怖主义等风险持续存在,我国须对此类问题高度关注,采取切实措施,防患于未然。

## 二、核安全与总体国家安全观的重要关联

核安全关系人民的生命健康和环境的可持续发展,关系国家的安全和稳定。2014 年 4 月 15 日,习近平总书记在中央国家安全委员会第一次会议上强调,要构建集政治安全、国土安全、军事安全、经济安全、文化安全、社会安全、科技安全、信息安全、生态安全、资源安全、核安全等于一体的国家安全体系。[4]可见,核安全与其他领域安全共同组成了总体国家安全观的有机体。

（一）核安全是总体国家安全观的重要组成部分

在新时代背景下,国家安全的主阵地、主战场将会涵盖诸多方面。在总体国家安全观的概念中,"总体"是其最鲜明的特征。具体而言,"总体"包含三方面要义:[5]一是总体是一种"大安全"以及"系统安全"的理念,其涵盖的重点领域将会更加广泛,以实现国家安全的全方位之治。鉴于核安全对于我国国家安全以及经济社会可持续发展的重要意义,核安全成为总体国家安全观的重点领域。二是总体是一种状态,突出了国家安全的相对性和动态性。鉴于风险因素不可能完全消除,中国并不追求绝对安全。具体到核安全领域,其风险因素一直存在,在短时间内全部根除并不现实,因此,我国需要做到的是密切关注核安全的相关风险,切实做好应急方案,居安思危、防微杜渐。三是总体是一种方法,强调的是各领域的协调与统筹,尤其是发展与安全的统筹。在核安全领域,发展与安全兼顾的要求同样存在。核能作为一种清洁能源,在我国经济社会的可持续发展中发挥着重要作用。然而,如果核安全得不到充分重视,核事故的发生则有可能导致巨大的人民生命安全损失和经济损失。我国早已明确提出了发展与安全并重的核安全观:以确保安全为前提发展核能事业,应秉持为发展求安全、以安全促发展

的理念,让发展和安全两个目标有机融合、相互促进。只有实现更好发展,才能真正管控安全风险;只有实现安全保障,核能才能持续发展。[6]

### (二)核安全是人民安全的重要保障

国家安全工作归根结底就是保障人民利益,一切为了人民、一切依靠人民。人民安全是国家安全的宗旨。[7]因此,巩固核安全的根本目的是保障人民安全。具体而言,一是有效保护人民的生命安全和健康及其财产。国家一旦遭受核攻击将会造成无辜民众大量死伤的惨烈后果。而核事故的发生则可能导致放射性物质的释放,对居民造成辐射暴露,引发急性疾病、长期健康问题甚至死亡。加强核安全则可以在最大限度内减少悲剧的发生概率。二是有效维护社会稳定。核爆炸、核事故等情形将对社会稳定和公众安全感产生巨大负面冲击,引发社会秩序混乱。加强核安全可以提高公众对政府的信任和安全感,促进社会秩序稳定。三是有效保护环境和生态系统。核爆炸以及核事故不仅对民众的生命健康造成威胁,而且会对环境和生态系统产生长期影响。放射性物质的释放可能污染土壤、水源和空气,破坏生态系统,进而再度危害人体健康。通过加强核安全,可以最大限度地减少此类情形的发生,减少对自然环境的破坏,保护生态系统的完整性和可持续性。

### (三)核安全是经济安全的重要依托

党的二十大报告指出:"高质量发展是全面建设社会主义现代化国家的首要任务。发展是党执政兴国的第一要务。没有坚实的物质技术基础,就不可能全面建成社会主义现代化强国。"[8]目前,我国仍是发展中国家,经济建设是当前工作的中心,经济安全则是我国国家安全的关键要素之一,而核安全能够为经济安全提供重要依托。这主要表现为:首先,核能作为一种清洁能源形式,在能源供应和经济发展中发挥着重要作用。我国是一个人口大国,资源的人均占有量并不充裕,维护能源安全能够对我国经济社会的可持续发展起到重要的推动作用。有效的核安全措施和监管机制可以提高核能设施的安全性,降低核事故发生的风险。这种安全保障有助于维持和促进核能行业的稳定增长,并为经济发展提供可靠的能源供应。其次,巩固核安全既是核能发展的基础，也是吸引投资和促进贸易的重要因素。在节能减排的大背景下，核能可作为新兴的经济增长点和产业发展方向。通过建立健全核安全制度和监管框架，国家可以增强核能产业的吸引力，创造更多的投资和贸易机会，从而促进经济的增长和发展。再次，巩固核安全能够促进新能源技术的创新和发展，核安全的提升需要不断的技术创新和发展。加强核安全研究和技术合作可以推动更安全、高效和可持续的核能技术发展，这将促进经济的技术升级和转型，从而增强国家的竞争力和可持续发展能力。

（四）核安全是军事安全的重要屏障

当今世界正在经历百年未有之大变局，军事现代化与科技创新将会是其中的关键变量。党的二十大报告中提出了"打造强大战略威慑力量体系""加强国防科技工业能力建设"等要求。[9]包括核武器与核技术在内的关键技术是国之重器，将会对维护国家主权和领土完整起到至关重要的保障作用：首先，巩固核安全有利于防止核武器扩散。通过建立和加强核安全制度和监管机制，可以更好地控制核材料和技术的流动，减少恐怖势力等非国家行为体非法获取核武器的可能性，从而维护国家和地区的军事安全。其次，巩固核安全将增进核设施和核材料的安全。加强核安全措施和防护措施，包括物理安全、运输安全、辐射监测等，可以有效保护核设施和核材料免受恶意行为和恐怖主义活动的威胁，这有助于维护国家的军事设施和军事物资的安全。再次，巩固核安全还可以促进国际军控和裁军进程。核安全是国际军控和裁军进程的重要组成部分。通过加强核安全合作和交流，国家可以增强彼此之间的互信和合作，推动国际社会共同致力于核武器的不扩散和裁军目标。

## 三、当前我国面临的核安全挑战

古人云：备预不虞，为国常道。① 目前，我国虽然尚未经历核相关重大危机，但仍然应当居安思危，严格排查风险所在，并制定应对策略。当前我

---

① （唐）吴兢：《贞观政要・纳谏》。

国面临的核安全挑战可以概括为以下三个方面。

（一）周边地区核扩散与核战争风险提升

近年来,随着国际局势的风云变幻,大国竞争与冲突不断上演,我国周边安全环境恶化,核危机乃至核战争发生的可能性在不断上升。具体来看,以下三个地区的涉核风险需要我国密切关注。

一是朝鲜半岛核危机风险不断上升。朝鲜半岛无核化谈判已陷入僵局,与此同时,朝鲜核与导弹能力不断提升。目前,朝鲜已在洲际弹道导弹、潜射弹道导弹、高超音速导弹、战术核武器以及多弹头独立制导武器等方面取得突破,核威慑手段得到极大丰富。2022 年 9 月,朝鲜方面颁布核武力政策新法令,宣布其核武器国家地位"不可逆转",并允许实施"预防性核攻击"。[10]2023 年 9 月,朝鲜最高人民会议审议并通过宪法修改补充案,将核武力政策写入宪法。[11]这表明朝鲜核政策转向激进,且半岛无核化谈判已希望渺茫。而且,美国、日本与韩国近期针对朝鲜动作不断,美方不仅牵头召开美日韩峰会以"应对朝鲜核威胁",而且频繁派遣战略轰炸机、核动力潜艇、核动力航母等进入朝鲜半岛,引发朝鲜方面的强烈反应。朝鲜方面警告称:美国"战略资产的部署有可能符合朝鲜核武政策法令阐明的核武器使用条件"。[12]由此可见,朝鲜半岛紧张局势正在不断升级,核战争风险正在显著提升。

二是日韩等国核扩散风险有所增加。2023 年 4 月,美国与韩国共同发表了《华盛顿宣言》,其中,美国宣布将升级对韩国提供"延伸威慑",扩大美韩核危机磋商、新增美韩军事训练和模拟演习、成立美韩"核磋商小组"机制、扩大朝鲜半岛周边美战略资产部署等。[13]此举虽然明面上并未准许韩国干预美国核武器决策或拥有核武器,但仍有可能在东北亚地区引发连锁反应。除韩国外,日本近年来也在不断加强与美国的同盟关系,并寻求涉核合作渠道。据报道,2023 年 3 月,美国与日韩方面接洽,探索建立新的"核威慑咨询机构"以加强信息共享和相互协调。[14]此外,美日韩三国领导人于2023 年 8 月 18 日在美国戴维营召开峰会,讨论朝鲜半岛局势以及加强三方合作的方式。以此观之,美韩"核磋商小组"可能只是后续美日双边或美国及其印太地区盟国多边涉核磋商机制的初级版本。未来美国可能以此为模板,打造亚太版的北约"核共享"机制,①甚至可能将战术核武器重新引入部署,从而建立美国在东北亚乃至印太地区的核武新堡垒。与韩国不同的是,日本拥有较为完整的后处理设施,因此,美日之间的涉核安排很有可能会在美韩的基础上更进一步,使其更接近于事实上的"核共享"机制。例如,在美国大肆扩充核武库的背景下,美国自身的钚芯生产面临产能限制,美国可利用美日涉核安排,要求日本为美国钚芯生产提供核燃料。而此类机制安排一旦达成,除了将对我国构成直接安全威胁之外,还会鼓动更多国家破坏既有的核不扩散机制,继而在我国周边引发核扩散,为我国国家安全带来负面冲击。

二是印度和巴基斯坦的军事对峙需要警惕。印度和巴基斯坦两国因宗教冲突、民族矛盾和领土纠纷等历史原因而相互仇视。近年来,印巴双方多次发生军事对峙,例如,2019 年 2 月,印度因遭受袭击而对巴基斯坦境内武装分子营地展开越境打击,引发两国之间的紧张局势乃至空中交战。2020 年 11 月,印度军方和巴基斯坦军方在克什米尔地区停火线附近发动炮战,双方各有死伤,甚至波及平民。2023 年 6 月,印度军方再次袭击克什米尔地区,导致巴基斯坦两名平民死亡。印度和巴基斯坦同为我国邻国,且同为拥有核武器的国家,其在军事对峙期间,存在潜在的核武器使用风险。我国须对印巴冲突动向保持警惕,呼吁印度和巴基斯坦保持克制,并通过对话和外交渠道解决争端,尽最大努力避免在中国周边发生核战争的可能性。

### (二)核事故风险持续存在

近年来,随着社会经济的高速发展以及节能减排的推进实施,我国对核能发电的需求量与日俱增。我国核设施众多,广泛分布于北京、辽宁、内蒙古、山西、江苏、浙江、甘肃、四川、广东等地区。2022 年以来,我国新核准核电机组 10 台,新投入商运核电机组 3 台,新开工核电机组 6 台。截至目前,我国在建核电机组 24 台,总装机容量 2 681 万千瓦,继续保持全球第一;商

---

① "核共享"是指"北约"框架内的核武政策安排。这一政策涵盖了政治机制和技术机制两个方面。在政治机制层面,核共享的核心是设立"核计划小组",旨在让北约所有成员国,无论是否拥有核武器,都能够参与北约核政策的磋商和决策。而在技术机制层面,核共享的核心是美国在部分北约盟友境内部署战术核武器,这些核武器由美军掌控,而所在国则提供运载工具并接受核任务训练。在战时,这些核武器在经过美国总统的授权后可经由所在国的运载系统进行投掷。

运核电机组 54 台,总装机容量 5 682 万千瓦,位列全球第三。2022 年,我国核电总装机容量占全国电力装机总量的 2.2%,发电量为 4 177.8 亿度,同比增加 2.5%,约占全国总发电量的 4.7%,核能发电量达到世界第二。[15]中国是当今世界核电发展最快的国家,核能产业的快速发展使得我国承受的核安全压力骤然增加。鉴于苏联切尔诺贝利以及日本福岛等核事故给人类社会带来的惨痛经历,核安全技术受到重视的程度越来越高。相比核电产业成熟、运营多年的发达国家,我国的核安全技术起步相对较晚、基础相对薄弱,仍需积极推进、全面部署、精心运营,尽可能避免失误。

一般而言,在核电站的日常运营中,可能存在以下风险因素。

一是自然灾害的发生可能危及核电站的安全运行。① 地震。我国有大面积国土位于地震带之上,部分地区存在着较高的地震风险。地震可能导致核电站结构受损、设备破坏或失效,进而影响冷却系统、电力供应和控制系统的正常运行。如果地震烈度超过核电站设计的承载能力,则可能导致设施泄漏、破裂或整体崩溃,进而引发核事故。核电站需要评估和应对地震风险,确保核设施能够抵御地震引发的振动和地质变形。② 台风。我国是受到台风灾害影响最严重的国家之一。台风可能引发强风、暴雨和风暴潮等恶劣天气。强风可能损坏建筑物和设备,暴雨可能导致冷却系统和电力供应中断,而风暴潮可能导致海水侵蚀或倒灌,进而影响核电站的安全性能。我国部分核电站与核设施位于沿海地区,须对台风严加防范。③ 洪水。我国受洪涝灾害影响也较为严重。洪水可能导致核电站的冷却系统和设备受损,进而影响核反应堆的冷却和安全性能。洪水还可能导致电力供应中断,影响核电站的安全控制和应急措施的运行。此外,洪水还可能引发土壤侵蚀和沉积物的堆积,对核电站周围的环境产生危害。④ 山体滑坡、地面沉降和地下水涌出等。这些灾害可能导致核电站的地基和地下结构受损,引发地下水位变化,影响核电站的冷却系统和地下设施,而影响设施的稳定性和安全性能。核电站需要进行自然灾害风险评估,并制定相应方案以及时处置自然灾害的影响。

二是放射性物质管理不当可能造成辐射危害。正确管理和处置核燃料、核废料等放射性物质对于核电站的安全运营至关重要。核辐射可能造成的危害有:① 对核电站工作人员和周边居民的生命健康构成威胁。人体暴露在放射性物质中可能导致短期和长期的辐射效应,包括急性辐射病和慢性辐射病。这些辐射效应可能对人体组织和器官产生损害,增加癌症、白血病和基因突变的风险。② 对周边生态环境造成长期污染。核电站产生的放射性废物如果未进行正确的处理和储存,则有可能扩散至周边土壤、水源和整个生态系统。附近民众可能因为饮用受污染的水源、食用受污染农作物和牲畜等而致病。因此,核电站放射性物质管理须严格执行,以防止泄漏、污染和不当处理导致的辐射危害。

三是设备故障及操作失误可能造成核事故。核电站的运营需要依赖于堆芯、冷却系统、电力系统、安全系统等各个方面的协同运作,任一环节发生故障或人为操控失误都会危及核电站的整体安全运行,甚至酿成核事故。① 核反应堆失控可能造成链式反应无法得到有效控制,导致堆芯熔毁、冷却系统失效和压力升高,威胁核电站的安全性。② 冷却系统故障,例如冷却剂泄漏、水泵故障或管道破裂等,使核反应堆无法充分冷却,导致核燃料棒熔毁、厂房爆炸和辐射泄漏。③ 安全系统失效,例如控制棒无法插入、紧急停堆系统无法启动等,可能影响核反应堆的安全控制和应急措施的实施,增加核事故发生的风险。④ 电力供应中断可能导致核电站无法正常运行,进而增加核事故的风险。因此,必须加强对核电站的日常维护、管理和人员培训,降低设备故障与人为失误的发生概率,以确保核电站的安全运转。

（三）核恐怖主义不断滋生

核恐怖主义通常是指恐怖主义活动与核威胁相结合的情形。由于核爆炸所展现出的巨大杀伤能力以及放射性物质能够造成的灾难性后果,不少恐怖组织对发动核恐怖主义袭击蠢蠢欲动。一些恐怖组织已开始采取行动。例如,日本"奥姆真理教"组织以及"基地"组织都曾经致力于获取核能力。美国认为"基地"组织及其团伙早在1993年就开始致力于获取核武器部件以及高浓缩铀。[16]虽然核恐怖主义袭击大型灾难至今尚未发生,但是这种威胁并不是天方夜谭。各种涉及核材料和核设施安全事件的发生,极大增加了核恐怖主义袭击灾难发生的可能性。[17]中国亦面临着严峻的恐怖主义活动态势,一些国际恐怖势力例如"基地""东突"组织实施核恐怖主义袭击的可能性不能排除。具体来看,核恐怖主义的风险来源主要包括以下几个方面。

一是恐怖分子直接获取核武器。恐怖分子获得核武器并以此发动恐怖袭击是核恐怖主义最直接的形式,尤其当前美俄等国竞相研发所谓低当量的"战术核武器",使核武器更加具有可携带性。一般而言,核武器多在所在国的严密安防之下,恐怖分子直接窃取核武器的难度相对较大,但是,这并不意味着核武库的防备固若金汤。据报道,2010 年年初,美国在比利时境内克莱因·布罗格尔空军基地(Kleine Brogel Air Base)的核武库遭到一群和平活动人士的闯入。克莱因·布罗格尔基地当时存储有 10—20 枚核武器,这些闯入者深入该军事基地 1 公里多,直至一个多小时之后才被安保人员发现并逮捕。[18]核武库闯入事件的发生说明核武库的防线并非牢不可破。我国作为拥有核武器的国家,对于此类事件须严加防备。

二是恐怖分子获取核裂变等放射性材料。由于窃取核武器的操作难度较高,一些恐怖分子可能会寻求其他获取核能力的方式。随着知识与信息的传播,核武器的基本原理和制造方式早已不是秘密。要阻止其他国家或非国家行为体了解制造核武器的基本原理基本上已不可能。因此,控制核材料就成为防止核武器扩散的核心。[19]恐怖分子有可能非法获取高浓缩铀以及钚等核裂变材料,并制作简易的核爆装置。即使恐怖分子难以获取制造简易核爆装置的核裂变材料,将核裂变等放射性材料故意暴露或制作"脏弹"也能够造成极大的安全威胁。① 根据国际原子能机构涉核事故与非法交易数据库统计,1993—2022 年,全球范围内共发生了至少 4 075 起涉核事故,其中有 344 起事故确认或疑似为非法交易或恶意使用,另外还有 1 036 起事故现有证据不足以证实其是否与非法交易或恶意使用有关。[20]我国的情况也不容乐观。国内偶有放射源事故发生,根据国家环保总局的不完全统计,1954—2004 年,全国共发生各类辐射事故 1 500 多起,平均每年发生事故 30 余起,其中放射源丢失、被盗占首位。[21]此外,地下核走私网络也有可能成为核材料的来源渠道。国际地下核走私网络频繁在中亚、南亚等中国周边地区活动,尤其是苏联部分核设施与核材料流失严重,导致走私活动猖獗,对中国的核安保构成一定程度的威胁。[22]

---

① "脏弹"是指一种将放射性材料置入爆炸装置的武器。其与核武器的区别是:这些放射性材料往往通过常规爆炸释放,而非经过链式反应发生核爆炸。

三是恐怖分子袭击核电站。一旦恐怖分子突破核设施安防系统并对核设施反应堆或者乏燃料池实施攻击,则有可能造成核反应堆爆炸以及放射性材料泄漏等灾难性后果。除此之外,由于当前对数字技术和智能化操作的依赖程度不断增加,全球民用核设施面临的网络安全威胁日益加剧。而部分核电站在应对网络攻击方面还缺乏明确的操作指南。2010 年,伊朗遭到"震网"病毒攻击,造成伊朗纳坦兹铀浓缩设施陷入瘫痪。[23]这一事件同时为我国的核电站等设施的网络安全防护敲响了警钟。中国在建核电厂规模高居全球第一,但核设施网络安全标准尚不完善,核电厂运行人员多,相关培训难度大,网络安全风险仍然较为突出。[24]

## 四、我国核安全的未来完善路径

加强核安全是一个持续进程。核能事业发展不停步,加强核安全的努力就不能停止。[25]当前,我国所面临的核安全形势依然严峻,我国尚需居安思危、防微杜渐,为完善和巩固核安全状况不断努力,进而捍卫国家安全。具体来看,核安全的未来完善路径可着眼于以下几个方面。

第一,加强核安全的国内监管制度。一是要建立和完善相关的核安全法律和法规体系,确保核能产业各个环节的安全得到法律保障。中国一贯高度重视核安全问题,并陆续颁布了一系列相关法律法规。2017 年 9 月1 日,《中华人民共和国核安全法》在全国人大常务委员会第二十九次会议上通过,标志着我国核安全的治理和监管在国家法制化发展上迈上了新高度。[26]未来,我国还需在此基础上进一步落实各类细节,并规范核安全管理的要求和标准。二是要加强对放射性材料从生产、运输、使用到回收等各个环节的管理,减少放射源丢失和被盗风险。国际原子能机构的统计数据显示,自 1993 年以来,核材料或放射性材料运输过程中发生的盗窃事件几乎占所有报告案件的 52％。在过去 10 年,这一数字已达到近 62％,凸显了防范运输环节中盗窃行为的重要性。[27]三是要建立严格的核能项目审批和许可制度,确保核设施的建设和运营符合安全标准和要求。四是要加强对核设施的安全评估和监测工作,定期进行核安全检查和评估,及时发现及处理潜在的安全风险,确保设施的安全性能符合要求。五是要加强对核工业从业人员的培训和技能认证,提高从业人员的专业素质和专业水平,确保他们能够有效履行核安全职责。

第二,加强核安全的出口管控制度。一是要制定和完善相关的核出口管理法律法规体系,明确核出口的管控要求和标准。自20世纪90年代中期以来,中国逐步建立起较为完备的出口控制法规体系,并制定了《核进口政府承诺管理办法》等一系列配套文件,确保了核进出口活动得到有效管制。2020年12月,中国《出口管制法》正式生效,中国的防扩散出口管制立法层级进一步提升,体系更加完备,监管能力进一步增强。[28]二是要加强对出口目的地国的评估,避免出口给有潜在非法、恶意用途的非国家行为体,以防范涉核及其他放射性物项的恶意使用。三是要对出口的涉核物项实施严格的技术标准和安全保障要求,尤其对中子发生器、离心机金属或其他部件等两用物项实施严格管控,确保出口物品的使用安全。四是要加强国际合作,建立健全国际核出口信息共享和合作机制,加强对核出口行为的交流和协调,共同打击国际核恐怖主义活动。

第三,加强涉核应急管理制度。核应急是为了控制核事故、缓解核事故、减轻核事故后果而采取的不同于正常秩序和正常工作程序的紧急行为,对于保护公众和环境、保障社会稳定、维护国家安全具有重要意义。[29]加强核应急管理制度,一是要进一步提升核设施安全水平,汲取切尔诺贝利核事故、福岛核事故等惨痛教训,推进实施核设施短期、中期、长期安全改进计划,增强核设施抵御外部事件以及预防严重事故的能力。二是要提升监测技术手段和能力,开展日常监测,及时发觉异常数据指征。事故发生后,须进行放射性监测以及人员受照剂量监测等。实时开展气象、水文、地质、地震等观(监)测预报,研判事故发展趋势,评价辐射后果,判定受影响区域范围。三是要制定全面的核应急预案,包括事故应急预案、紧急撤离预案、通信和信息管理预案等。定期组织应急演练,提高应急响应能力和协调能力,确保应急预案的实施和效果。四是要加强核应急公众沟通与信息发布,确保信息发布的公开透明、客观真实与权威可信,及时纾解公众的恐慌情绪。

第四,推动国际军备控制与核裁军进程。只有营造和平稳定的国际环境,发展和谐友善的国家关系,开展和睦开放的文明交流,才能从根源上解决核恐怖主义和核扩散问题,实现核能的持久安全和发展。[30]因此,加强核安全的根本措施是巩固和完善既有的核不扩散机制,并推动国际全面核裁军进程的不断发展。鉴于核扩散可能导致的严重后果,联合国框架下的谈判自 20 世纪 50 年代起就开始涉及核不扩散原则。至 1968 年,作为国际核不扩散机制基石的《不扩散核武器条约》获得批准,并于 1970 年正式生效。该条约第 6 条明确规定:"每个缔约国承诺就及早停止核军备竞赛和核裁军方面的有效措施,以及就一项在严格和有效国际监督下的全面彻底裁军条约,真诚地进行谈判。"[31]该条款为全面核裁军提供了明确的法理依据。中国作为核武器国家,需要在巩固核不扩散国际机制以及推动军备控制与核裁军进程等方面发挥应有的作用,并与国际社会各国一道,共同致力于构建核安全命运共同体,从而为促进核能的安全与发展、打击核恐怖主义以及增进国际和平与稳定做出积极贡献。

## 参考文献

［1］《中央国家安全委员会第一次会议召开,习近平发表重要讲话》,https://www.gov.cn/xinwen/2014－04/15/content_2659641.htm,最后访问日期:2023 年 10 月 5 日。

［2］《日本广岛举行原子弹轰炸 75 周年纪念活动》,http://www.xinhuanet.com/2020－08/06/c_1126334223.htm,最后访问日期:2023 年 10 月 5 日。

［3］ Ian Fairlie, David Sumner. The Other Report on Chernobyl (Torch). http://www.chernobylreport.org/torch.pdf.

［4］《中央国家安全委员会第一次会议召开,习近平发表重要讲话》,https://www.gov.cn/xinwen/2014－04/15/content_2659641.htm,最后访问日期:2023 年 10 月 5 日。

［5］赵磊:《国家安全学与总体国家安全观:对若干重点领域的思考》,中国民主法制出版社 2023 年版,第 88—89 页。

［6］国务院新闻办公室:《中国的核安全》白皮书,http://www.scio.gov.cn/zfbps/ndhf/2019n/202207/t20220704_130627.html,最后访问日期:2023 年 10 月 6 日。

［7］习近平:《开创新时代国家安全工作新局面》,http://www.scio.gov.cn/ttbd/xjp/202206/t20220623_119000.html,最后访问日期:2023 年 10 月 6 日。

［8］习近平:《高举中国特色社会主义伟大旗帜,为全面建设社会主义现代化国家而团结奋斗——在中国共产党第二十次全国代表大会上的报告》,http://www.news.cn/politics/2022－10/25/c_1129079429.htm,最后访问日期:2023 年 10 月 6 日。

［9］习近平:《高举中国特色社会主义伟大旗帜,为全面建设社会主义现代化国家而团结奋斗——在中国共产党第二十次全国代表大会上的报告》,http://www.news.

cn/politics/2022 - 10/25/c_1129079429.htm,最后访问日期：2023 年 10 月 6 日。

[10] 半岛电视台：《朝鲜通过新立法以使其核政策"不可逆转"》,https://chinese.
aljazeera.net/news/2022/9/9/ac,最后访问日期：2023 年 10 月 7 日。

[11]《朝鲜将核武力政策写入宪法》,http://www.xinhuanet.com/world/2023 - 09/28/
c_1129890963.htm,最后访问日期：2023 年 10 月 8 日。

[12]《美战略核潜艇停泊釜山,朝鲜国防相警告：可能符合朝鲜使用核武器条件》,
https://www.guancha.cn/internation/2023_07_20_701771.shtml,最后访问日期：
2023 年 10 月 8 日。

[13]《朝鲜严厉批评美韩〈华盛顿宣言〉》,http://www.news.cn/world/2023 - 04/29/c_
1129580176.htm,最后访问日期：2023 年 10 月 8 日。

[14] Hiroshi Tajima. U. S. Invites Japan, S. Korea to Create Nuclear Deterrence
Consultative Body. https://japannews. yomiuri. co. jp/politics/politics-government/
20230308-95901/.

[15]《我国在建核电机组 24 台,在建规模继续保持世界第一》,https://news.cctv.cn/
2023/04/26/ARTIgCjZBbUyX7Lih3ujxyBS230426.shtml,最后访问日期：2023 年
10 月 9 日。

[16] Proliferation Analysis：The Demand for Black Market Fissile Material. https://
carnegieendowment. org/2001/11/06/demand-for-black-market-fissile-material-pub-
10837.

[17] 余潇枫、陈佳：《非传统安全视角下的核安全与中国核安全维护》,《湖南师范大学
社会科学学报》2019 年第 6 期,第 22 页。

[18] Hans M. Kristensen. U.S. Nuclear Weapons Site in Europe Breached. https://fas.
org/blogs/security/2010/02/kleinebrogel/.

[19] 吴莼思：《核安全峰会、全球核秩序建设与中国角色》,《国际安全研究》2015 年第 2
期,第 48 页。

[20] IAEA. IAEA Incidents and Trafficking Database 2023 Fact Sheet. https://www.
iaea.org/sites/default/files/22/01/itdb-factsheet.pdf.

[21] 中国国际战略研究基金会：《应对核恐怖主义：非国家行为体的核扩散与核安
全》,社会科学文献出版社 2012 年版,第 135 页。

[22] 中国国际战略研究基金会：《应对核恐怖主义：非国家行为体的核扩散与核安
全》,社会科学文献出版社 2012 年版,第 134 页。

[23] BBC News. Stuxnet "hit" Iran nuclear plans. https://www.bbc. com/news/
technology-11809827.

[24] 刘冲：《中国核安保的形势及政策》,《现代国际关系》2016 年第 3 期,第 5 页。

[25]《习近平在荷兰海牙核安全峰会上的讲话（全文）》,https://www.xinhuanet.com//
politics/2014 - 03/25/c_126310117.htm,最后访问日期：2023 年 10 月 11 日。

［26］余潇枫、陈佳：《非传统安全视角下的核安全与中国核安全维护》，《湖南师范大学社会科学学报》2019 年第 6 期，第 23 页。

［27］IAEA. IAEA Releases Annual Data on Illicit Trafficking of Nuclear and other Radioactive Material. https://www. iaea. org/newscenter/pressreleases/iaea-releases-annual-data-on-illicit-trafficking-of-nuclear-and-other-radioactive-material.

［28］外交部：《关于中华人民共和国履行〈不扩散核武器条约〉情况的国家报告》，https://www.mfa. gov. cn/wjb_673085/zzjg_673183/jks_674633/fywj_674643/202112/t20211228_10476386.shtml，最后访问日期：2023 年 10 月 11 日。

［29］国务院新闻办公室：《中国的核应急》，https://www.gov. cn/zhengce/2016－01/27/content_5036543.htm，最后访问日期：2023 年 10 月 12 日。

［30］《习近平在荷兰海牙核安全峰会上的讲话（全文）》，https://www.xinhuanet.com//politics/2014－03/25/c_126310117.htm，最后访问日期：2023 年 10 月 11 日。

［31］联合国：《不扩散核武器条约》，https://www.un. org/zh/documents/treaty/files/IAEA－1968.shtml，最后访问日期：2023 年 10 月 12 日。

# 总体国家安全观视野下的中国海洋安全与航空母舰<sup>*</sup>

杨 震<sup>**</sup>

**摘要：**冷战结束后，作为陆海复合型大国的中国开始释放其海权潜力，其海权观念也得以发展。在系统化、理论化的海权观念影响下，中国海军开始装备航空母舰。在航空母舰的运用上主要分为两个部分：军事运用和非军事运用。军事运用包括威慑和实战。就威慑而言，可以分为常规威慑和核威慑；实战包括夺取制海权、提供海上防空、反潜、对地攻击、为海基核力量提供掩护；非军事运用则包括提供海上公共安全产品、构建海洋新秩序、海军外交等。航空母舰的有效运用将为中国海权的发展提供强有力的支撑，具有极其重大的战略意义。

**关键词：**中国海权；海军；航空母舰；运用

改革开放至今，中国国家生存状态已从"内向型经济结构"转型为"依赖海洋通道的外向型经济结构"，中国出现了史无前例的"国家海上生命线"和"海外重大利益地区"问题。生存状态决定国防性质，并影响中国海权战略的规划和海军长远建设。与此同时，中国正处于再次崛起的历史性时刻，面临不确定的国际敌对势力的威胁和难以预测的世界前景。[1] 2022年10月16日，习近平总书记在《高举中国特色社会主义伟大旗帜，为全面建设社会主义现代化国家而团结奋斗》报告中指出："国家安全是民族复兴的根基，社

---

\* 本文系2020年度国家社科基金重大研究专项（项目编号：20VGQ013）阶段性成果，并受到上海市"一带一路"安全合作与中国海外利益保护协同创新中心资助。

\*\* 杨震，国际关系学博士，上海政法学院东北亚研究中心副主任，主要研究方向：海权理论。

会稳定是国家强盛的前提。必须坚定不移贯彻总体国家安全观,把维护国家安全贯穿党和国家工作各方面全过程,确保国家安全和社会稳定。"[2]"强化国家安全工作协调机制,完善国家安全法治体系、战略体系、政策体系、风险监测预警体系、国家应急管理体系,完善重点领域安全保障体系和重要专项协调指挥体系,强化经济、重大基础设施、金融、网络、数据、生物、资源、核、太空、海洋等安全保障体系建设。"[3]建设海洋安全保障体系就必须发展海权。由于历史缘故,中国在海权方面的可开发性极强。根据马汉所说的"海权国家"要素,中国内部有着很强的战略纵深,海陆关系具有一定的开放性,这一切早就预示着一种从陆权向海权转变的前景。目前中国经济发展和能源消耗对海洋资源的需求越来越大,目前中国海区和沿海岛屿蕴藏的丰富资源已成为经济可持续发展的重要支撑,同时它们作为太平洋经济圈的主要通道、国际航道要冲和军事要地,对中国的战略价值日益凸显,而这些仅依靠陆权是不能保证的,所以,发展海权是一个事关中国发展前景和安全保障的战略问题,[4]中国的海权观念也因此得以发展。作为中国海权观念发展的产物,航空母舰开始加入海军的战斗序列。从海军武力的功能性来说,航空母舰是海军兵力结构的核心。平时,航空母舰与各式水面、水下舰艇编组而成的庞大战斗群足以展现巨大的威慑效果。战时,航空母舰战斗群能以编组的海、空兵力迅速掌握制空权与制海权,同时以舰载陆战队兵力对敌人实施战略性作战,充分发挥机动投射战力的效能。[5]本文从海权的角度出发,就中国航空母舰的军事和非军事运用进行分析与研究。

## 一、后冷战时代中国海权的发展与航空母舰

中国在传统上是一个陆权国家,并不重视海洋。农耕社会的经济基础以及由此衍生的社会意识只是把海洋当成陆地的附属和陆地运输的补充手段,没有意识到海洋对于大国兴衰的意义。中华民族由于长期受重农抑商思想的影响,对海洋的价值取向一直是"兴渔盐之利,行舟楫之便",对海洋的认知始终离不开"民以食为天"的祖训,框定在"以海为田"的物质文化层面。[6]海洋是地球上各种生物的发源地,人类文明的发展与海洋密切相关。然而,由于种种原因,中国在历史上主要是作为一个陆权大国而非海权大国而存在的。改革开放以来,我国经济结构发生了根本性变化,经济生存方式

由"传统农业内向型"变成"依赖海洋通道的外向型"。文明变迁和社会变迁的根本的动力来自经济生存方式的变化。正是这种最深层的变化，带来了当今中国在政治、军事、外交、教育、法律、道德、价值观和生活时尚等方面，从物质内容到精神内容的国家与社会的集体转型。中国由传统农业国家变成了现代海洋国家。中国社会的根本转型同样导致国防传统的变化，迫使我们从传统的"陆权主义"走向"海权主义"。[7]就中国与国际体系的关系而言，中国改革开放后逐步融入国际体系并加入全球化的进程，情况发生了巨大变化。中国"走出去"的发展政策是主动适应工业化大生产和全球化的一种选择，高指数的经济对外依存度是中国融入国际社会的客观要求。现代意义上的工业化大生产决定了中国崛起的国家战略、军事战略必须紧密围绕"生产资料—生产力—产品—生产资料—产品流通渠道"这样一个循环链，自觉运用全球化的视角，从生产资料来源地安全、产品市场安全、产品生产地安全、生产资料和产品流通安全等方面，观察、认识、分析、处理国家安全问题，在思考国家安全问题上实现战略性转变。[8]当前及今后一段时间内，中国所面临的四大安全问题——海外生产资料来源地安全、海外产品市场安全、陆海物流渠道安全、国内生产基地安全，就是基于工业化大生产这一基本思想，采用新视角所得出的一个新结论。[9]

从地缘政治的角度而言，由于冷战结束所引发的地缘政治板块运动大多集中在围绕中国全境的欧亚大陆和亚太地区，中国的地缘环境发生了巨大变化，其中最大的变化是中国的地缘政治主轴已经由南北方向转向东西方向，并促使海陆地缘出现了新的局面。[10]从动态角度看，中国海陆兼备的双重属性已经变成了一个更为显著的现实问题。与欧洲面向大西洋的陆海复合型强国一样，中国的崛起也伴随着海洋转型，这种转型的首要驱动力来自中国的外向型发展。首先，中国面对的主要矛盾大部分集中在海上，其中不仅包括中日两国有关钓鱼岛主权的争端，而且也包括中国与一些东南亚国家有关南沙群岛归属的矛盾。其次，自1993年以来，中国已经成为一个单纯的能源进口国，且中国经济发展对能源的需求在未来也将会持续上升，虽然中国力图实现石油进口的多元化（主要通过与中亚国家和俄罗斯的能源贸易协定），但中东仍然是中国最主要的石油供应地。[11]再次，中国改革开放政策已经初步显示出中国对海外资金、市场、原料和通道的需求，特别是沿海经济特区的蓬勃发展预示着中国经济重心已转向沿海地区。[12]

除日益加剧的主权争端及经济与战略上的实际需求外,中国的陆上边界正在趋于稳定,这有利于中国集中精力向海洋发展。自 1991 年苏联瓦解和冷战结束以来,中国开始逐步实现陆地边界的稳定,这是后冷战时代东亚出现的最重要的地理政治变化。这种变化导致的直接后果就是当今中国可以集中精力向海洋发展。[13]客观上,中国所处的亚太地区是世界上形势最复杂的地区。中、美、俄、日、欧盟、印度、澳大利亚、东盟等均在亚太地区拥有重要的战略利益;不同社会制度与文化传统的国家共存于亚太地区,世界主要战略力量在该地区碰撞交汇,战略利益交错,亚太地区可以说是整个世界的缩影。中国在海洋方向上面临多元威胁,存在大量热点问题。其中,既有捍卫国家统一问题,又有海上战略交通安全问题;既有与侵害中国领海主权、海洋权益行为的斗争,又有地区间国家利益之争;既有岛屿归属与海洋划界之争,又有海洋资源掠夺与反掠夺之争;既有随时可能激化的传统安全问题,又有日益突出的非传统安全问题;既有激烈的政治、经济、外交斗争,又有复杂的军事斗争;既有可能是某个国家对中国的挑衅,也有可能是以国家联盟的形式出现的与中国的较量;既有来自世界上海权力量最强国家的威胁,又有地区发达国家的政治军事威胁,甚至还有弱小国家对中国主权权益的侵害。这些问题有的损害中国现实利益,有的可能威胁中国长远发展;有些直接针对中国,还有些只产生间接影响;有的是现实的威胁,有的是潜在的威胁;有的在近海,有的在远洋;有的可能威胁中国的发展利益,有的可能损害中国的生存利益。中国海上方向不确定因素急剧增多,各种利害交织存在,使中国海上安全形势较以往更加严峻复杂。中国所面临的海洋问题以及挑战都是前所未有的。如何维护国家的海洋权益对于中国已是重大的战略课题。[14]有鉴于此,中国必须对海洋的战略意义进行重新认识并培养海权观念。

海权思想是时代的产物,什么样的时代主题和国际战略格局以及技术条件就将产生什么样的海权观念。冷战结束后,国际政治格局进入多极化时代,新军事变革进程加快,经济全球化已经成为不可扭转的趋势。就中国而言,其经济对国际市场的依赖程度上升,在高速发展的过程中,对能源的需求呈增长趋势。与此同时,一体化联合作战成为解放军研究未来战争的主要设想战斗模式，非对称作战、非接触作战和非线性作战将会成为战争的常态。在一个已经发生重大变化的国际社会中，一个与冷战时代有很大不同的中国必然在海权观念上有所发展。这种发展表现为：经济既是中国发展海权的原动力，也是中国海权的基础；冷战后的中国海权是国家实施其政策和意愿的工具，在国家战略和军事战略方面有其不可替代的作用；现代军事斗争中各军种联合作战已经成为必然，想获得对海洋的控制就必须使用海陆空天电五维战场的作战力量，中国发展反舰弹道导弹就是其中最明显的例子；冷战后的海洋非传统安全威胁使中国意识到海洋合作时代的来临，和谐海洋的提出使中国海权具有合作性。此外，把海洋看作蓝色国土也是冷战后中国海权观念发展的一个重要成果。笔者认为，中国在后冷战时代的海权观念包括经济海权观、战略海权观、复合海权观、合作海权观以及海洋国土观。

中国海权理论学界对于海权功能的理解对海权观念的形成起到了非常关键的作用。刘一健和吕贤臣指出，现代意义上的海权一般具有四种功能：军事功能、经济功能、外交功能和警察功能，其中，军事功能是指海权中的军事力量，即海军能够履行的任务和发挥的作用，具体包括战略核威慑与常规威慑、抗击敌海上入侵与保卫领海安全、夺取制海权与保卫己方海上交通线、兵力投送与对岸作战等。经济功能是指海权中的海上非军事力量能够用作从事海外贸易、输送重要物资、开发利用海洋资源的工具，增加国家财富。外交功能是从海权的军事功能中衍生出来的，专指海军外交。历史上西方列强以炮舰开道，用武力逼迫其他国家接受殖民统治或强权政治的"炮舰外交"是以往海权外交功能的主要表现形式，而当今海权的外交功能更多地被当作和平时期参与和支持国家政治外交活动、体现国家意志和决心的重要手段。警察功能是指海权构成要素中的海上执法力量，根据国际海洋法和本国相关法律，在制止和打击海上违法犯罪行为、捍卫本国海洋权益、维护海上正常秩序所进行的各项活动中发挥的作用。[15]

在上述海权观念的影响下，中国开始研制航空母舰并对其进行测试。美国国防部在 2009 年度颁布的《中国军力报告》(*Annual Report to Congress，Military and Security Developments Involving the People's Republic of China 2009*)中提道："人民解放军海军正在考虑在 2020 年之前

建造多艘航母与相关舰艇。"[16] 2010 年度发布的《中国军力报告》(*Annual Report to Congress，Military and Security Developments Involving the People's Republic of China 2010*)对中国的航空母舰进行了更加详细的描述："中国对在下一个十年内建造多用途航母及其属舰非常感兴趣。据报道，中国人民解放军海军决定开展一个项目，训练 50 名飞行员在航母上驾驶固定翼飞机。最初的项目大概是陆基的，随后将在前'瓦良格'号航空母舰——一艘苏联的库兹涅佐夫级航空母舰——进行 4 年的海基舰载试验，该航母是中国 1998 年从乌克兰购入并在大连造船厂进行改装的。"[17] 2013 年度的《中国军力报告》(*Annual Report to Congess，Military and Security Developments Involving the People's Republic of China 2013*)进一步认为："2012 年中国海军现代化最引人瞩目的事件，莫过于中国海军第一艘航母'辽宁'号在经过一年的海试后于 9 月正式服役。在 2012 年 11 月 26 日，中国海军成功地完成了舰载'歼-15'型战斗机在航母上的起降。今后数年，'辽宁'号将进行一体化测试和飞机的起降训练，在 2015 年前甚至更长时间内应该不会配备一支具有作战能力的空中联队。中国也将继续开展国产航母计划('辽宁'号是一艘翻新航母，1998 年购自乌克兰)，今后 10 年可能建造多艘航母。2016—2020 年，第一艘中国国产航母很可能具备作战能力。"[18]

有美国学者认为，海权对当今中国发展将起到两方面的重要作用：一是拓展中国在西太平洋的防御纵深，从而最大限度地保障中国最具经济活力的东部沿海地区的安全；二是保障对中国经济发展至关重要的海上交通线的安全，以此来保障中国获得持续的发展动力。在理论上，虽然实现这两个目标需要的海洋能力不尽相同，但两者可能都需要中国发展一支与任务目标相称的远洋水面舰队，尤其是航母编队。因为历史经验证明，岸基力量在常规制海能力上有无法到达的死角，只有强大的水面舰队才能够完成相关的任务。[19]航空母舰作为当代海军最大的水面作战平台，具有很强的实战意义与威慑价值。对于中国来说，航空母舰的试验与装备将会促进中国海权的发展，同时也是中国海权观念发展的必然结果。

2012 年 9 月 25 日是中国海军发展史上具有里程碑意义的一天。就在这一天，中国海军"辽宁"号航空母舰正式加入海军战斗序列。11 月 25 日，中国航母舰载机成功实现起降，中国海权以及中国海军结束了没有航空母舰的历史,从此进入航母时代,开辟了中国海权及中国海军的新纪元。至2022年,中国已经建成以三艘航母为核心的远洋海军,其实力在欧亚大陆排名第一,在全球范围内仅次于美国,排名第二。

## 二、航空母舰的军事运用

给20世纪的主要大国海军结构带来巨大变化的莫过于航空母舰代替战列舰成为最重要的军舰。航母成为抵御敌人的陆上、空中袭击,保护舰队安全的最重要工具,它通过独立打击和支持两栖作战,提供了支持陆上作战的手段。[20]在国际局势风云变幻的年代,航空母舰仍然是一种最有效的远程力量投送平台,能够提供强大的作战能力和出色的机动能力。[21]战略格局是决定海军发展方向的基础。当内需和本国资源不能支撑本国经济发展规模时,向海外拓展就成为必然,这也是建设现代远洋海军的原动力。此外,现代海上作战体现为空袭与反空袭主导形态,决定了远洋海军必须拥有强大的防空能力,这就是现代远洋海军通常以航空母舰为核心的根本原因。[22]对于中国海军来说,航空母舰的军事运用主要体现在两个方面:威慑与实战。

### (一) 中国航空母舰的威慑运用

地球上70%是水,地球上的陆地除了南极算是"最后的净土"外,几乎再也找不到各国可以自由行动的"公共空间"了。但是只有海军因为海洋的大范围"公共空间"的存在而有着极大的行动自由,海军可在"公共空间"机动和停留,这是其他军种所不能做到的。而且从广袤的海洋出发,更容易达成对地球上剩下的30%的陆地空间的控制,而航空母舰就是这个"公共空间"最理想的"宣传车",它开到哪里,就把所代表的意志力、经济力乃至文化影响力带到哪里。[23]航空母舰战斗群所带来的威慑也同样如此。所谓威慑,本意就是通过显示或威胁使用强大实力使潜在对手确信,改变现状的收益远小于维持现状的获益,以迫使对手停止进攻行为。根据斯奈德的观点,威慑可分为"惩罚威慑"(deterrence by punishment)与"拒止威慑"(deterrence by denial)。前者是指采取迅速和压倒一切的报复行为,迫使进攻者认识到得不偿失,其立足点是反击能力;后者则以足够的、有效的防御能力和进攻能力,使敌方感到无法实现预期的目的而放弃攻击。[24]

海军威慑成功的首要原则是为至关重要的政治意愿服务,清晰且对目标坚持不懈。次要原则是必须拥有一支具备必要战略机动性、弹性和能力的海军力量。一般来说,强大的舰船更适合进行威慑。[25]海上武装力量历史上一直都在以核与常规威慑手段吓阻侵略和威慑敌方不要采取敌对行动。海上武装力量在全球范围内的快速部署和无限维持的可靠战斗能力,为国家决策者们提供了一个重要的工具。[26]时至今日,海战已经不是航母的唯一使命了,现代航母不仅是海战的工具,而且是和平时期实施威慑的有力手段。[27]航空母舰是进行海上作战和威慑的战略性力量。历史的经验证明:一个世界强国必然是海洋强国,而海洋强国必须拥有一支实战力和威慑力均占据优势的海上军事力量,尤其是在和平时期,其威慑功能更加重要。航空母舰不仅是海上战略性力量,而且是可以广泛用于武装冲突和局部战争的常规力量。在今后相当长一个时期内,发展航空母舰将成为很多国家实施战略威慑、促进海洋问题和矛盾顺利解决、维护国家的海洋权益的有效举措。[28]航空母舰编队集航空兵、水面舰艇和潜艇为一体,是空中、水面和水下作战力量高度联合的海空一体化机动作战部队,具有灵活机动、综合作战能力强、威慑效果佳等特点,尤其是不受岸上基地的限制,可在远离军事基地的广阔海洋上实施大范围机动作战任务,成为各国海上常规军事威慑力量的核心兵力。[29]为了预防、慑止和打击对本国国家安全以及在海上方向所形成的各种威胁,通常要运用航空母舰编队在相关海域显示力量,通过使用武力或以武力相威胁来限制对方的行动,或遏制对手放弃采取敌对行动或使敌对行动升级,最终迫使其放弃企图,从而有效解决争端和冲突,确保国家海陆方向安全。这就是航空母舰编队遂行军事威慑行动的真正意义。通过航空母舰编队的海上游弋、巡逻,组织各种演习,进行武器试验,设置禁航(飞)区等方式,不断地向外界"显示肌肉",显示己方的强大力量和坚定决心,来达成保护本国海洋国土和海洋权益不被侵害的目的和效果。在很多情况下,军事威慑并不意味着实施威慑的这一方就必须具有绝对战胜敌人的力量和能力,而是要让敌方非常清楚:如果它轻举妄动或使用武力,则其可能无法取胜,即使取得胜利也将得不偿失。[30]航空母舰战斗群的威慑可以分为常规威慑和核威慑,中国航母战斗群在实际情况中可以根据形势和情况决定使用上述两种威慑中的一种,或者结合使用。

（二）中国航空母舰的实战运用

从在太平洋西北部存在和进行活动的海军力量看，不仅有世界一流的美国太平洋舰队，而且有实力不凡的俄罗斯太平洋舰队，更有已上升至世界第四位且将海上防卫范围扩展至中国台湾海峡和南海海域的日本海军，还有不断发展的韩国海军、东盟国家海军等。因此，为了同这些海军力量争夺制海权，中国海军不能仅囿于近海，否则会丧失战略主动权。从地缘角度看，中国海区呈半封闭状，外有岛链环抱，通往大洋的通道多数被岛链遮断，中国海军兵力进出大洋在一定程度上受制于他人，在战时很有可能被敌方拦腰堵截。另外，现代海军兵力的远距离打击能力正在不断提高，如果不能在足够远（1 000 海里以上）的距离上拦截和打击敌方的兵力兵器，就无法保障国家海上方向的安全。由于受到各种主客观因素的制约与影响，目前中国海军的战略运用能力还十分有限，无法同海洋强国海军在广阔的西北太平洋海域争夺制海权，但是随着中国国力的不断增强，中国海军的战略运用能力有必要也完全可能做到覆盖整个西北太平洋海域，成为一支能在一定海域抗衡海军强国的区域型海上力量。该区域型海上力量的核心就是航空母舰战斗群。在实战中，中国航空母舰的主要作用在于以下几个方面：夺取海上制空权；夺取制海权；对陆地纵深目标进行打击；为海基核力量提供保护；远程兵力投送；反潜作战。

1. 夺取海上制空权

海上制空权是现代海军舰队进行有效作战的前提，而在脱离岸基航空兵保护后维持海上空中防卫力量，就必须给舰队自己建立起一个可靠的防空保护系统。在海空一体化的现代海上战场，没有制空权的舰队没有能力保证基本的制海权，甚至连自身最基本的生存都无法保证。[31]航母作为一个移动的海上机场和空中作战指挥中心，是目前唯一可以在远海保证舰队有效防空保护的手段。[32]在目前和可预见的很长的一段时间里，航母提供的海上防空力量是远洋海军所必须拥有的安全保障。这也是中国航空母舰在作战中运用的主要形式之一。

2. 夺取制海权

自从人类战争史有了海战，夺取制海权一直是交战双方的主要目标。所谓制海权，就是交战一方在一定时间内对一定海洋区域的控制权。这是海军战略领域内的概念,其基本内涵是:享有海上行动的自由,同时阻止敌方海上行动的自由,或实现海洋为己方所用而不为敌方所用的能力。[33]美国海军认为,制海权的基本含义是排斥敌人使用海洋,阻止敌人攻击或干扰己方的行动。苏联将制海权定义为:为海军创造完成基本战斗任务的有利条件而在整个或局部海洋战区造成的对敌优势。[34]中国军事学术界认为,制海权是指交战双方在一定时间内对一定海洋区域所取得的控制权。夺取制海权的目的是确保己方兵力的海上行动自由,保障己方海上交通运输和沿海安全,同时剥夺敌方的海上行动自由,破坏敌方的海上交通运输和沿海安全。丧失制海权即意味着失去了海上作战的自由,对于主要依赖海洋的国家,还可能导致战争的失败。根据控制海洋区域的目的、范围和持续时间,可分为战略制海权、战役制海权和战术制海权。[35]美国海军战争学院的高级战略研究员托马斯·P. M. 巴尼特(Thomas P. M. Barnett)认为,所谓"制海权",就是国家海军统治海洋的能力以及防止敌对舰队控制海洋的能力。[36]航空母舰是制海能力最强的舰种,1艘航空母舰上的舰载机可控制800 km×1 000 km的海空域,4支航母编队就能控制96.5万 km² 的大面积海域,除夺取制海权和制空权外,还可以夺取制电磁权和制陆权,其使用效能是任何武器都不能比拟的。[37]中国航空母舰在实战中的另一主要任务就是夺取海战场的制海权。

3. 为海基核力量提供保护

在战略核武器时代,海洋对于发展海军还有另一种必要性。与传统的运用海军在海上作战的用途不同,战略核武器系统的首要目标是对陆地目标的作战。如果不能有效控制有利于使用这些战略核武器系统的海洋部分,国家的安全会受到很大的损害。[38]在"三位一体"的核打击体系中,海基核力量因隐蔽性好、战场生存能力强且火力持续能力高,一向是作为核力量的重点和二次核打击力量的主体来进行建设的。用于战略核威慑的核潜艇更显示出强大的生存能力和战略价值,核潜艇的灵活性、机动性、隐蔽性、持久性、到达力、自动性和续航力等七大优点已吸引了世界大国海军的目光。[39]弹道导弹核潜艇(SSBN)是国家战略级的装备,用于提供持续、不间断和高生存能力的海基核威慑。[40]弹道导弹核潜艇以及为其提供支持的指挥和控制架构是为国家提供赖以生存的核威慑的主力。[41]一个国家有了一定数量的弹道导弹核潜艇,还不能算是拥有了有效的海基战略核力量,还必须为这些核导弹潜艇找到适当的巡逻值班海区,才算是将弹道导弹核潜艇潜在的、巨大的核威慑力转变成了现实的海上核打击能力。环顾全球各大洋水域第一岛链内沿岸国家的近海,不仅面积小,而且水深较浅。这样的海区状况根本不适宜作为庞大的战略核潜艇进行战略核威慑的巡逻或攻击阵地。水深浅,核潜艇就无法可靠地隐蔽、躲开敌方反潜力量的探测;海域小,核潜艇就无法大范围地、高速机动摆脱敌方反潜力量的跟踪。只有搭载弹道导弹战略核潜艇顺利地进入广袤的大洋,特别是在水深浪急、纵深千里的水下建立起长期固定的巡航值班机制,海基战略核报复力量的利剑才算是高悬在潜在敌对国家的头上。[42]中国的战略导弹核潜艇数量不多,因此在维持基本的二次核反击时,就需要一支力量强大的水面舰艇编队来掩护SSBN①通过关键水道到达发射阵位。由于中国周边国家都拥有相当强大的海上力量,因此要简单地通过驱护舰编队来争夺水道的控制权还存在难度。虽然 2010 和 2011 年中国海军的水面舰艇编队都以战斗队形通过了宫古海峡,展示了中国海军水面舰艇编队能力的提升,但是面对美军第七舰队支援下的周边国家海上舰艇编队,中国海军想仅靠驱护舰和空中力量来突破岛链还略显力不从心。当中国海军获得了航母编队之后,以航母为核心的水面舰艇编队不仅能够在岛链附近获得来自沿岸空军基地的远程战斗机和攻击机的支援,而且能够获得大型预警机(AEW)的支援,这些强有力的支援不仅能够驱散岛链上空各国的 P-3C 大型反潜机,而且能够有效地遮断美国第七舰队由日本南下的通道。航母上的歼-15 战斗机不仅能够提供更远的舰队防空能力,而且能提供很强的对海及对岸攻击能力,而航母上更大的空间也能够容纳更多的电子设备和系统,提供更完善的远洋 C4IR 能力。更为重要的是,航母上起降的近 20 架反潜直升机可以非常好地确保舰队在航渡期间不受潜艇的袭扰,这将给航母编队掩护战略导弹核潜艇的活动带来巨大的便利。从这个方面来看,航母的服役给中国海军带来的变化绝对是划时代的。[43]过去中国海军以空潜快为主的兵力结构无法为核潜艇进入大洋提供有效保护,而航空母舰的装备及航空母舰编队战斗力的形成,

---

① 即弹道导弹核潜艇。

使弹道导弹核潜艇进入大洋有了可靠的保护，战场生存能力大为增强，同时也有效提高了核威慑的可靠性。

4. 对陆地纵深目标进行打击

高技术的应用使海战武器的威力和效能产生了历史性飞跃，即由战役范围扩展到战略范围。海上打击成为现代海军作战的重要模式之一。在美军看来，航空母舰打击大队提供的机动性、独立作战能力、速度、自持力、火力射程和强度能够支援很多种类的打击行动。在所有种类的军事行动中都要应用这种具备多功能性和致命性的手段：从提供持续的高强度火力击溃敌方陆上部队到摧毁恐怖分子基地的营房；从对机动高价值目标实施时间敏感精确打击到保护参与维持稳定行动的友军；在支援两栖行动中消除敌方的反介入或区域拒止能力。[44]与此类似，中国未来在远洋打击体系必然囊括制海—防空—反潜—反导在内的一系列高强度、高烈度的作战体系。这个作战体系包含了陆、海、空、二炮等多个军兵种的常规力量，并进行互相协同和配合，这个体系的作战范围应包括第一岛链到南海深处乃至马六甲海峡、巽他海峡和龙目海峡等关键水域。在这个作战区域内，中国军事力量拥有绝对的攻击力和威慑力，其他国家将无法在这个区域内对中国发起任何军事上的挑战。[45]将前沿部署的机动和生存能力强的航空母舰打击群、能够发射导弹的水面舰艇和潜艇打击群，以及远征打击群进行重新编组，充分利用其有利位置从海上投送优势力量。在海上打击作战过程中，航空母舰一方面可以利用其舰载机对海上及陆地目标进行精确打击；另一方面，可以利用C4I系统对其属舰发射的海基远程对地攻击巡航导弹进行目标指示及毁伤评估。可以说，航空母舰是现代海军进行对地远程打击的核心，中国航空母舰的有效运用将会使中国海军具备战略级的常规远程精确打击能力，从而形成完整的"海上打击链"。

5. 远程力量投送

所谓投送力量，包括两个方面的内容：一是在战前进行的战略机动，也就是在有限的时间和战争全局范围内，把各种作战力量包括各兵种、各种武器装备和各种作战物资，从一个地区（方向）运送到另一个地区（方向），即把各种海空作战力量、兵力、兵器运送到最靠前、最适宜的海域或前沿；二是对陆投送作战力量，也就是把各种海空作战力量向濒海地区投送，甚至直接向陆上投送,使其真正成为最快捷、纵深最大的作战力量。[46]海洋最适宜组织大规模的兵力投送,[47]同陆上运输一样,海上运输的目标在于能以较低的成本实现货物高效安全运达目的地。但海运的速度、安全与低成本运输这些目标之间往往是相互制约的。如果过于强调运输的快速和安全目标,就会提高运输的成本;反之,如果过于追求运输的低成本,可能会牺牲运输的便捷性与可靠性。与之对应,虽然经济学家、战略家和政治家都同意运输的经济性、安全性和高效性缺一不可,但他们的关注点各有侧重。对经济学家而言,较短航程、较低运价以及货物及时运抵是制定海洋经济战略最为重要的因素;战略家在审视海上通道时,需要得到能够部署军队的基地,明确敌友所处的位置以及解决后勤保障的问题;在政治家看来,最主要考虑的因素是与海陆沿岸国的关系问题。[48]在中国的军事战略中,最受重视的"远程兵力投送能力"的强化正是为了配合"海洋强国"战略的推行。[49]水面舰艇(同样应该涵盖航空母舰、两栖攻击舰)是目前兵力投送能力最强的装备。[50]"辽宁"号的入役是中国海军迈向远洋作战大系统的第一步,航母战斗群将是中国海军未来前沿部署力量的核心,将会与未来的两栖登陆力量联合成为远洋兵力投送的平台,为保障中国的海上力量发挥重要的作用。[51]

　　6. 反潜作战

　　1艘潜艇在战时可以牵制3—5艘水面作战舰艇,具备高度的隐蔽性和强大的攻击力,因此成为世界各国重点发展的海军作战装备。中国周边海域在进入21世纪后基本上都面临着复杂而严峻的潜艇威胁:北部和东部,美、日潜艇控制了中国海军进入太平洋的海上通道;南海周边各国在获得丰厚经济利益后也加强了潜艇力量的建设,为中国南海运输通道以及进入印度洋的海上通道的畅通乃至未来解决南海岛屿问题都带来了极大的困难。因此,中国海军必须具备强大而有效的反潜侦察、探测和攻击能力,才能打破周边各国众多潜艇形成的包围局面。在这方面,除了进一步加强潜艇反潜、水面反潜技术和力量以外,岸基反潜机也将是一支不可缺少的重要反潜力量。岸基反潜机在和平时期可对周边各国的潜艇进行侦察、探测,收集航行特征和噪声数据,同时也可有效地发现和阻止敌对潜艇对中国沿海进行的侦察和监视活动,这些都是其他反潜武器无法替代的。目前中国海军在这方面的差距和不足还是非常明显的。[52]航空母舰的入列可能会在一定程度上缓解甚至消除中国海军在反潜方面面临的困境。航空母舰在反潜方面的优势主要体现在反潜飞机在探测与攻击方面的优势。潜艇虽然具有隐蔽性好的优势，但与飞机相比，具有一些先天不足的缺点：必须定期上浮、对空中目标的探测和打击几乎为零、航行速度远低于飞机等。航空母舰编队相对于潜艇的另一巨大优势在于，它可以作为海空力量的指挥中心，指挥己方反潜飞机、反潜直升机、反潜水面舰船及己方潜艇，对敌潜艇进行海、空、潜的立体搜索与打击，具有较强的立体综合打击能力。正是这种超群的探索与打击效果，导致"护航航母"这一航空母舰中的特殊力量，在第二次世界大战的反潜战中战功卓著。[53]航母战斗群的反潜任务可分为三大类：一是保护战斗群自身免遭敌潜艇攻击；二是支援、联合攻击核潜艇、大型反潜机等反潜力量，对敌弹道导弹核潜艇进行战略反潜；三是为商船队提供远程护航任务。[54]如果在未来战争中，中国海军能够有效运用航空母舰编队进行反潜作战，将会有效提高其夺取制海权的能力与效率。

7. 海上封锁作战

海上封锁是一种传统的夺取制海权的方法，无论过去还是现在都普遍适用。通常，海上封锁的一方需要派出优势的兵力兵器，对敌方基地、港口、江河出海口、海峡通道、岛屿及群岛等实施封锁，以阻止敌海军兵力行动自由，切断其陆岸与海上的联系。[55]历史证明，舰队封锁是强势海军对付弱势敌人存在舰队战略的有效手段。舰队封锁的目标是军事性的，因此它不应与经济封锁混为一谈。后者的目标是切断敌人的贸易，或者使敌人得不到重要的补给。即使这两种封锁都可用同样类型的舰艇同时来实施，但区别仍然存在——例如，在1812年战争中，英国人的封锁是想堵死美国人的贸易，同时阻止美国的商业袭击船只到达大海。舰队封锁总的军事目标是阻止敌人对己方随心所欲地利用海洋构成实质性的影响。如果敌人被阻止，封锁者将有效控制封锁线后面的海洋，其他不执行封锁任务的舰艇就可享用它的制海权。[56]现代海上封锁作战也是一种联合作战，即多军兵种、多种方式并用，就方式、方法而言，强调以封为主，打封结合，火力为主，障碍结合，综合运用各种封锁力量和手段，形成立体、动态、打封一体化的作战体系。海上封锁包括水面封锁、空中封锁和水下封锁。海上封锁依据封锁的对象范围不同，使用的兵力和封锁方法也不尽相同。在空中划分禁飞区，由卫星和警戒机监视,导弹和战机控制;海面由水面舰艇巡弋、封锁;水下则由水雷和潜艇控制。各种侦察监视系统和打击平台在联合指挥机构的控制和协调下构成一个立体的、动态的封锁网络。[57]航空母舰具有高度机动能力,攻防兼备,随时可以赶往危机地区,进行海上封锁,以达到其政治、经济和军事目的。[58]在海湾战争中,美国建立了以海洋监视卫星、预警机和航母编队为依托的侦察监视系统,用以全面监视封锁海区,并为封锁兵力提供远距离、长时间的预警,以及时可靠地引导巡逻舰船拦截检查一切可疑船只,使封锁得以有效实施。[59]航空母舰制空制海能力强的优势在海上封锁作战中发挥得淋漓尽致。

### 8. 保卫海上交通线

对中国以及其他拥有海岸线的国家来说,海洋是发展商业的最有效的媒介——物资交换使国家通过对外接触获得更新,从而保持、促进国家的勃勃生机。[60]因此,保卫海上交通线成为中国海军的基本职能之一。海上交通的存在是一回事,对它的使用又是另一回事。后者取决于能力,该能力一是体现在单纯的海上海军力量上;二是体现在海陆交界地带的海上力量和陆上力量的相得益彰或是缺乏协调上。[61]航空母舰具有很强的攻击能力,可以控制海域,掌握制海权,以确保海上交通线畅通。海湾战争期间,从美国东海岸到沙特阿拉伯距离长达 12 800 千米,美国 90% 的战略物资都是通过海上运输到达战区,若没有航空母舰掌握制空权和制海权,这些战略物资就难以到达战区。[62]中国已经逐渐成为一个海洋强国,运用航空母舰编队保卫海上交通线将成为中国海军的常态化任务。需要指出的是,破坏海上交通也是航空母舰的作战方式之一。

航空母舰集中应用了现代科学技术,是高新科技的集中体现。航空母舰应用的现代科学技术的广泛性、先进性、前瞻性,研制建造的复杂性、系统性、集成性是其他任何先进武器装备都无法比拟的,它汇聚了现代材料技术、动力技术、舰船技术、航空技术、航海技术、军械技术、电子技术、信息技术等众多高科技领域的最新成果,代表了国家制造工业和军事工业的最高水平,是国家高新科技水平的集中体现。航空母舰涉及现代军事科学的各个领域,集军事科学理论之大成。航空母舰作为海军的中坚力量,其使命任务不断拓展,结构不断创新,战略战术不断发展,在海空攻防作战、反潜作战、封锁作战、两栖作战、对陆作战,以及各种非战争军事行动中都发挥了重要的作用,并由此带动军事科学理论日新月异的发展。[63]航空母舰的装备将使中国几乎能够补齐基本所有的军事短板,包括远程兵力投射、远洋防空反潜、可靠的二次核打击力量,甚至是海上反导作战等,这将使中国获得维持和平的能力。换言之,实战能力和威慑能力的提高使中国获得非和平的能力,并通过对非和平工具(航空母舰及其带来的军事效应)与国际法的有效运用来获得和平。具体来说,就是遏制了美国等国家通过军事冒险获益的意图。拥有航空母舰后的中国海军并不是一支全球性的海军,依旧是区域型的海军力量,其最重要的使命之一就是迫使一些国家和势力放弃恶化利益环境的行径,重新回到国际社会秩序框架下和平解决争端。[64]对于一个拥有多样性地区和利益的大国来说,航母及航母战斗群所代表的作战力量是一个有效而必要的政策工具。中国奉行睦邻友好政策,是一个负责任的大国,在地区和国际安全事务中,中国正在发挥日益重大的作用。40多年来,亚太地区是全球经济增长最快速的地区,环太平洋和印度洋地区是新兴经济市场最有活力的板块。快速增长的经济带来了繁荣,但由于历史和现实的原因,这一地区经历力量对比的变化也引发了不少危害安全的潜在冲突。而化解这些冲突,一方面,需要对话和集体安全机制的建构;另一方面,也需要负责任的大国保持足够和合理的威慑力量。因此,未来装备了航母的中国海军,除了能更好地满足自身的安全需求之外,也将更有利于中国在地区和国际事务中发挥建设性的作用,这符合地区安全和国际和平的利益。

### 三、航空母舰的非军事运用

如前文所述,装备航空母舰的意义不仅在于军事领域,而且在于非军事领域。就航空母舰在非军事领域的运用而言,主要在于海军外交、提供海上公共安全产品以及构建国际海洋新秩序等。

(一)海军外交

海军外交是在和平时期及所有非全面战争情况下,对一个国家或国家集团的意志和决策机构施加影响。一方面,它可用来提供支援或树立信心,为建立联盟做出重要贡献;另一方面,它可用于威慑和压制麻烦制造者。[65]以海军出访、军事交流等为内容的海军外交可以增强海上(包括由海到岸、由岸到海)安全的相互理解和信任。[66]海军外交的主体仍然是水面舰艇。与潜艇或飞机相比,它具有许多明显的优点。参加这一活动的舰艇与其政治上的管理上级之间,显然需要有良好的通信联络,具有在不同层次上进行有效活动的灵活性和能力,是每艘舰艇特别需要具备的性能;它们必须能针对任何一种威胁做出恰如其分的反应,而且一般认为,它们应能针对对方的兵力对自己做出合理的判断。它们应当航行快速、数量充足,及时出现在出事地区,因为当地的兵力对比往往能对结局产生决定性作用。海军作为国际性军种,是国家政治、外交斗争的有力工具,能为提高中国国际地位和影响力发挥重要作用。因此,我国应积极开展以军舰互访、环球航行、远海训练、联合军演、建立地区海上安全合作机制为主要内容的海军外交活动,同世界各国海军保持广泛交往,增进相互间了解和友谊。[67]以外交的角度衡量,还有什么是比航空母舰更为理想的进行海军外交的舰种?威武的编队阵容、强大的防空反潜能力、犀利的打击能力,无一不显示出强大的国家意志。换言之,航空母舰强大的战斗力和威慑能力是进行海军外交的有力支撑。

### (二)提供海上公共安全产品

海洋领域也存在公共产品,例如世界海洋公共性和开放性的维护、航海自由、打击和抑制海盗、海洋良好秩序的保持等都属于海上公共产品,国际社会需要海洋公共产品的提供者。英国在 19 世纪提供了海上公共产品,美国也在 20 世纪提供了海上公共产品。[68]它们对海上公共产品的提供与它们的海上霸权是联系在一起的。从冷战后的实际看,作为拥有超强实力的美国越来越多地实行单边主义,对提供公共产品的积极性下降,并且由于其经济实力的下降以及当今海洋安全威胁的日益多元化、复杂化,美国越来越难以承受领导世界的代价,美国的衰落将给这种战略公共品带来危险的后果。虽然美国的衰落不大可能使其海军力量严格受限(因为它对美国的核心利益至关重要),但走下坡路的美国可能没有能力或者不愿意阻止太平洋或者印度洋这两个尤其令人担忧的区域海上纠纷升级。[69]海上航行自由、海上安全等国际公共物品的供给越来越成问题,它迫切需要其他海洋强国承担更多的责任和义务,[70]换言之,需要有新的大国来向国际社会提供更多的海上公共产品,使海上公共产品的供给来源实现多元化。

作为负责任的大国,中国将承担提供海上公共产品的责任。随着中国海洋力量的增强,中国将在为国际社会提供海上公共安全产品方面扮演积极的角色,从而促进国际安全与世界的和平。[71]在提供海上公共安全产品方面,航空母舰以其吨位大、设施齐全、属舰多并搭载舰载机等特点而具有得天独厚的优势,特别是在应对非传统安全威胁方面,航空母舰更是非常理想的舰种。随着全球化的进一步发展,海洋非传统安全问题变得越来越突出。海盗、海上恐怖势力泛滥成为威胁全球安全的国际公害;航母具有极强的海上态势感知和海洋控制能力,火力强大,舰载机机动性强,是对付海盗和海上恐怖势力的理想武器。在灾后救援中,航空母舰更是大有用武之地。在灾难发生的最初阶段,有能力最先到达现场同时组织并给予最初的救援措施的无疑是航空母舰。在 2004 年的印度尼西亚大海啸中,美军航母发挥了重要作用。受灾地区的通信和电力中断,航母充当临时通信中心,并利用电缆向岸上供电,同时派遣直升机飞往内陆地区接回伤员,并运来大量的救灾物资。

航空母舰在发生重大自然灾害地区执行救援任务时,可以卸下大量固定翼舰载机,大量搭载性能卓越、能垂直起降的舰载直升机。此时,直升机数量可以大幅度增加,作战人员可以明显减少,并可明显增加各种救援器材及食物、淡水、药品等物资。同时,航空母舰上宽阔的甲板与宏大的机库也为装设各种应急设施与储存救援物资提供了绝佳条件。传统货船进行物资装卸往往需要使用港口设备,如果港口在自然灾害中遭到破坏,货船上的物资就很难卸载。而航空母舰不仅拥有庞大的物资储存空间,而且无需依靠港口就能快速装卸。抵达灾区后,航母上的舰载直升机还可以将灾区急需的物资直接输送到交通不畅的重灾区。这种灵活的物资输送方式是传统货船无法比拟的。航空母舰出现在抢险救灾现场,一方面,彰显了国家实力,提升了国家与军队的国际形象;另一方面,也显示了国家力量的存在,提升了国家影响力。[72]有学者概括航空母舰在灾难救援中的意义时指出:在沿海地区的人道主义救灾行动中,航母有着得天独厚的优势。一是在陆路交通网络严重受损、机场瘫痪的情况下,航母能够在最短时间内机动至灾区外缘,成为救援飞机的起降平台与救灾通信指挥中心。二是航母编队可进行包括外科手术在内的大部分医疗救护活动,也可对危重病人实施空中转移。三是航母编队具备强大的发电和海水淡化能力,在海地救灾中,美国"卡尔·文森"号作为紧急的发电基地,为陆上提供电力输出。四是航母编队的侦察力量能够在较短时间内获取灾区第一手信息,为后续陆上救援行动提供情报支撑。在必要情况下,航母编队搭载的兵力也可参与恢复和维持灾区秩序的维稳行动。例如海地地震后,美军派遣了大约 2 000 名海军陆战队队员随舰前往海地以维持岛上"平稳局面"。[73]由此可见,装备了航空母舰的中国海军将在提供国际公共产品方面大有作为。

### (三) 构建国际海洋新秩序

中国可以凭借航母编队提供海上公共安全产品的机会,改造当今世界不公正、不公平、不合理的国际海洋秩序。所谓海洋秩序是指人类历史上不同的政治单元,15 世纪以后主要是各民族国家在争夺海权或维护自身海洋权益的互动中形成的一种相对稳定的海洋权势分布状态和海洋利益关切,并得到了国际社会普遍接受或认可的海上国际惯例与实践、海洋法、海洋制度,以及保证相关法律和海洋制度有效运作的运行机制的有力保障。[74]现代海洋利益的争夺已从历史上通过海洋争夺陆地变为争夺海洋本身,各国海洋观念发生了重大变化,对海洋权益也更加重视,人类开始进入全面和大规模开发利用海洋的新阶段。随着海洋意识和海洋开发探索的进一步发展,海洋秩序还会根据有关各方的利益和要求做出更完善、更合理的调整。中国为此反复强调,中国在维护和拓展合法海洋权益的同时,并不排斥其他国家合理地追求各自的国家海洋利益。同时,"和谐海洋"的建设需要所有海洋国家的支持和参与,否则将难以实现。自 2008 年以来,中国政府应索马里政府和联合国邀请派出舰队到亚丁湾执行护航任务,就是维护"和谐海洋"秩序的有力证明。而"和谐海洋"的实现还要求国际社会切实履行并不断完善《联合国海洋法公约》和其他相关的海洋制度。[75]

然而,要改变现有的秩序光有良好的意图是不够的,还需要强大的实力,特别是强大的海上实力作为支撑。如前文所述,航空母舰的入列几乎弥补了中国所有的军事短板,大大增强了中国的海上实力,使我国海军在亚太地区的战斗力开始超越日本等传统海上强国。有这样强大的实力作为支撑,中国在提供海上公共安全产品的同时,对现存国际海洋新秩序进行合理改造将会顺利许多。

## 四、结论

远洋海军的核心就是航空母舰。航空母舰是迄今为止功能最齐全的海军装备,是既能实战,又有威慑力的撒手锏。航母机动性强、部署灵活,可巡视大面积海域,这是岸基飞机和中小型舰艇力所不及的;航母可搭载各种不同类型的飞机,装备导弹、鱼雷、火炮及战术核武器,可随时集中优势兵力,对水面、水下、空中、陆地及电磁等多维空间的目标进行猛烈攻击,夺取战区制空权、制海权和制电磁权;航母具有极大的威慑能力和作战效能,可维护国家的海洋利益,保护丰富的海洋资源,保卫海上交通线;航母还可通过正常的军事交流提高国家声誉,提高军队地位,慑止可能的战争及冲突,达到有备而不战、不战而屈人之兵的目的,因此,是维护世界和平的有力工具。航空母舰是集航空、造船、机械、电子、兵器等为一体的大型装备,科技含量高、技术密集,是一项庞大的系统工程。抓住了这个"龙头",就能进一步优化我国海军兵力结构,使得海军建设产生质的飞跃。对航空母舰的有效运用将会促使中国海权更好地支撑国家海洋战略的实施并服务于国家利益,这也是中国把装备航空母舰作为发展海权的重要组成部分的主要原因。

**参考文献**

[1]南琳:《第一届中国海权战略与国家安全学术研讨会综述》,《国际观察》2013年第2期,第25页。

[2]习近平:《高举中国特色社会主义伟大旗帜,为全面建设社会主义现代化国家而团结奋斗》,《人民日报》2022年10月16日,第4版。

[3]习近平:《高举中国特色社会主义伟大旗帜,为全面建设社会主义现代化国家而团结奋斗》,《人民日报》2022年10月16日,第4版。

[4]李义虎:《从海陆二分到海陆统筹——对中国海陆关系的再审视》,《现代国际关系》2007年第8期,第1—2页。

[5]吴东林:《中国海权与航空母舰》,台湾时英出版社2012年版,第6页。

［6］ 李明春:《海权论衡》,海洋出版社 2004 年版,第 166—167 页。

［7］ 倪乐雄:《中国海权战略的困境》,倪乐雄:《文明转型与中国海权》,文汇出版社 2011 年版,第 189 页。

［8］ 张世平:《马克思恩格斯与战略》,军事科学出版社 2007 年版,第 20 页。

［9］ 张世平:《马克思恩格斯与战略》,军事科学出版社 2007 年版,第 651 页。

［10］ 李义虎:《从海陆二分到海陆统筹——对中国海陆关系的再审视》,《现代国际关系》2007 年第 8 期,第 2 页。

［11］ Paul Dodge. Circumventing Sea Power. *Comparative Strategy*，Vol. 23，No. 4，2004，p.397.

［12］ 师小芹:《论海权与中美关系》,军事科学出版社 2012 年版,第 3 页。

［13］ David Shambaugh. China Engages Asia. *International Security*，Vol. 29，No. 3，2005，p.66.

［14］ 李亚强:《国家发展与海洋利益》,《国际观察》2013 年第 2 期,第 22—23 页。

［15］ 刘一健、吕贤臣:《试论海权的历史发展规律》,《中国海洋大学学报(社会科学版)》2007 年第 2 期,第 1 页。

［16］ Office of the Secretary of Defense. Annual Report to Congress，Military Power of People's Republic of China 2009. http://www. defense. gov/pubs/pdfs/China_Military_Power_Report_2009.pdf.最后访问日期：2011 年 8 月 5 日。

［17］ Office of the Secretary of Defense. Annual Report to Congress，Military and Security Developments Involving the People's Republic of China 2010. http://www.defense.gov/pubs/pdfs/2010_CMPR_Final.pdf.最后访问日期：2011 年 7 月 23 日。

［18］ Office of the Secretary of Defense. Military and Security Developments Involving the People's Republic of China 2013. http://www.defense.gov/pubs/2013_china_report_final.pdf.最后访问日期：2013 年 5 月 27 日。

［19］ Toshi Yoshihara & James R. Holmes. *Red Star Over the Pacific*. Annapolis：Naval Institute Press，2010，p.60.

［20］ Geoffrey Till. *Seapower: A Guide for the Twenty-first Century*. London：Frank Cass，Inc.，2004，p.125.

［21］ ［英］查理斯·查恩特:《现代航空母舰、支援舰船和海军防空武器》,张国良、史强、汪宏海译,中国市场出版社 2010 年版,第 18 页。

［22］ 管带:《战略需求下的航母战斗群》,《舰载武器》2011 年第 9 期,第 13 页。

［23］ 刘志刚:《谁能破解航母神话》,兵器工业出版社 2011 年版,第 164 页。

［24］ 程群、何奇松:《美国网络威慑战略浅析》,《国际论坛》2012 年第 5 期,第 67 页。

［25］ Geoffrey Till. *Seapower: A Guide for the Twenty-first Century*. London：Frank Cass，Inc.，2004，p.296.

[26] U. S. Department of the Navy, *Naval Operations Concept 2010*. http://www. navy.mil/maritime/noc/NOC2010.pdf,最后访问日期：2010 年 11 月 26 日。

[27] 刘志刚：《谁能破解航母神话》，兵器工业出版社 2011 年版，第 117 页。

[28] 李杰：《航空母舰非战争运用面面观》，海潮出版社 2012 年版，第 44 页。

[29] 左立平：《国家海上威慑论》，时事出版社 2012 年版，第 276 页。

[30] 李杰：《航空母舰非战争运用面面观》，海潮出版社 2012 年版，第 201 页。

[31] 刘江平：《海洋世纪转型对海军发展的深刻挑战》，《中国国防报》2008 年 8 月 19 日，第 10 版。

[32] 刘江平：《海上挑战催生海军转型》，《海洋世界》2007 年第 8 期，第 75 页。

[33] 吕贤臣：《现代海权构成与发展问题思考》，海军指挥学院硕士毕业论文，2007 年，第 6 页。

[34] 中国军事百科全书编审委员会：《中国军事百科全书——军事学术 Ⅱ》，军事科学出版社 1997 年版，第 810 页。

[35] 黄江：《论现代制海权》，《中国军事科学》2003 年第 2 期，第 25 页。

[36] ［美］托马斯·巴尼特：《五角大楼的新地图：21 世纪的战争与和平》，王长斌、汤学武、谢静珍译，东方出版社 2007 年版，第 39 页。

[37] 刘志刚：《谁能破解航母神话》，兵器工业出版社 2011 年版，第 165 页。

[38] 师小芹：《论海权与中美关系》，军事科学出版社 2012 年版，第 59 页。

[39] Geoffrey Till. *Seapower: A Guide for the Twenty-first Century*. London: Frank Cass, Inc., 2004, p.214.

[40] 范虎巍、李进编译：《美国海军作战构想》，航空工业出版社 2012 年版，第 129 页。

[41] 范虎巍、李进编译：《美国海军作战构想》，航空工业出版社 2012 年版，第 112 页。

[42] 刘江平：《海上挑战催生海军转型》，《海洋世界》2007 年第 8 期，第 73 页。

[43] 周晨鸣：《航母的近身卫队：对中国航母编队的编成和任务想定的推测》，《舰载武器》2012 年第 12 期，第 6 页。

[44] 范虎巍、李进编译：《美国海军作战构想》，航空工业出版社 2012 年版，第 94 页。

[45] 周晨鸣：《航母的近身卫队：对中国航母编队的编成和任务想定的推测》，《舰载武器》2012 年第 12 期，第 7 页。

[46] 毛正公：《纵横海空——航空母舰多样化任务剖视》，海潮出版社 2013 年版，第 31 页。

[47] ［美］彼得·卡斯滕著：《海军贵族——安纳波利斯的黄金时期及现代美国海军至上主义的出现》，王培译，海潮出版社 2011 年版，第 3 页。

[48] Vijay Sakhuja. Indian Ocean and the Safety of Sea Lines of Communication. *Strategic Analysis: A monthly journal of the IDSA*, Vol.3, No.5, 2001.

[49] ［日］尾崎春生：《中国的强国战略：日本人解读中国 2050》，喻海翔译，东方出版社 2012 年版，第 144 页。

［50］ 刘志刚：《谁能破解航母神话》，兵器工业出版社 2011 年版，第 166 页。

［51］ 周晨鸣：《航母的近身卫队：对中国航母编队的编成和任务想定的推测》，《舰载武器》2012 年第 12 期，第 7 页。

［52］ 天一：《迟来的威慑——中国新型岸基反潜机性能及作用浅析》，《舰载武器》2012 年第 7 期，第 43 页。

［53］ 李杰：《航空母舰非战争运用面面观》，海潮出版社 2012 年版，第 8—9 页。

［54］ 游民：《建造中国海军新一代驱逐舰（上）》，《舰载武器》2013 年第 5 期，第 12 页。

［55］ 刘志刚：《谁能破解航母神话》，兵器工业出版社 2011 年版，第 12 页。

［56］ ［英］杰弗里·蒂尔：《21 世纪海权指南》（第二版），师小芹译，上海人民出版社 2013 年版，第 224 页。

［57］ 胡志强：《优势来自联合——关于海上联合作战及其系统实现的思考》，海洋出版社 2012 年版，第 193 页。

［58］ 毛正公：《纵横海空——航空母舰多样化任务剖视》，海潮出版社 2013 年版，第 2 页。

［59］ 李成刚：《战后局部战争中的海上封锁及启示》，《军事历史》2001 年第 2 期，第 5 页。

［60］ ［美］马汉：《海权论》，肖伟中、梅然译，中国言实出版社 1997 年版，第 3 页。

［61］ ［美］马汉：《海权论》，肖伟中、梅然译，中国言实出版社 1997 年版，第 223 页。

［62］ 毛正公：《纵横海空——航空母舰多样化任务剖视》，海潮出版社 2013 年版，第 32 页。

［63］ 田小川：《航空母舰的"衣食住行"》，海潮出版社 2011 年版，第 8 页。

［64］ 杨震、杜彬伟：《基于海权视角：航空母舰对中国海军转型的推动作用》，《太平洋学报》2013 年第 3 期，第 73—74 页。

［65］ 陈炎：《当代外国海上军事学说》，海潮出版社 2008 年版，第 86 页。

［66］ 冯梁、高子川、段廷志、张春、郑雪飞、梁巍：《中国的和平发展与海上安全环境》，世界知识出版社 2010 年版，第 277 页。

［67］ 冯梁、高子川、段廷志、张春、郑雪飞、梁巍：《中国的和平发展与海上安全环境》，世界知识出版社 2010 年版，第 385 页。

［68］ ［美］约瑟夫·奈：《美国霸权的困惑》，郑志国等译，世界知识出版社 2002 年版，第 154 页。

［69］ ［美］兹比格涅夫·布热津斯基：《战略远见：美国与全球权力危机》，洪漫、于卉芹、何卫宁译，新华出版社 2012 年版，第 115 页。

［70］ 胡波：《中美东亚海上权力和平转移：风险、机会与战略》，《世界经济与政治》2013 年第 3 期，第 38 页。

［71］ 石家铸：《海权与中国》，上海三联书店 2008 年版，第 273 页。

［72］ 毛正公：《纵横海空——航空母舰多样化任务剖视》，海潮出版社 2013 年版，第

32 页。

［73］海韬：《航母救灾能力不容小视》，《国防时报》2011 年 3 月 30 日，第 15 版。

［74］宋德星、程芬：《世界领导者与海洋秩序——基于长周期理论的分析》，《世界经济与政治论坛》2007 年第 5 期，第 104 页。

［75］马嫚：《当前世界海洋的发展趋势及其对中国的影响》，《国际观察》2012 年第 4 期，第 33 页。

# 外层空间军事化活动的国际法规制探析

## ——以"国家安全泛化"问题的应对为视角

鲍心蕊　蒋圣力*

**摘要:** 随着外层空间军事技术的发展,大国在外空的军事竞争日益激烈,使得外空安全自冷战时期起便一直是国际政治中的一项重要议题。如今,各类新型外空武器横空出世,个别国家也已正式建立了"天军"这一全新军种,这主要源于美国等国家以保障本国外层空间的国家安全为理由,大肆开展外层空间军事化活动,进而导致"国家安全泛化"的问题。对此,一国能否将行使"自卫权"以保障本国在外层空间的国家安全作为开展外层空间军事化活动的理由,是值得探讨的。为应对美国对外空霸权的追求,中国、俄罗斯等国应积极推进外空安全合作,确保外层空间军事化活动能够在必要的、合理的限度内进行,而"小多边主义"的实践应用则为实现上述外空安全合作提供了一个思路。

**关键词:** 外层空间法;外层空间军事化活动;国家安全泛化;小多边主义

随着外层空间军事技术的发展,少数发达空间国家不断依赖空间系统开展外层空间军事化活动,不仅各类新型外空武器横空出世,而且个别国家还正式建立了"天军"这一全新军种,使外层空间被开辟为新的战场成为可能——未来战争将是包括陆地、海洋、天空和太空的四维战争,战争的样式和战略技术将会发生根本变化。[1]大国的外空博弈从根本上讲其实就是对

---

* 鲍心蕊,女,华东政法大学法律学院 2020 级本科生;蒋圣力,法学博士,华东政法大学国际法学院副教授。

世界威望的争夺,而个别国家将行使"自卫权"以保障本国在外层空间的国家安全作为开展外层空间军事化活动的理由,是否能够成立则是值得探讨的。

## 一、国家在外层空间行使"自卫权"的现实背景

（一）外层空间军事化利用的实践发展

1. 外层空间军事化利用的源起及演变

外层空间的军事化利用起初体现在军事卫星的使用,例如1959和1962年美国和苏联分别发射了第一颗军用照相侦察卫星,而其中的遥感卫星和通信卫星就是以军事化利用为主要目标。在功能方面,前者主要用来拍摄战略目标,通过电影返回舱的方式将其数据传送到地球,后者最易覆盖地球表面,在国家领土上进行声音、图像和数据传递;在实践方面,两次海湾战争、科索沃战争和阿富汗战争等高技术局部战争,军事卫星以惊人的速度被推向作战前沿,在战场信息获取、军事指挥决策、武器精准打击和打击效果评估方面发挥了巨大作用。[2]可以说,卫星向世界展示了其在外层空间军事化利用上的巨大威力。

自从卫星可以被应用于军事攻击目的,反卫星武器就应运而生。反卫星武器主要包括地基和天基反卫星武器。自苏联发射第一颗人造卫星以来,美国陆海空共进行了30多次采用核弹头、动能拦截弹头的共轨式、直接上升式反卫星武器和激光反卫星武器试验,如今已经达到实战水平。[3]

虽然《限制反弹道导弹系统条约》和《外层空间条约》都明确禁止以外层空间为基地部署武器,但是在美国退出该条约前后,美国与苏联都已经部署了相当数量的外空武器。如今,随着天基空间武器的研制成功,外空武器的种类也不断增加,在外层空间进行军事化利用已经成为一种趋势。

2. 美国外空军事政策及其外层空间军事化利用实践

为了对抗苏联,美国首先展开"阿波罗"工程,来证明自己优越的军事实力;其次,两国还展开大规模的军备竞赛。时任美国总统的肯尼迪坚持认为:"安全只存在于更多的核弹头和更多的远程弹道导弹中"。[4]事实上,1960—1961年,苏联只部署了4枚洲际导弹;到1960年年底,美国已部署了陆基洲际导弹294枚,战略轰炸机600架,而苏联的路基弹道导弹仅有75

枚,战略轰炸机为 190 架。[5]由此可见,美国处于全面的领先地位,其所塑造的"安全危机"不过是国内政治的产物。这种安全观强调自己全方位的优势和控制地位,如果他国领先于某个领域,就会被视为对美国"国家安全"的挑战和威胁。不难看出,这种对国家危机的渲染将会加剧国家安全的泛化。

事实上,苏联以国家安全受到美国军事威胁为名,在外层空间集中大量社会资源,企图对美国发动"政治突袭"来取得冷战的胜利,而美国民主党则利用苏联"人造卫星"取得攻击艾斯豪威尔共和党的良机,通过在"外空差距争论"中渲染"国家安全危机"赢得大选。[6]在这样的情况下,产生国家安全问题的现实依据逐渐脱离客观,变为一种行为体的建构,在冷战时期成为大国军事博弈的重要理由。

即使在冷战结束后,美国也从未放弃在太空提升自己的优势地位。美国极力打造新的"三位一体"战略威慑体系,利用外空的信息优势发挥军事信息支援的威慑功效,进而发展外空打击威慑系统。但这种以威慑为目的进行的战略有效性值得怀疑,因为这种威慑战略增加了其他国家发展反外空能力的内在动力,实质上反而加剧了外空军备竞赛。[7]俄罗斯《独立军事评论》报纸副主编利托夫金说:"如果美国在太空部署武器,俄罗斯也会被迫在太空部署自己的武器系统,中国也将被迫这么做。"[8]

此后,美国空军又提出"全球打击"新战略,强调美军要在外层空间自由打击敌人并且免于受到毁灭性的打击。2006 年,布什政府公布的"国家太空政策"表明美国开始主张确保太空绝对的安全和自由,并且遏制别国的空间开发,维持美国外空霸权地位;2018 年《美国外空防务战略》的目标为:国防通过提高外空力量,保障在以"中俄威胁"为特点的"复杂安全环境"中竞争、威慑及胜出。[9]2019 年 12 月 20 日,特朗普正式批准设立美国第六种军事部队——美国太空军(Space Force),国务卿蓬佩奥更是在美国关闭了中国驻休斯敦总领事馆之后,模仿丘吉尔的铁幕演说,宣称中国是全世界民主阵营的新敌人。2020 年 9 月 23 日,美国航天局(NASA)与太空军签署合作协议,涵盖载人航天、美国空间政策、航天运输等多个方面,航天局局长吉姆·布里登斯汀说:"NASA 的伙伴关系对于确保美国继续在利用外层空间方面的领先至关重要。"[10]

综上我们可以看出,正是美国等国以保障本国的外层空间国家安全为理由，大肆开展的外层空间军事化活动导致了外空领域的"国家安全泛化"问题。

（二）外层空间的"国家安全泛化"问题

1. 外层空间国家安全相关概念释义

在当代国际体系下，西方的安全学者普遍认为，"安全"是一个颇有政治影响力的概念。国家对于"安全"的理解体现在对相互间意图的洞察力，其本质上是关于武力性胁迫的关系。[11]而外空安全在狭义上可以理解为外空人造设施、人员不受有意或无意的攻击和威胁。由此，外空安全问题是指由人类实施外层空间军事化活动造成的安全问题，例如反卫星武器的试验和部署等。但在讨论外层空间领域的安全行为体时，不可忽视推动外空军事化的国家必须具备高水平的外层空间军事技术和雄厚的经济实力，因此开展外层空间军事化活动通常仅涉及几个大国。大国为了各自的安全或者其他国家利益军事化利用外空设施，这背后通常有对现有国际局势的"不安全感"。因此，它们声称有权为了安全原因而使用非常手段打破规则来应对危机，从而能够在不遵守民主规则和法定决策程序的条件下，将某个议题从常规政治推向超越政治的紧急状态。以上表述从反面说明，只有当某一安全问题的指涉对象发生"存在性威胁"时，安全化采取的措施才不失正当性。[12]一个空间国家的不安全感会导致其在外层空间部署或使用武力，而这种谋求安全的行为又会导致其他国家在外层空间同样部署武器，引发更大规模的国际安全问题。[13]因此，外空安全是国际政治"泛安全化"的产物。

2. 外层空间"国家安全泛化"问题的成因

国际政治中的安全同时具备主观性和客观性的特征，而其中的主观意识是否有利于客观安全是不确定的，因此，没有任何理由可以证明政府或者权力精英能够对威胁进行准确的识别，即使这些人能够做出准确的判断。因此，当国际社会在外层空间没有对"什么是安全问题"做出清晰的界定时，空间国家就能够以保障本国的外层空间国家安全为理由，大肆开展外层空间军事化活动，而这种行为的结果便是"国家安全泛化"。

1957 年 10 月 4 日，苏联发射了第一颗人造地球卫星"Sputnik‐1"；11月 7 日，"Sputnik‐2"发射成功。这标志着美苏外空军备竞赛的开始。

当时,美国艾斯豪威尔政府并不主张与苏联进行军备竞赛,而是主张"外空和平化"和"外空非竞赛化",但由于苏联"人造卫星"事件,1957年11月7日,美国评估苏联军事实力的《盖瑟报告》出台,认为"在弹道导弹方面,它们拥有700海里射程的武器……成功试验了许多950海里的导弹,并或许会在洲际弹道导弹的方面超过我们",[14]艾斯豪威尔认为美国需要冷静对待苏联的声明。事实证明,艾斯豪威尔的判断是正确的,苏联的卫星只是一个简单的观测卫星,并不能够产生对美国发动外空战争的可能性。而当时的民主党派竞选代表肯尼迪在1958年参加外空政策听证会时说:"我国的战略导弹进攻与防御力量都大大落后于苏联,这将使美国国家安全遭遇严重的威胁。"[15]甚至美国国家安全委员会在同年发布的报告中提道:"如果苏联继续在外空能力方面的领导能力,而美国无所建树的话,必将损害世界民众对美国领导权威的信心。"[16]从此,"国家安全"开始广泛出现在美国社会中。

## 二、对基于行使"自卫权"的外层空间军事化活动的法理分析

### (一)《外空条约》规制外层空间军事化活动的不足

《外空条约》自1966年通过以来,除了年代久远以外,在相关概念的界定上也存在着固有的不足。

首先,《外空条约》对原则的规定过于宽泛,例如其第2款规定:各缔约国必须把月球和其他天体绝对用于和平目的。宽泛来讲,该条文说明只要不属于侵略性质的军事行动都可以被认定不违反国际法,因为"为和平目的"不管出现在何种情况下,都属于一个国家基本的认知,所以,讨论这个概念含义的情形仅存在于空间国家以保障本国的外层空间国家安全为理由,大肆开展外层空间军事化活动,例如冷战结束后,俄罗斯单方面宣布放弃在太空部署武器,如果美国确实是出于国家安全的目的,那么也应该做出相似的行动,但恰恰相反,美国退出1972年与苏联签订的《反导条约》,肆意在太空部署国家防御系统,认为苏联是因为害怕经济压力才停止与美抗衡。可见,美国此时进行军事化活动并不是为了保障本国的外层空间国家安全。

其次,《外空条约》在界定某些概念的外延上存在不足,其第4条第1款明确规定各缔约国保证:不在绕地球轨道放置任何携带核武器或任何其他

类型大规模毁灭性武器的实体。随着科技的发展，"大规模毁灭性武器"的概念已经变得模糊。联合国裁军会议曾经对"大规模毁灭性武器"下过定义，主要包括：原子爆炸武器、放射性物质武器以及今后发展的在毁灭作用上具有与原子弹或其他上述武器相似特征的任何武器，但是此种定义并不能适应外层空间特殊的环境。从苏联发射第一颗人造卫星以来，美国先后进行了30多次反卫星武器试验，采用了核弹头、动能拦截弹头的共轨式、直接上升式反卫星武器和激光反卫星武器。[17]这类武器并不在"大规模毁灭性武器"范围之内。除此之外，根据联合国文件的界定，导弹已被列入大规模毁灭性武器。[18]但1999年美国总统克林顿发布《国家导弹防御法案》，宣布美国在达到技术上的要求后，就可以部署旨在"防止美国领土受到故意或偶然的弹道导弹攻击"的弹道防御系统（NMD）。[19]随着导弹性能的不断突破，其已经拥有可靠、迅速和准确击中军事目标的能力，显然《外空条约》对"大规模毁灭性武器"的定义不能涵盖各类新型的外空武器的范围。

最后，从国家实力的层面，《外空条约》实际上默认了所有空间国家的实力相同，并且参与缔约的国家仅是少数，大部分并不具备足够的外层空间军事技术，但是空间大国才是决定外层空间安全的核心因素。那么，美国以行使"自卫权"以保障本国在外层空间的国家安全为由，开展外层空间军事化活动将会对外层空间的安全产生重大影响。

（二）基于行使"自卫权"的外层空间军事化活动的合法性和必要性

1. 自卫权在外层空间的行使

首先，根据《联合国宪章》（简称《宪章》）第51条规定，自卫权是指国家在遭到外来侵犯时，单独或者与其他国家共同抵抗侵略的权利。自卫权原来属于自保权的范畴，有时也称自保权，是指国家保卫自己的生存和独立的权利：一方面，是国家有权进行国防建设，防备可能的来自外国的侵犯；另一方面，当国家实际上已经受到外来侵略时，有权单独或联合他国进行自卫。[20]可以认为，以行使"自卫权"来保证国家安全为理由进行军事化活动，本质上属于自保权的范畴。

其次，自卫权按照主体的个数可以分成单独自卫权和集体自卫权，集体自卫权是单独自卫权发展的结果，它扩大了自卫权行使的主体范围。第二次世界大战后,才形成了以美国和苏联为首的两大军事战略同盟——北约和华约。[21]

最后,"自卫权"的行使必须符合一定条件,《联合国宪章》(以下简称《宪章》)对自卫权的规定主要在第 51 条。

2. 在外层空间行使"自卫权"的合法性

《外空条约》第 3 条规定:"各缔约国在进行探索和利用外层空间(包括月球和其他天体)的各种活动方面,应遵守国际法和《联合国宪章》,以维护国际和平与安全,促进国际合作和了解。"这一条允许了各缔约国在遵守国际法和《宪章》的条件下进行外层空间军事化活动,又因为"自卫权"在《宪章》第 51 条被允许,因此笔者认为,《外空条约》允许空间国家行使"自卫权",开展外层空间军事化活动,以保障本国在外层空间的国家安全。

此外,《宪章》第 51 条规定了正当合法的自卫权,被认为是国际法"禁止使用武力原则"的一个例外。值得注意的是,这种权利源于国家主权,因此它是每个主权国家所固有的。联合国大会于 1946 年通过的《国家权利义务宣言草案》规定:"各国受武力攻击时,有行使单独或集体自卫之权利。"既然行使自卫权是国家的固有权利,那么,在外层空间进行军事化活动是在外层空间行使正当合法自卫权的物质基础,因此,这一军事化活动应当被认为是合法的。

但是它行使的先决条件是"受到武力攻击时",对于如何界定这一概念存在两种解释:限制解释认为"武力相威胁"不适用于《宪章》第 51 条所规定的"受武力攻击时"的范围;扩张解释将"武力相威胁"纳入"受武力攻击"的范围。这两种解释在国际法上存在分歧,但无论做何种解释,"受到武力攻击时"的立法旨在赋予该自卫权威慑和防止非法使用武力的正当性,因此,当空间国家行使"自卫权",以保障本国在外层空间的国家安全为由开展外层空间军事化活动,且并未上升到外空战争时,是不违反《宪章》基本规定和原则的。

《宪章》第 51 条还规定了会员国应该及时向安理会报告的义务。这是因为联合国具有判断某一行为是否构成武力攻击的权威性,只有其才能较为公正地认定当事国的自卫行动是否合法且适当。因此,空间国家行使"自卫权",以保障本国在外层空间的国家安全为由开展外层空间军事化活动是合法的,只要及时向安理会报告其活动的目的和具体内容。并且,《宪章》所规定的自卫权来自国际习惯,因此第 51 条不是为了限缩习惯国际法下的国家自卫权,而是要求国家在联合国框架内行使该权利,即国家负有向安理会报告其自卫措施、不得妨碍安理会行动的义务。[22]

3. 在外层空间行使"自卫权"的必要性

外层空间的环境具有特殊性,外空武器相较于陆地武器具有瞬时性、毁灭性的特点。如果禁止以行使"自卫权"来保障本国在外层空间的国家安全、开展外层空间军事化活动,会使受打击国在安理会未做出有效反应和消除严重威胁的情况下,遭受无法挽救的毁灭性打击。[23]随着各国不断增加空间防御建设以及争夺外空资源,外层空间可能成为武力攻击的场所。因此,空间国家行使"自卫权"以保障本国在外层空间的国家安全、开展外层空间军事化活动实质上是一种提前的"自卫"。

但当一国以"先发制人式自卫"作为借口对他国进行军事打击时,禁止"先发制人式自卫"已在国际社会达成共识。而美国将"先发制人式自卫"明确规定在其外空政策上,上文对美国国家政策背后政治博弈理论的分析表明,"先发制人式自卫"为其大肆开展外层空间军事化活动提供了借口,从而导致自卫权泛滥。例如,号称"星球大战延续"的美国《2019 导弹防御评估报告》在国际社会引起巨大的反响,俄罗斯等国称此举实际上为在太空部署导弹防御系统开了绿灯,将极大地冲击现有的外空秩序。[24]因此,如果其他国家不被允许以保障本国在外层空间的国家安全开展外层空间军事化活动,即遭受实际伤害后再进行自卫,那么,这种做法是荒谬的。

空间国家行使"自卫权",以保障本国在外层空间的国家安全开展军事化活动须符合国际法,且必须在一定标准下有限度地进行。

### 三、国际法规制外层空间军事化活动的可行途径

(一)关于国际法规制外层空间军事化活动的学界观点

现有国际法原则和相关规范虽然对外层空间军事化活动的限度有一定的规制作用,但是仍有许多不足。针对上文论述的外层空间现有条约的问题,相关学者提出了一定的措施。

一些国内学者认为应该加紧完善空间立法。要想实现这一措施,联合

国外空委必须达成一致,但是西方国家尤其是美国采取不妥协的立场,使得谈判无法取得实质性进展,从而使在法律上禁止太空武器化的努力陷入僵局。[25]例如,美国同意在外空委设立特别委员会,但是同意列入议程,谈判的结果也会被美国主导。事实上,每当以中、俄为代表的国家在外空委提交有关禁止太空武器化的工作文件时,谈判都因为美国的反对而沦为"空谈"。

也有学者提出应诉诸"国际习惯法"。国际习惯法的形成需要满足物质要素和心理要素两个构成要件。空间大国有实力角逐该领域,因此,物质要素(国家实践)有实现的可能,而作为心理要素的"法律确信"所要求的"法律义务感"也能够实现,这是因为国际社会正形成一股合力共同防止外层空间军事化,虽然少数国家对类似激化军备竞赛的抗议不一定出于特定的"法律义务感",[26]但这也会促进更多国家对防止外层空间军事化的心理认同感。德国历史学派普赫塔也认为:"习惯法乃是一个民族的共同信念的最真实的表示,因此它高于制定法。"[27]

目前,只要美国对裁军会议中的提案弃权或抗议,或者以保障本国的外层空间国家安全为理由大肆开展外层空间军事化活动,外层空间"国家安全泛化"的问题便不会得到解决,因此,当今世界背景下美国的态度与立场十分重要。维护好现有的外层空间法是必然的选择,正如西方许多学者的聚焦点并不在于改变既有的法律制度,他们认为现有的外层空间法可以充分解决全部的争议和问题,而这个领域最大的问题是改变政府的态度。[28]因此,国际社会应该在维持《外空条约》的前提下,积极推进外空安全合作,确保外层空间军事化活动能够在必要的、合理的限度内进行,而"小多边主义"的实践应用则为实现上述外空安全合作提供了思路。

(二)"小多边主义"作为规制外层空间军事化活动的思路

1."小多边主义"的本质特征

"小多边主义"是一种范围更小的合作,即几个国家(通常是3个或4个国家)在限定的时间内处理和解决特定的威胁、突发事件或在安全议题方面分享相同的利益。[29]小多边安全性质的国际组织的三个主要特征:① 相对于多边主义,参与者数量较少;② 临时性,会临时形成和解散,具有高度灵活性;③ 关注的重点是安全议题。显然,与"多边主义"相比,采用"小多边主义"策略的优势在于：一是参与者较少，符合目前只有少数外空大国的现状；二是"小多边主义"因其临时性而更有灵活性，可以依据国际外空的形势来组成，提高了防范美国的弹性；三是不断增加的"小多边主义"组织更有利于在国际社会形成一种合力，来推进新外空安全观。

"小多边主义"并非简单的几个在特定事务上有着近乎相同利益的国家的合作，而是在较大的集团变得过于笨拙或者与国家利益不符时，作为解决"多边主义"困境的一种救济方案。20 世纪 90 年代末期，美国与一些国家成立伙伴关系，为了联盟的长久利益，一些国家在国家利益上只能妥协，但随着该地区的权力平衡及其威胁环境发生变化，这些利益同盟的内部关系开始变得更加脆弱。为了直接针对特定的地区威胁和挑战，没有面临诸如"同盟的牵连""同盟的抛弃"等集体防御难题，"小多边主义"由此应运而生。[30]

2."小多边主义"在规制外层空间军事化活动中的实践应用

国内有些学者认为，"小多边主义"是指由特定共同利益的 3 个或 3 个以上国家，在既有制度框架之外，形成就特定议题寻找协调政策与解决方式的非正式组织。[31]此处"特定共同利益"指它们在一些议题上有着共同诉求或主张。因其实质上是在现有"多边主义"协定外构造符合本国利益的规则，所以一国寻找在外层空间有着相同利益的盟友具有重要的意义。要想在外层空间构建"小多边主义"，笔者认为，首先要找到在特定事项上最符合本国利益的盟友。例如，中国和俄罗斯在"军备控制"这一特定议题能够达成一定程度上的一致，即使在其他国家利益上存在分歧，也能够就"军备控制"这个特定议题达成"小多边主义"合作。

在实施过程中，该合作体系下的国家应该首先建立具有共同利益的"外空态势感知系统"。各国的外空态势感知信息由于涉及国家安全，难以全面的共享，导致各国重复性开发各自独立的外空态势感知系统。过去只有美国具有成熟有效的外空态势系统，该系统由美国四大军种和其三个盟国（加拿大、英国、澳大利亚）的人员组成，该中心利用 30 个监视系统来观测外空人造物体，并将外空物体的轨道和运行的数据在 spacetrack.com 网站上公布，当存在外空碰撞风险时，该中心将向有关外空行为体发出预警；[32]欧洲国家例如法国、德国、意大利、西班牙和英国等五个国家组成的联盟也计划完成外空监视和跟踪网络(space surveillance and tracking framework)的建设,其军事用途旨在减少欧洲对美国外空监视系统的依赖,并提高欧洲在这一领域的自主权。[33]在实施"小多边主义"时,应该建立具有信任基础和共同利益的"外空态势感知系统"。

其次,"小多边主义"应该以"非对称性的和平反制"作为运行模式,这意味着在面对来自安全相关方发展、测试、部署太空武器的威胁时,采用针对对手弱点的军民两用航天技术,以和平手段慑止、反制来自对手的威胁。该技术不仅可以促进"小多边主义"合作下的国家自身和平进行外空军事化活动,而且可以向对手发出威慑信息,促使其因担忧无法通过太空武器获得政治、军事利益而放弃进一步研发。例如常见的卫星通信、导航定位、遥感成像均在军民两用上具有广泛的实践。[34]事实上,想要空间国家在必要的、合理的限度内进行军事化活动,且起到威慑的作用,该组织需要具备足够强大的外层空间开发能力,因为这样才能对目标国进行非对称性和平反制。以各个空间国家的实力来看,中俄构建"小多边主义"具有更大的可能性。

在实施"小多边主义"后——也就是对地区国家间关系进行分化重组、对地区现有合作机制进行调整解构后,通过一系列协定的谈判,搭建以几个国家为核心的"外空军事化活动"圈,将法律制度辐射至其他国家,小多边合作将根据一定的标准实现扩容。[35]也就是说,这种跨地区的协定会不断辐射周围国家参与,形成一个巨大的网络。因此,"小多边主义"在外层空间军事化活动领域的不断扩容不仅不会冲击现有的"多边主义",而且能使既有外空安全机制走出困境,重现生机。

(三)中、俄构建"小多边主义"外空安全合作的可行性及未来展望

组建小多边主义性质的国际组织主要基于三个原因。

一是《宪章》第52条表明,联合国鼓励区域组织解决区域性争端的前提是必须遵守联合国的宗旨与原则。区域组织的参与国家虽然仅涉及部分国家,但是它对整个国际社会的安全有着重要的作用。例如,1972年《反导条约》仅适用于苏联与美国,但它被公认构成核军控的基石,对于维护国际和平与安全具有重要作用。[36]并且,在外层空间军事化活动愈演愈烈的趋势下,加强区域组织在维护国际社会安全方面的作用不仅有利于减轻联合国

的沉重负担,而且便于对区域冲突"对症下药,手到病除"。[37]依据集体自卫权的合法性,应当认定"小多边主义"作为一种新型的区域组织,行使"自卫权"以保障各自国家在外层空间的安全来开展外层空间军事化活动是合法的。

二是外空战争自身的特点决定了"小多边主义"的实践应用有着极大的可行性。首先,在防止空间国家大肆进行外层空间军事化活动方面,国际社会已经存在许多具有"多边主义"性质的实践。但是,从 1992 年中国、泰国、巴基斯坦提出 AP‐MCSTA 多边合作倡议,到 2008 年 2 月 16 日其在北京正式启动运行,历时 16 年之久。诚然,我们可以看到具有"多边主义"的组织由于成员人数多,在国际讲台上的呼声也会变高,可以更多地接受国际社会普遍认可的"防止太空军备竞赛的"的"价值",但是组建一个此类性质的组织,从谈判与议定、认证与签署、批准与交换批准书,到进入项目的准备,再到实施阶段需要很长的过程。其次,外层空间军事化活动的规制问题不同于一般的国际政治问题,因为外层空间军事冲突最重要的特征——"先发制人优势"意味着在地球的任何地方、任何时间都可以对外层空间的设施进行有预谋的攻击,这一特性大大增加了外层空间防御的难度。因此,为了正确地行使"自卫权",在面对武力威胁的不确定情形下,需要一个由空间大国组成的灵活的组织进行判断。最后,多边主义强调普遍原则,强调通过国际规制来协调国家行为和促成国际合作。[38]与之相比,"小多边主义"通过减少行动者的数量来克服集体行动问题的障碍。[39]综上,在外空军事化背景下,组建"小多边主义"性质的组织在外空领域具有明显优势。

三是当今国际社会为组建"小多边主义"性质的组织提供了良好的形势。2021 年,中俄两国元首发表联合声明,正式决定《中俄睦邻友好合作条约》延期 5 年。这意味着中俄世代友好理念符合两国根本利益,续约将促进两国关系可持续发展。而在外层空间谈论中俄"小多边主义"的实践具有针对性,针对的对象是美国。美国国家安全观是中俄"小多边主义"实践的主观基础。众所周知,美国的"国家安全观念"与其他国家是明显不同的。它从维护全球霸权的角度追求绝对的安全,既包括维护国家生存、安全和发展的一般目标,还包括维护其世界霸权与全球性主导地位的特殊目标。[40]因此,美国将会在未来持续不断地以保障本国的外层空间国家安全为理由大肆开展外层空间军事化活动,加剧外空军事战争的风险。基于上文的论述,灵活的"小多边主义"合作既可以提高在外层空间预防危险的能力,也可以加大防范美国的弹性。

但是笔者所提到的"小多边主义"区别于美式"小多边主义"。美式"小多边"主义可以概括为美国主导的、多边组织的某些成员参与的、在现有多边机制中无法就特定问题达成一致时,在多边组织的框架外解决特定问题的机制或安排。[41]但是介于目前学术界没有对"小多边主义"的概念作出明确的界定,所以我们不能简单把"小多边主义"理解为排他的、非对等的国际合作,不能把这种策略完全贬义化。此外,《中俄友好协定》提到"中俄将努力谈判缔结具有法律约束力的多边文书,为防止外空军备竞赛和在外空放置武器提供可靠保障。"[42]因此,笔者所论述的"小多边主义"外空安全合作必须建立在坚守"防止在外空放置武器、对外空物体使用或威胁使用武力"原则的基础上,否则,"小多边主义"的外空安全合作将象征另一种霸权主义。

在致力于使外层空间军事化活动能够在必要的、合理的限度内进行的同时,必须明确外空安全本质上是国际社会关系的产物,各国在这方面努力的首要重点就是要保障各国外层空间合法利用的权利与利益,排除他国施加的外部威胁,[43]因此,"必须找到新的、政治上可行的办法来解决外空武器化问题,而不是试图修改外空条约,它应该作为一个基础,然后再接再厉"。[44]笔者认为,中俄两国联合起来构建"小多边主义"外空安全合作是有效的方法。中俄作为空间大国,已经在技术层面进行合作。并且,当前的国际形势为两国合作提供了前所未有的机遇。美国于 2020 年 6 月颁布的《外空防务战略》,不仅加剧了外空紧张关系,而且削弱了已有外层空间法的公信力。[45]因此,两国更应该加大在外空计划的透明度来进行两国的"信任建设",从而向美国传达出中俄两国将联手抗衡美国太空霸权、共同维护外层空间安全的立场。综上所述,为应对美国对外空霸权的追求,更好地应对"国家安全泛化"的问题,中国、俄罗斯等国应积极推进外空安全合作,确保外层空间军事化活动能够在必要的、合理的限度内进行,而"小多边主义"的实践应用则为实现上述外空安全合作提供了思路。

## 参考文献

［1］何玉斌、张建志：《争夺制天权：太空的探研、开发与争夺》，中国人民解放军出版社 2008 年版，第 8 页。

［2］李寿平、赵云：《外层空间法专论》，光明日报出版社 2009 年版，第 151 页。

［3］苑立伟、杨建军、阳家宏：《美国反卫星武器综述》，《中国航天》2004 年第 10 期。

［4］石海明：《科学、冷战与国家安全：美国外空政策变革背后的政治（1957—1961）》，解放军出版社 2015 年版，第 3 页。

［5］潘振强：《国际裁军与军备控制》，国防大学出版社 1996 年版，第 85 页。

［6］石海明：《科学、冷战与国家安全——美国外空政策变革背后的政治》，解放军出版社 2015 年版，第 20 页。

［7］何奇松：《脆弱的高边疆：后冷战时代美国太空威慑的战略困境》，《中国社会科学》2012 年第 4 期。

［8］何奇松：《太空安全问题研究》，复旦大学出版社 2014 年版，第 259 页。

［9］王国语：《美国外空防务战略对外空军控国际规则博弈的影响分析》，《太平洋学报》2021 年第 3 期。

［10］《美国太空军与 NASA 签署新协议，将两手加强月球探测》，https://xw.qq.com/cmsid/20200924A04M6300?f＝newdc，最后访问日期：2023 年 4 月 10 日。

［11］叶晓红：《哥本哈根学派安全化理论述评》，《社会主义研究》2015 年第 6 期。

［12］叶晓红：《哥本哈根学派安全化理论述评》，《社会主义研究》2015 年第 6 期。

［13］李杨：《外空安全机制研究》，中共中央党校博士学位论文，2018 年。

［14］石海明：《科学、冷战与国家安全——美国外空政策变革背后的政治》，解放军出版社 2015 年版，第 61 页。

［15］石海明：《科学、冷战与国家安全——美国外空政策变革背后的政治》，解放军出版社 2015 年版，"附录六"。

［16］郭培青：《艾森豪威尔政府国家安全政策研究》，东北师范大学博士学位论文，2003 年。

［17］苑立伟、杨建军、阳家宏：《美国反卫星武器综述》，《中国航天》2002 年第 4 期。

［18］于飞：《反大规模毁灭性武器扩散融资研究》，复旦大学博士学位论文，2014 年。

［19］李寿平：《外层空间的军事化利用及其法律规制》，《法商研究》2007 年第 3 期。

［20］许鑫：《美国推行霸权主义的借口及国际法理论分析》，《太原城市职业技术学院学报》2008 年第 2 期。

［21］张近春：《论国际法中的禁止使用武力原则》，吉林大学硕士学位论文，2010 年。

［22］袁发强、刘沁予：《"预防性自卫"之合理性再思考》，《法律与社会》2020 年第 3 期。

［23］鞠徽：《外层空间自卫权行使的法律问题探究》，《国际太空》2018 年第 11 期。

［24］黄志澄：《初评特朗普"新版星球大战计划"》，《战略研究》2019 年第 1 期。

［25］何奇松：《太空安全问题研究》，复旦大学出版社 2014 年版，第 206 页。

［26］蒋圣力：《外层空间军事化及其国际法规制的模式和路径》，《北京理工大学学报（社会科学版）》2017 年第 1 期。

［27］［美］博登海默：《法理学：法律哲学与法律方法》，邓正来译，中国政法大学出版社 2017 年版，第 99 页。

［28］Valentyn Halunko. Space law：the present and the future，Research Institute of Public Law. *Advanced Space Law*，Vol.3，2019，p.42.

［29］岳晓颖：《印太地区的小多边安全合作——挑战与前景》，《法治与社会》2019 年第 5 期。

［30］岳晓颖：《印太地区的小多边安全合作——挑战与前景》，《法治与社会》2019 年第 5 期。

［31］张勇：《奥巴马政府的亚太地区"少边主义"外交浅析》，《美国研究》2012 年第 2 期。

［32］Mike Gruss. U.S. Plans ＄6 Billion Investment in Space Situational Awareness，http://spacenews.com/planned-u-s-investment-in-space-awareness-is-6-billion-gao-says/.

［33］Framework for Space Surveillance and Tracking Support，The European Parliament and The Council of The European Union，http://eur-lex.europa.eu/legal-content/EN/TXT/P.

［34］徐能武、高杨予兮：《太空军备控制：复合建构与多点施策》，《上海交通大学学报（哲学社会科学版）》2019 年第 4 期。

［35］陈庆鸿：《当前亚太小多边合作及其影响》，《现代国际关系》2021 年第 3 期。

［36］蔡从燕：《国际法的普遍性：过去、现在与未来》，《现代法学》2021 年第 1 期。

［37］杨泽伟：《联合国改革的国际法问题研究》，武汉大学出版社 2009 年版，第 390 页。

［38］秦亚青：《多边主义研究：理论与方法》，《世界经济与政治》2001 年第 10 期。

［39］王晓文：《特朗普政府印太战略背景下的小多边主义》，《世界经济与政治论坛》2020 年第 5 期。

［40］葛腾飞：《美国战略稳定观：基于冷战进程的诠释》，《当代美国评论》2018 年第 3 期。

［41］沈伟、徐驰：《逆全球化背景下"美式"小多边主义的端倪与成型》，《海峡法学》2020 年第 3 期。

［42］《中华人民共和国和俄罗斯联邦关于中俄睦邻友好合作条约签署二十周年的联合声明》，《人民日报》2021 年 6 月 29 日，第 2 版。

［43］徐能武、高杨予兮：《太空军备控制：复合建构与多点施策》，《上海交通大学学报（哲学社会科学版）》2019 年第 4 期。

［44］Joan Johnson-Freese. The Outer Space Treaty and the weaponization of space. *Bulletin of the Atomic Scientists*，Vol.75，No.4，2019，p.140.

［45］王国语：《国际规则视角下的外空军控发展形势》，《世界知识》2020 年第 21 期。

# 总体国家安全观视角下外国代理人法律制度

## ——兼论我国的相关应对*

马忠法　孙玉山**

**摘要：**政治安全是总体国家安全观的根本及核心所在。随着国际关系的变化发展，影响政治安全的因素有了新的特点，对维护政治安全也提出了新的要求。其中，外国代理人是影响政治安全的一个重要因素。域外一些国家的外国代理人法律制度发展经验较为丰富，其内容包括外国代理人及其活动的界定、注册登记事项，以及外国代理人的义务和政府的监管等，具有一定的借鉴价值。我国当前面临的外国代理人活动问题较为突出，境外势力操纵下的外国代理人活动应引起足够重视，我国当下面临的政治安全压力不容小觑。为有效防范外国代理人可能带来的政治安全风险，我国应运用法治方式，有效应对防范外国代理人可能带来的政治安全风险。在我国短期内暂不制定专门的外国代理人法的情况下，我国可以通过《反间谍法》和《境外非政府组织管理法》来强化对外国代理人的监管，并适时制定符合我国国情的《外国代理人管理法》，以维护我国政治安全，落实总体国家安全观的要求。

**关键词：**总体国家安全观；外国代理人；外国代理人法；境外非政府组织；政治安全

* 本文系作者主持或参与的国家社会科学重大项目"构建人类命运共同体国际法治创新研究"（项目批准号：18ZDA153）及国家社会科学基金重点项目"人类命运共同体国际法理论与实践研究"（项目批准号：18AFX025）的阶段性成果。

** 马忠法，复旦大学法学院教授、博士生导师；孙玉山，复旦大学法学院博士研究生。

## 一、问题的提出

党的十八大后,习近平总书记站在党和国家发展全局的高度,审时度势,根据当时我国所处的国内和国际客观环境,科学研判我国所处的特殊历史定位,提出了总体国家安全观,深刻指出,影响我国国家安全的"内外因素比历史上任何时候都要复杂","当前我国国家安全的内涵和外延比历史上任何时候都要丰富"。[1]总体国家安全观的提出,是新时代我国保持繁荣稳定和安全发展的必然要求。总体国家安全观内容丰富、体系科学,涉及国家安全的方方面面。其中,政治安全是国家安全体系中根本、核心的内容。近年来,国际形势的变化使影响政治安全的因素呈现出新的特点,对维护政治安全也提出了新的要求。和平年代,国际博弈和斗争常在无形中进行。各种危害国家安全的行为往往以更加隐蔽的方式在暗中开展,其方式方法更为狡猾,且难以察觉。其中,利用外国人开展危害政治安全的行为就是一种惯用手法。

外国代理人(Foreign Agent)①[2]的概念最早由美国在第二次世界大战(简称二战)之前提出,其主要应用于对抗外国政治宣传、反颠覆等领域。在二战爆发前,为防止当时的纳粹势力在美国国内宣传、渗透,[3]美国于 1938 年制定颁布了《外国代理人登记法》,②用以规范外国代理人的活动。所谓外国代理人,是指接受外国政府、组织或其他外国势力的委托和资助,并为其从事某种非商业性活动的组织和人员。[4]近年来,随着国际关系中不稳定因素及对抗因素的增加,外国代理人制度被越来越多的国家所运用,我国部分学者对这一现象进行了研究。部分学者对外国代理人法律制度比较完善的美国和俄罗斯两国的相关制度进行了系统性介绍;[5][6]部分学者通过比较研究,分析了我国在外国代理人监管方面所面临的问题;[7]部分学者对域外外国代理人法的共性及中国是否需要进行

---

① 美国语境下的"外国代理人"并非绝对构成对政治安全的威胁,其只有在违反法律规定的相关披露义务时,才会遭受法律制裁。由于美国在当今世界上具有重要的影响,一些国家为了维护本国政府或公司的利益去抢占美国市场,纷纷雇请美国公民充当代理人,运用各种手段去影响美国国会的立法,以便做出有利于它们的决策。于是"外国代理人"便成为一些国家在美国从事院外活动的重要手段。

② 美国 1938 年《外国代理人登记法》(Foreign Agents Registration Act,FARA),该法后经多次修改,最新的版本汇编于《美国法典》第 22 编第 11 章第 611—621 条。

相关立法进行了研究。[8]现有研究成果主要关注国别外国代理人法律制度问题以及我国在实践中存在的问题。笔者在已有研究的基础上,围绕总体国家安全观的要求,分析我国在外国代理人方面所面临的风险和挑战,通过对域外相关国家的外国代理人法进行研究,探讨我国规制外国代理人的法律制度路径。

## 二、总体国家安全观视角下的政治安全与外国代理人

总体国家安全观是习近平总书记在百年未有之大变局下就中国国家安全保障提出的根本要求和行动指南。作为一个内容丰富、开放包容、不断发展的思想体系,其核心要义可以概括为五大要素和五对关系,其所涉领域主要包括政治安全、国土安全、军事安全、经济安全、文化安全、社会安全、科技安全、网络安全、生态安全、资源安全、核安全、海外利益安全、生物安全、太空安全、极地安全和深海安全等。2014 年 4 月 15 日,习近平总书记在中央国家安全委员会第一次会议上首次提出“总体国家安全观”的概念,并深刻指出了由“以人民安全为宗旨,以政治安全为根本,以经济安全为基础,以军事、文化、社会安全为保障,以促进国际安全为依托”等五大要素构成的中国特色国家安全道路,并系统性地提出了处理好“五对关系”,①明确了总体国家安全观的科学方法体系。以此为起点,总体国家安全观成为我国国家安全工作的指导思想,并在实践中逐渐发展、日臻完善。2015 年 7 月 1 日,我国《国家安全法》正式生效,该法首次明确了“总体国家安全观”的指导思想地位。2017 年 10 月,党的十九大将坚持总体国家安全观写入党章。2020 年 12 月,中央政治局就切实做好国家安全工作举行第二十六次集体学习,习近平总书记就贯彻总体国家安全观提出“十个坚持”的重要要求,②这是对总体国家安全观的系统性集成和提炼,标志着总体国家安全观的理论体系正式形成。2021 年 11 月,党的十九届六中全会通过了《中共中央关于党的百年奋斗重大成就和历史经

---

① “五对关系”,即外部安全与内部安全的关系、国土安全与国民安全的关系、传统安全与非传统安全的关系、发展问题与安全问题的关系、自身安全与共同安全的关系。

② “十个坚持”,即坚持党对国家安全工作的绝对领导、坚持中国特色国家安全道路、坚持以人民安全为宗旨、坚持统筹发展和安全、坚持政治安全放在首要位置、坚持统筹推进各领域安全、坚持把防范化解国家安全风险摆在突出位置、坚持推进国际共同安全、坚持推进国家安全体系和能力现代化、坚持加强国家安全干部队伍建设。

验的决议》,把维护国家安全列为党的十八大以来十三个方面重大成就之一,并创造性地提出了"五个统筹",①总体国家安全观得到进一步升华。由此,由"五大要素""五对关系""十个坚持"和"五个统筹"作为核心内涵的总体国家安全观,成为我国国家安全工作的行动指南。总体国家安全观的关键是"总体"两字。[9]"总体"统筹国家安全在各领域的工作,国家安全工作走向多元协调发展的新局面。在《国家安全法》通过之后,为了有效落实总体国家安全观提供法治保障,我国先后通过和实施了《网络安全法》(2016 年)、《核安全法》(2017 年)、《生物安全法》(2020 年)、《香港特别行政区维护国家安全法》(2020 年)及《数据安全法》(2021 年),加上 2015 年之前通过的《海上交通安全法》(1983 年通过,2016 年、2021 年修订)、《矿山安全法》(1992 年通过,2009 年修订)、《道路交通安全法》(2003 年通过,2007、2011、2021 年修订)、《农产品质量安全法》(2006 年通过,2018、2022 年修订)、《食品安全法》(2009 年通过,2015、2018、2021 年修订)及《特种设备安全法》(2013 年)等,我国国家安全方面的法律体系基本建成。

在总体国家安全观战略思想体系中,政治安全是国家安全的根本,上述有关安全方面的立法,也直接或间接地以维护政治安全为首要任务。所谓"根本",即基础或本质之意,常用于比喻某一事物的本源、根基,因此,政治安全对于国家安全的重要性不言而喻。党的二十大报告以专章的形式对国家安全做出战略部署,其中强调要坚持"以政治安全为根本","坚定维护国家政权安全、制度安全、意识形态安全"。国家政治安全的核心要义中最基础的是维护主权独立和领土完整,最核心的是政权安全和制度安全。维护政治安全在我国直接体现为坚持中国共产党的领导地位不动摇,坚持社会主义制度不动摇。

随着国际关系的变化以及科技的发展,影响我国政治安全的因素有了新特点,对维护我国政治安全的工作也有了新要求。我国《国家安全法》第15 条指出了维护国家安全的任务,②其中特别要求"防范、制止和依法惩治

---

① "五个统筹",即统筹发展和安全、统筹开放和安全、统筹传统安全和非传统安全、统筹自身安全和共同安全、统筹维护国家安全和塑造国家安全。

② 《国家安全法》第 15 条规定:"国家坚持中国共产党的领导,维护中国特色社会主义制度,发展社会主义民主政治,健全社会主义法治,强化权力运行制约和监督机制,保障人民当家作主的各项权利。国家防范、制止和依法惩治任何叛国、分裂国家、煽动叛乱、颠覆或者煽动颠覆人民民主专政政权的行为;防范、制止和依法惩治窃取、泄露国家秘密等危害国家安全的行为;防范、制止和依法惩治境外势力的渗透、破坏、颠覆、分裂活动。"

境外势力的渗透、破坏、颠覆、分裂活动"。改革开放以来,大量境外组织和个人来到我国,其中大部分组织和个人能够遵守我国法律,部分组织和个人还为我国的发展发挥了积极的作用。但是,部分受境外势力操控的外国代理人潜伏在我国各行各业,其往往以合法的境外非政府组织(简称境外NGO)的名义从事各类危害我国政治安全的违法行为,对我国国家安全构成重大威胁。在面临世界百年未有之大变局和推进中华民族伟大复兴征程的时代背景下,我国仍将面临各种难以预见的政治安全风险。为了有效防范外国代理人可能带来的政治安全风险,我国应强化法治思维,运用法治方式,有效应对和防范外国代理人可能带来的各类政治安全风险,运用法治手段与境外敌对势力做斗争,有效维护我国的国家安全。

### 三、域外外国代理人法律制度的发展情况

国际交往对外国势力对本国的影响并不予以禁止。包括政府及企业在内的外国势力出于自身利益的考虑,往往会想方设法地影响他国的政策以服务于自身的利益。事实上,在全球化的宏观趋势下,一国完全禁止他国势力对本国政治的影响是不切实际的。但是,在现实中,部分外国势力通过代理人来进行政治活动,以更加隐蔽的方式影响他国决策可能影响他国的国家安全。为防止本国政策被外国势力不当干涉而损害国家安全,一些国家立法建立外国代理人法律制度,要求外国代理人进行一定的身份和信息披露并服从一定的监管,以维护本国国家安全。

#### (一)美国的发展情况

美国是最早制定外国代理人法律制度的国家,并有 80 多年的实践经验。美国于 1938 年颁布《外国代理人登记法》,用以规范外国代理人的活动。该法规定,凡是受到外国政府、政党等直接或者间接委托,在美国从事活动的组织或个人,必须到美国司法部进行登记,并且要定期公布其在美国的所有活动情况,包括从外部获得的资金、物品的数量及用途等情况;允许此类组织或个人从事政治活动,但如果从事与政治有关的活动,就必须提出详细的报告;此类组织或个人的一切活动情况,包括相关人员、钱、物等都要受到高度监管,如果有所隐瞒,这些组织或个人将会承担包括罚款、刑事处

罚等在内的法律制裁。[10]近年来,受 2016 年"通俄门"事件的影响,[11]美国对外来势力对本国的影响非常关注,美国《外国代理人登记法》运用情况颇为活跃,多次要求多家外国在美组织注册为外国代理人。近年来,包括《中国日报》《人民日报(海外版)》《新民晚报》驻美机构以及中国国际电视台北美分台等多家我国在美媒体机构被要求注册为外国代理人。[12]

### (二)俄罗斯的发展情况

苏联解体后,一大批自称以推动民主、保护人权等为宗旨的境外 NGO①在俄罗斯出现。[13]部分组织接受了外国某些机构或外国人的资助和指示,充当外国机构的代理人,以合法的形式在俄国内从事各类影响俄罗斯国内局势的行为,一些活动有损俄罗斯国家安全。20 世纪 90 年代中期,俄罗斯先后制定了《社会联合组织法》《非营利组织法》等,以对此类组织进行有效规制。苏联解体(特别是 2000 年)以来,西方国家对苏联解体及"社会主义制度"的废除仍不满足,继续推动"颜色革命",以让这些国家完全投入西方阵营的怀抱。一些受外国机构资助的 NGO 在其中煽风点火、推波助澜,通过组织游行示威、支持反对派运动、影响舆论等方式对相关国家局势和稳定施加作用,产生了十分恶劣的影响。作为苏联政治、军事遗产最大的继承者,俄罗斯便是这些西方国家最关注的国家。为确保本国局势稳定,俄罗斯于 2005—2006 年对《社会联合组织法》《非营利组织法》进行了修改,对此类 NGO 的活动进行限制,明确要求其不得从事危害俄罗斯国家安全的行为。在此情况下,该类组织转而开始支持俄罗斯国内的 NGO,通过扶持资助俄本国 NGO 继续从事相关政治活动。[14]2011—2012 年,在俄罗斯大选前后,一些受外国机构资助的 NGO 通过互联网平台大量传播舞弊证据,煽动民众对政府的不满,导致大规模反对派运动,对俄局势产生重要影响。[15]此次反对派运动使俄罗斯政府进一步深刻认识到 NGO 所具有的强大影响力。有鉴于此,此次风波后,俄罗斯先后出台了一系列法律加强对此

---

① 关于非政府组织的名称和概念,不同国家有不同的名称。其他名称还包括:非营利组织、志愿者组织、公民社会组织、第三部门等。一般认为,该类组织的活动空间主要指被称为"第一部门"的企业系统以及被称为"第二部门"的政府系统外的空间,具体包括保护环境、消除贫困、提供其他社会服务等。本文为便于论述,统一将该类组织称为非政府组织(NGO)。

类 NGO 的监管。其中，2012 年出台的《外国人代理法》无疑是最重要、最具影响力的。该法将一些 NGO 作为外国机构、组织和个人的代理人加以管理，对该类组织或个人的资金来源、活动范围进行严密的监管，对逃避监管的此类机构或个人予以法律制裁。此后，俄罗斯于 2017 和 2019 年两次修改法律，将外国代理人的范围扩展至传媒和信息领域，进一步加强了对外国代理人的监管。2020 年，俄罗斯出台《应对国家安全威胁补充措施的法律修正案》，对外国代理人监管制度予以完善。[16]

2022 年 2 月 24 日，俄罗斯对乌克兰发动"特别军事行动"。随后，以美国为首的西方国家开始对俄实施大规模的制裁，不少跨国公司在 NGO 的游说和多种因素考量之下，也加入对俄制裁行列，或暂停在俄业务，或直接退出俄市场，给俄社会经济造成巨大损害。"特别军事行动"开始以来，一系列来自国外的制裁使得俄社会经济发展面临重重挑战，国内矛盾尖锐。在此情况下，一些 NGO 或个人利用俄国内部分民众的反战情绪，组织策划游行示威活动，通过影响舆论进一步激化俄罗斯国内矛盾，危害国家社会稳定。在此背景下，为有效维护国家安全、打击敌对势力，俄罗斯制定出台了《关于受外国影响人员活动监督法》（以下简称《监督法》），进一步扩大了规范外国代理人的范围，收紧了对外国代理人活动的监管，此举有着较强的现实意义。

### （三）其他国家的发展情况

除美俄两国以外，其他国家也有较成熟的法律规定，例如德国制定了《社团法》《基金会法》；法国出台了《非营利社团管理法》《国内安全法》。21 世纪以来，又有一些国家开始进行类似立法。[17] 部分已有此类法律的国家结合其国情及国际局势进一步对其法律进行了完善。例如，新加坡于 2021 年 10 月制定出台了《反外国干涉法》，规定在外国代理人传播影响国家政治和煽动社会问题的有害信息时，政府有权下令要求社交媒体协助政府进行调查；[18] 澳大利亚于 2018 年制定了《外国影响透明法》，[19] 要求代表外国政府和外国利益的组织、机构和个人必须公开其行为，并在公开注册的名单上登记，其目的在于使外国对澳大利亚政治的影响更加透明；加拿大政府也正在继续寻求新的和创新的方法来加强其为对付外国干涉而采取的措施，目前加拿大正在加紧制定《外国代理人法》。[20]随着国际局势的变化,外国代理人法已经逐渐成为各国维护本国国家安全的重要手段之一。可见,近年来,各国开展外国代理人立法的趋势更加明显,外国代理人法已逐渐受到国际社会的重视。

## 四、外国代理人法律制度的主要内容

外国代理人法律制度的内容广泛,各国现已生效的外国代理人法律制度存在一定的差异,但主要内容差别不大。笔者以俄罗斯 2022 年 12 月 1 日最新生效的《监督法》为例,分析外国代理人法律制度的主要内容。《监督法》在俄 2012 年《外国人代理法》等诸多法律及其后续修改的基础上,对外国代理人制度进行了补充和完善。《监督法》全文共计 14 条,除最后两条规定废止相关法律及本法生效时间的附则性条款外,前 12 条从不同角度对俄罗斯现有外国代理人法律制度予以完善。概括而言,《监督法》主要包括以下三个方面的内容:一是关于外国代理人及其活动的界定,为实体性的规范;二是关于登记注册事项,为程序性规范;三是关于外国代理人的义务及政府的监管,以外国代理人自律及政府监管为核心。

### (一)关于外国代理人及其活动的界定

《监督法》将外国代理人界定为接受外国支持或以其他形式受外国影响并从事本法第 4 条规定活动的人。《监督法》通过肯定性列举与否定性排除相结合的方式进一步明确"外国代理人"范围。前者规定:① 不论其组织形式和法律形式的各种俄罗斯或外国法人实体;② 不成立法人实体的公共协会;③ 其他人的协会;④ 不成立法人实体的外国实体;⑤ 无论其国籍或无国籍的自然人,均可被视为外国代理人。而后者则明确将俄公共权力机构、受俄控制的个人、俄联邦主体、市政实体、公法公司等排除在外国代理人之外。① 此外,《监督法》还将外国代理人的范围扩展至受外国影响的人,而不局限于受外国各种资助的人。在具体的实施过程中,执法机构对"外国影响"一词有较大的解释空间。

---

① 《监督法》第 1 条规定。

《监督法》明确了外国来源的范围，不仅包括外国、外国公共当局、国际和外国组织、外国公民、无国籍人、无法人资格的外国实体等具有涉外因素的个人或组织，而且包括前述主体授权、资助或作为它们活动的受益人等各种俄罗斯公民和法人。① 该规定对"外国来源"作出了十分宽泛的界定，将来自外国的国际组织及资助、支持或影响的最终源头均视为"外国来源"，特别是将外国主体授权、资助的俄罗斯公民和法人以及相关活动受益人为俄罗斯公民和法人的也视为"外国来源"，对在俄罗斯设立的各类企业主体将会产生较大影响。

《监督法》采用正面列举、明确定义与负面排除相结合的方式对外国代理人从事的活动范畴给予了规定，对活动的形式进行了详细列举。② 正面列举的活动有政治活动、有针对性地收集俄军事和技术活动领域的信息、向不受限制的人分发信息和材料或参与创建此类信息和材料等，以及该条规定的其他活动。其中，政治活动只看活动本身而不论其宗旨和目的。政治活动不包括科学、文化、艺术、卫生、预防等领域的活动。同时，该条还列举了政治活动采取的形式。③

（二）关于登记注册事项

《监督法》第 5 条规定，外国代理人应在登记册上进行登记，登记内容包括外国代理人的姓名、赞助人（如有）或名称的信息，以及有关其列入登记册的理由的信息等。对于维持程序与登记信息，《监督法》授权登记机构便宜行事。此外，《监督法》还要求将登记信息在互联网上予以公示，以接受社会的监督。

《监督法》还创立了与外国代理人有关联的自然人统一登记制度，要求

---

① 《监督法》第 3 条规定。
② 《监督法》第 4 条规定。
③ 政治活动采取以下形式有：a. 以集会、集会、示威、游行、纠察等形式，或者以这些形式的不同组合，组织和举行公开辩论、讨论、演讲等形式，参与组织和举行公共活动；b. 参与旨在在选举、公民投票中取得一定结果的活动，监督选举、公民投票的进行，组建选举委员会、公民投票委员会，参与政党的活动；c. 对公共权力机构及其官员的公开呼吁，以及影响这些机构和人员活动的其他行为，包括旨在通过、修改、废除法律或其他规范性法律行为的行为；d. 通过现代信息技术等手段，传播对公共当局所作决定和所采取政策的意见；e. 形成社会政治观点和信仰，包括通过进行民意调查和公布其结果或进行其他社会学研究；f. 公民（包括未成年人）参与上述第 1—5 项规定的活动；g. 资助前述活动等。

与外国代理人有关联的自然人也要进行登记,其范围具体包括外国代理人的组成部分和其创始人、成员、参与者、负责人或雇员等。[①] 此外,《监督法》第7条还规定了列入登记册的程序,要求从事外国代理人工作的自然人在其行动开始前主动向授权机构申请列入登记册,对于没有主动申报的自然人,授权机构将在发现之后将其列入登记册。[②] 但是,《监督法》关于这一方面的规定原则性较强,具体事项授权于被授权机构(一般为注册登记机构)。

对于从登记册中删除的程序,《监督法》第8条规定了几种将外国代理人排除在登记册之外的理由,包括法人因清算而终止活动,终止不成立法人实体的公共协会、其他协会、不成立法人实体的外国机构的活动,自然人死亡以及其他几类特殊的可从登记册中删除的情形。从登记册中删除的程序包括个人提出申请、授权机构进行检查以及授权机构作出决定等步骤。上述规定意在使外国代理人登记规范、有序和透明,为有效监管创造条件。

(三) 关于外国代理人的义务及政府的监管

《监督法》明确了外国代理人从事相关活动时所应履行的义务,强化了国家对外国代理人的控制及其法律责任。《监督法》第9条通过13个条款对外国代理人的义务予以规定,内容较为全面,主要包括从事政治活动时应及时向相关机构报告,主动公示身份、活动内容及传播渠道(包括互联网等),进行年度会计和统计报告,向指定机构提交特定材料,每半年公布一次活动报告等。

关于政府对外国代理人活动的监管,《监督法》第10条规定,国家可以对外国代理人及其相关人员依据法律规定进行监督和控制,在必要时可以基于多种理由对其进行突击检查,授权机构需要每年向俄罗斯联邦议会两院提交一份关于外国代理人活动的报告。关于对外国代理人活动的限制,《监督法》第11条对登记在册的外国代理人的有关职务、岗位、活动等进行了严格的限制,例如登记在册的自然人不得被任命担任公共权力机构的职

---

① 《监督法》第6条规定。
② 《监督法》第7条第4款规定了两类免除申请列入登记册义务的人员:派驻俄罗斯联邦的外国记者;根据授权机构在安全、国家保护、对外情报和国防领域与联邦行政权力机构协商后按照既定程序做出决定的相关人员。

务(包括不得担任国家公务员或市政服务机构的职务,不得成为选举委员会、公民投票委员会的成员等);外国代理人不得影响选举活动;对外国代理人的资金动向进行严格限制,其无权获得国家财政支持;外国代理人无权在国家和市政教育机构开展未成年人教育活动和教学活动,不得为未成年人生产信息产品;不得以专家身份参与国家环境鉴定等。可以说,《监督法》第11条使外国代理人的活动空间受到十分严格的限制。对于违反相关法律规定的外国代理人,《监督法》第12条明确了其将承担行政、刑事和其他责任,但对于应当承担什么责任,《监督法》并未予以说明。

总体而言,《监督法》条理清晰、内容丰富,从外国代理人的界定、活动范围、登记注册、义务、监管以及法律责任等多个角度对外国代理人进行了全面规制。此外,《监督法》原则性、概括性内容较多,其具体实施还有赖于被授权机构的后续落实,其效果如何,有待生效后具体考察。《监督法》有效填补了俄罗斯在外国代理人监管的某些方面存在的空白和漏洞,有利于维护国家安全与稳定。就立法技术和内容而言,俄罗斯《监督法》在现有生效的各国外国代理人法律中较为全面完善。

### 五、我国面临的外国代理人活动问题的分析

改革开放以来,一大批境外 NGO 在我国注册登记并开展活动。根据公安部境外非政府组织管理办公室的统计数据,截至 2023 年 10 月,在我国注册登记的境外 NGO 共计 712 个,其活动范围涵盖贸易、文化交流、慈善、环保等诸多方面,这些组织经报备开展的临时活动累计高达 5 400 余次。[21]可见,境外 NGO 已经发展成为一股具有重要影响力的社会力量。但是,部分隐匿在其中的外国代理人披着合法的外衣从事各类危害我国政治安全的非法行为,其潜在的风险和危害巨大。

(一)境外势力操纵下的外国代理人活动应引起足够重视

自二战结束后,社会主义与资本主义阵营形成冷战局面,美国等西方国家对社会主义国家进行和平演变的想法与努力一直没有停止,并且在 20 世纪 80 年代末—90 年代初取得效果,东欧剧变、苏联解体是其具体体现。此后,它们试图对中国等意识形态与其不一致的新兴国家进行和平演变,且形

式更为多样,尤其是在这些国家加大对外开放的背景下,手段不断翻新。其中,它们所仰仗的最重要的一个抓手是各种合法形式包装下的NGO。从表面上看,NGO不代表任何国家和政府,相对中立,容易得到民众认可。客观而言,大多数NGO对一国社会经济发展具有重要的影响,一些NGO在政府的正确引导和管理之下,积极参与各类社会事务,在环境保护、消除贫困、医疗、教育、文化交流等领域发挥了积极的作用。但是,NGO鱼龙混杂,一部分NGO受外国机构资助、干预、影响甚至操纵,往往打着各类公益的旗号在一国境内从事其宗旨范围以外的事务,伺机挑起事端,造成所在国社会危机或矛盾,危害所在国国家安全。从1989年捷克斯洛伐克发生的"天鹅绒革命",到21世纪初期发生的各种"颜色革命",再到2010年从突尼斯开始并蔓延至整个阿拉伯世界的"阿拉伯之春",直到2022年年初发生的哈萨克斯坦骚乱,"颜色革命"波及全球多个国家和地区,给所在国家和民众造成深重的灾难。[22]其中,大批受外国势力资助的外国代理人浑水摸鱼,造成了十分恶劣的影响和后果。因此,有必要将其设立与活动纳入法治的轨道,通过法律手段有效规范、制约其行为。

### (二)我国当下面临的政治安全压力不容小觑

我国是美国臆想的最大的竞争对手。长期以来,美国利用一切手段,通过多种方式干涉我国国内事务,阻碍我国和平发展并试图在我国国内制造矛盾或危机,给我国国家安全带来威胁。其中,利用外国代理人(尤其以NGO为重点)并结合境外敌对势力对我国进行明刀暗枪的破坏是其惯用伎俩。自中华人民共和国成立以来,美国政府通过外国代理人实现其政治目的的企图从未停止过。特别是近年来,随着我国综合国力的不断提升,美国试图遏制我国和平发展的企图愈加明显,美国政府操控下的各类机构扶持的各类外国代理人的颠覆活动也更加嚣张。以美国国家民主基金会为例,①该组织是由美国政府出资,以推动所谓"全球民主化"为宗旨的非政府组织,该组织在策划"颜色革命"、煽动他国内乱、破坏他国国家安全上可谓臭名昭著。此外,一些打着公益旗号的NGO对我国也可能产生巨大的负

---

① 美国国家民主基金会(The National Endowment for Democracy, NED),于1983年在美国华盛顿成立。

面影响。

　　不少受境外势力资助的外国代理人热衷于"发掘"我国国内敏感问题，通过舆论炒作混淆视听，抹黑我国党和政府，通过拉拢少数社会弱势群体，煽动民众对党和政府的敌对情绪；[23]部分外国代理人编造所谓的"证据"，从事分裂我国的敌对活动。除此以外，在知识产权、人权保护等相关领域，受到外国代理人操纵、干预、影响的事例还有很多。这些方面的行为不仅给我国相关企业、行业及国家带来了损失，而且危害我国国家安全，损害国家形象。然而，由于我国目前尚无专门的《外国代理人法》，这些受资助的组织和个人往往无须主动申报，常以其他合法的身份对外交往，潜伏在社会各行各业，其活动十分隐蔽，国家机关往往较难主动发现其真实身份，也很难对其进行有效的监管。此外，法律的缺位也使得我国即使能够及时发现此类非法活动，也较难通过运用合适的法律对其予以惩罚。总之，我国在国家安全方面仍面临着一定的压力，外国代理人法的缺位使我国境内的外国代理人较难得到有效监管。

　　（三）我国现有相关法律制度无法对外国代理人进行有效监管

　　为加强对境外 NGO 的有效管理，我国于 2016 年制定出台了《境外非政府组织境内活动管理法》（简称《管理法》），并于 2017 年对《境外非政府组织境内活动管理法》进行修改完善。虽然《管理法》对引导境外 NGO 规范运行、防范境外势力不当渗透、维护我国国家安全具有重要的积极效用，但是，《管理法》不同于《外国代理人法》，两者在诸多方面存在区别，两者所发挥作用的侧重点不同，前者无法取代后者的特殊效用。

　　首先，两者的监管逻辑不同。《管理法》侧重于通过行政措施对境外 NGO 在我国境内的各类活动进行主动管理，其适用范围相对较小，对于非境外 NGO 或者不是在我国境内开展的活动，《管理法》无法进行有效监管。而外国代理人法的监管逻辑则要求受外国资助的组织和自然人主动披露其资助来源及活动等情况，确保外国代理人所在国政府和公民的知情权，故外国代理人法的适用范围相对较广，一切受外国资助的机构和自然人，无论其是境外组织或自然人还是本国组织或自然人，均要受到外国代理人法的规制。[24]具体而言，受外国代理人法规制的主体既有可能包括境外非政府组织在本国注册的机构,例如外商投资企业,也有可能包括本国法人、非法人组织和自然人,在某些情形下甚至还包括受境外势力资助而在本国从事活动的外国法人、非法人组织以及自然人。

其次,两者的实施效果不同。境外 NGO 的名称本身不构成负面评价,在大多数语境中甚至还具有推动社会经济发展的正面评价。《管理法》可以规范境外 NGO 的活动,引导其发挥积极作用,而"外国代理人"的术语天然带有污名化的负面效果。某一组织一旦被认定为外国代理人,其活动的开展必将在不同程度上受到限制。而外国代理人法的目的在于通过监督和限制外国代理人的活动来确保国家安全。

最后,两者的法律责任不同。除极少数违法行为(例如分裂国家、破坏国家统一、颠覆国家政权等触犯刑法的犯罪行为,将对直接责任人员依法追究刑事责任;违反治安管理的行为构成犯罪的,将依法追究当事人的刑事责任)外,违反《境外非政府组织境内活动管理法》一般不会被追究刑事责任。但是违反外国代理人法则往往需要承担一定的刑事责任。

综上所述,在百年未有之大变局的时代背景下,我国所面临的来自外国代理人的潜在国家安全风险应当引起足够的重视。外国代理人法在维护国家安全方面具有十分独特和重要的作用,我国当前已有的《境外非政府组织境内活动管理法》等诸多法律法规无法完全替代外国代理人法的特殊作用。我国可以借鉴俄罗斯等其他国家的经验,在适当的时机制定符合我国国情的外国代理人法,以有效维护我国社会稳定与国家安全。

## 六、我国规制外国代理人的法律制度路径分析

目前,我国还没有专门的外国代理人法,现有立法也没有相关条款直接使用"外国代理人"一词。近年来,一些立法间接涉及外国代理人,例如2023 年 7 月 1 日起施行的《对外关系法》第 38 条规定:中华人民共和国依法保护在中国境内的外国人和外国组织的合法权利和利益。国家有权准许或者拒绝外国人入境、停留居留,依法对外国组织在境内的活动进行管理。在中国境内的外国人和外国组织应当遵守中国法律,不得危害中国国家安全、损害社会公共利益、破坏社会公共秩序。2014 年 11 月 1 日起施行的《反间谍法》在对间谍行为进行界定时也提到了"代理人"的概念。从十四届

全国人大常委会公布的《十四届全国人大常委会立法规划》来看,未来几年我国大概率不会制定专门的外国代理人法。[25]面对复杂多变的国内外环境,我国可以从其他一些法律制度的角度来加强对外国代理人的监督管理,达到有效规制外国代理人的效果,切实维护我国的国家安全。

首先,从反间谍法的角度来看,《反间谍法》将间谍组织代理人的相关违法行为也视为间谍行为。2023 年 7 月 1 日,新修订的《反间谍法》扩大了间谍行为所包含的范围,将"间谍组织及其代理人实施或者指使、资助他人实施,或者境内外机构、组织、个人与其相勾结实施针对国家机关、涉密单位或者关键信息基础设施等的网络攻击、侵入、干扰、控制、破坏等活动"纳入间谍行为的范畴,①同时还加大了对间谍组织代理人的惩处力度。从修改的内容来看,新修订的《反间谍法》加大了对外国代理人非法行为的打击力度,但是从有效规制外国代理人活动的角度来看,其内容还不够全面。例如,《反间谍法》对于一些接受境外势力委托但并未直接从事违反《反间谍法》行为的情况没有进行规定。目前,与《反间谍法》密切相关的《反间谍法实施细则》(简称《实施细则》)尚未进行修改。建议在《实施细则》中对外国代理人的活动界定及监管进行更为明确的规定,以实现对其有效监管。

其次,从境外非政府组织管理法来看,我国已经于 2006 年颁布《境外非政府组织境内活动管理法》。虽然本文分析了该法和外国代理人法的区别,但是该法客观上规范了境外 NGO 在我国的活动,加强了政府对于境外 NGO 在我国各类活动的监督,能够更加高效地发现隐匿在其中的外国代理人,打击相关危害国家安全的行为。基于我国尚无外国代理人法的现实情况,可以从加强《管理法》落实应用的角度来有效规制外国代理人。一方面,建议加强对境外 NGO 资金去向的监管。境外 NGO 资金主要来自境外,其来源相对较为单一,但其资金去向由于涉及社会面广泛而十分多样,加强对资金去向的监督检查可以有效防范境外资金用于政治活动的非法现象。另一方面,建议明确单一的政府主管部门。目前,对于境外 NGO 的监督管理,我国采取各部门分工的模式,公安部和省级公安机关负责登记管理,国务院有关部门和单位、省级人民政府有关部门和单位是开展活动的相应业

---

① 《中华人民共和国反间谍法》第 4 条第(四)款规定。

务主管单位,县级以上人民政府公安机关和有关部门在各自职责范围内实施监督管理、提供服务。① 这一模式可以有效发挥各职能部门的作用,有利于境外 NGO 在我国开展相关公益事业,但从监管的角度来看,这并不有利于高效打击其中可能存在的违法犯罪问题。拥有行政决定权和行政处罚权的公安机关更适合统一履行监督、管理和服务境外 NGO 的职责,这既有利于国家依法为境外 NGO 开展公益事业提供保障,也有利于国家高效打击隐匿在其中的违法犯罪活动。以美国和俄罗斯为例,两国均将实施外国代理人制度的职责赋予具有行政执法权的司法部,以确保高效便捷管理实施外国代理人制度。

最后,从外国代理人法的角度来看,建议我国在归纳、分析、总结以往危及国家安全的典型事例的基础上,借鉴俄罗斯等国的丰富经验,在适当的时候制定符合我国国情的外国代理人法,打击危害国家安全类的违法犯罪活动,有效减少其他国家势力对我国在政治、经济、文化等诸多方面的不良影响和干涉,维护我国国家安全。但是,需要强调的是,外国代理人制度是一把"双刃剑",处理得当可有效平衡好国家利益与国际利益的关系,获得国内安全稳定与国际关系和谐的双保证;处理不当则可能不利于本国的国际交往,给国际社会留下封闭保守的印象,不符合我国负责任大国的国际形象,也不利于我国社会经济的发展和对外交往。[26]因此,考虑到外国代理人法的高度政治敏感性及其名称本身所自带的"污名化"效应,我国在出台外国代理人法的时机以及如何平衡公民权利保护和国家监管方便、发挥 NGO 的积极作用等方面应周密考虑,平衡好各方的利益,积极发挥好外国代理人法监督和服务的双重职能。

## 七、结语

习近平总书记指出,要坚持把政治安全放在首要位置,维护政权安全和制度安全。[27]总体国家安全观的思想体系开放包容、与时俱进,在世界处于动荡变革期的时代背景之下,中国将面临更多的战略机遇与风险挑战,做好对外国代理人的监督管理工作是落实好总体国家安全观中政治安全的应有

---

① 《境外非政府组织境内活动管理法》第 6—7 条规定。

之义。外国代理人法律制度内容丰富,在我国暂无制定专门外国代理人法
的计划的现实情况下,我国可以多措并举,从与外国代理人法相关的法律制
度着手,完善相关法律制度,切实抓好对外国代理人的监管工作。对于何时
制定符合中国国情的外国代理人法,目前还没有明确的时间线。但无论何
时制定,做好相关利益的平衡具有十分重要的意义,既要坚决维护我国的国
家安全,也要尽量减少可能出现的负面影响,实现国家安全与社会发展的双
保障。

**参考文献**

[ 1 ] 国务院新闻办公室、中央文献研究室:《习近平谈治国理政》,外文出版社 2014 年
　　　版,第 200 页。

[ 2 ] 谷维:《漫话美国的"外国代理人"》,《国际问题资料》1986 年第 12 期。

[ 3 ] 陈绚:《美国"外国代理人"注册媒介宣传游说规制》,《国际新闻界》2018 年第 1 期。

[ 4 ] 胡映卫、韩金强:《"境外资助代理人"与国家政治安全》,《国防》2019 年第 7 期。

[ 5 ] 罗辉:《从〈外国代理人登记法〉的演变看美国如何管控外国影响力》,《国际关系研
　　　究》2021 年第 2 期。

[ 6 ] 齐鑫:《美国〈外国代理人登记法〉及其影响》,《美国研究》2020 年第 1 期。

[ 7 ] 毛欣娟、陈映锦、刘小煊:《美俄外国代理人管理制度及启示》,《中国人民公安大学
　　　学报(社会科学版)》2021 年第 5 期。

[ 8 ] 江辉:《外国代理人法的域外经验与启示》,《国际法研究》2022 年第 1 期。

[ 9 ] 中共中央宣传部、中央国家安全委员会办公室:《总体国家安全观学习纲要》,人民
　　　出版社 2022 年版。

[10] Foreign Agents Registration Act 22 U.S.C. § 611 - 621. https://www.justice.
　　　gov/nsd-fara/fara-index-and-act♯612a,最后访问日期:2023 年 10 月 31 日。

[11] 齐鑫:《美国〈外国代理人登记法〉及其影响》,《美国研究》2020 年第 1 期。

[12] 龙小农、李婷:《从外国代理人登记看美国的国际话语权把控》,《青年记者》2019
　　　年第 10 期。

[13] 马庆钰:《对非政府组织概念和性质的再思考》,《天津行政学院学报》2007 年第
　　　4 期。

[14] 马强:《俄罗斯〈外国代理人法〉及其法律和政治实践》,《俄罗斯研究》2021 年第
　　　1 期。

[15] 郑润宇:《新普京时代的俄罗斯反对派——对 2011—2012 年俄罗斯反对派运动的
　　　思考》,《俄罗斯东欧中亚研究》2013 年第 3 期。

[16] 毛欣娟等:《美俄外国代理人管理制度及启示》,《中国人民公安大学学报(社会科

学版)》2021 年第 5 期。

［17］ 江辉：《外国代理人法的域外经验与启示》，《国际法研究》2022 年第 1 期。

［18］ 新加坡政府官网，https：//sso. agc. gov. sg/Acts-Supp/28-2021/Published/20211125？DocDate＝20211125，最后访问日期：2023 年 10 月 31 日。

［19］ 澳大利亚政府官网，https：//www. legislation. gov. au/Details/C2018A00063，最后访问日期：2023 年 10 月 31 日。

［20］ 加拿大议会官网，https：//www. parl. ca/legisinfo/en/bill/44-1/s-237，最后访问日期：2023 年 10 月 31 日。

［21］ 公安部境外非政府组织办事服务平台网站，https：//ngo. mps. gov. cn/ngo/portal/toInfogs. do，最后访问日期：2023 年 10 月 31 日。

［22］ 武雅君：《西方"颜色革命"从未停止》，《世界社会主义研究》2019 年第 8 期。

［23］ 王存奎、彭爱丽：《境外非政府组织在华运行现状及管理对策——以维护国家政治安全为视角》，《中国人民公安大学学报(社会科学版)》2021 年第 1 期。

［24］ 江辉：《外国代理人法的域外经验与启示》，《国际法研究》2022 年第 1 期。

［25］ 全国人民代表大会官网，http：//www.npc.gov.cn/npc/c2/c30834/202309/t20230908_431613.html，最后访问日期：2023 年 10 月 31 日。

［26］ 伊强：《美国"外国代理人"管理及对我国的启示》，《学理论》2014 年第 7 期。

［27］ 习近平主持中央政治局第二十六次集体学习并讲话，https：//www. gov. cn/xinwen/2020－12/12/content_5569074.htm，最后访问日期：2023 年 10 月 31 日。

# 国家安全泛化中的反制裁法律：困境、原因与应对

朱志远*

**摘要：** 中国反制裁法律面临两项问题：国际法层面合法性不足和反制裁法律制度协调不足。通过泛化国家安全的路径解决反制裁法律面临的问题，存在可能失败、有法理漏洞、导致涉外法治风险的缺陷。反制裁法律面临是否泛化国家安全的两难困境。造成反制裁法律困境的法外因素是风险社会时代安全泛化和美国泛化国家安全以重塑国际规则导致的国家安全概念泛化；法内因素是国家安全法概念不清。通过辨清总体国家安全观语境下国家安全和国家安全法的概念可知，泛化国家安全的方案不具备法理上的可行性。反制裁法律制度的协调问题暂时无法解决，反制裁措施的国际法层面合法性问题可以通过区分适用反制裁法律中的"国家安全"条款和"非国家安全"条款实现。

**关键词：** 国家安全；反制裁法；国家安全法；总体国家安全观

科学技术进步在推动人类社会发展的同时，也带来了许多不可预知的风险，人类社会随之进入风险社会时代，安全的范围不断扩大。"9·11"事件加速了安全范围的扩大，恐怖主义、跨国犯罪、公共卫生危机、网络安全问题、生态安全问题等非传统安全问题被广泛纳入各国的国家安全议题之中。[1]在"百年未有之大变局"下，国际局势复杂多变，以美国为代表的少数国家以"国家安全"为由破坏国际秩序，对中国的发展和崛起进行打压。为

---

* 朱志远，吉林大学国家发展与安全研究院博士。

适应安全形势的变化,中国的国家安全观不断调整,从传统安全观转变到纳入非传统安全议题的新安全观,再到进一步扩大国家安全范畴、强调统筹协调的总体国家安全观,[2]国家安全在世界范围显现泛化之势。[3]

美国正越来越多地泛化国家安全,通过长臂管辖、次级制裁等方法对中国进行限制和打压,发起针对中国的法律战。[4]作为应对,中国出台和修订了相关法律,建立了反制裁法律制度,包括《反外国制裁法》《阻断外国法律与措施不当域外适用办法》《不可靠实体清单规定》《出口管制条例》《对外经济贸易法》等,[5]通过法律手段维护国家核心利益。虽然这些法律丰富了中国维护国家核心利益的法律工具箱,[6]但也存在一些问题,例如不同法规之间的协调不足、国际法上的合法性不足、部分法条难以应对非传统国家安全问题等,尚不足以完全应对美国发起的泛化国家安全的法律战。针对反制裁法律的这些问题,一些学者采用了泛化国家安全的办法为反制裁法律的问题提供解决方案,例如,引用《国家安全法》中内涵更宽泛的"国家安全"概念来扩大解释《对外经济贸易法》中限制在传统安全范畴的第 17 和 27 条;[7]用 GATT21 条"国家安全例外"条款为反制措施的实施提供国际法上的合法性。[8]这样的解决方案在更好地解释反制裁法律、发挥反制裁法律实效的同时,也助推了国家安全泛化的趋势。

在中国建立国家安全法治体系的背景下,国家安全的泛化未必是好事,它可能会导致国家权力的滥用,影响国家治理的正常秩序。因此,有必要对反制裁法律制度存在的问题进行梳理,找出其中的原因,在避免国家安全泛化的前提下找出完善反制裁法律的方案。

## 一、反制裁法律的困境与现行方案的不足

### (一)国家安全泛化浪潮下反制裁法律的困境

#### 1. 不同法规协调不足

为了应对带有国家安全泛化特点的法律战,中国在借鉴其他国家立法经验的情况下,先后出台了《不可靠实体清单规定》《阻断办法》和《反外国制裁法》,建立了实体清单制度、阻断制度与反制裁制度。① 三部法律规范在

---

① 从制度设计看,作为反制裁法律核心的三项法律——《反外国制裁法》《阻断办法》《不可靠实体清单规定》分别借鉴于俄罗斯的《反制裁法》、欧盟的《阻断条例》与美国的实体清单制度。

适用情景、属事适用范围、属人适用范围、反制主体、核心制度和反制措施等方面的对比如表1所示。

表1　《反外国制裁法》《阻断办法》《不可靠实体清单规定》对比

|  | 《反外国制裁法》 | 《阻断办法》 | 《不可靠实体清单规定》 |
|---|---|---|---|
| 适用情景 | 前提：外国国家违反国际法和国际关系基本准则<br>三种情况：一是以各种借口或者依据其本国法律对中国进行遏制、打压；二是对中国公民、组织采取歧视性限制措施；三是干涉中国内政 | 前提：外国法律与措施的域外适用违反国际法和国际关系基本准则<br>一种情况：外国法律和措施不当禁止或者限制中国公民、法人或者其他组织与第三国（地区）及其公民、法人及其他组织进行正常的经贸及相关活动 | 国家建立不可靠实体清单制度，对外国实体在国际经贸及相关活动中的下列行为采取相应措施：一是危害中国国家主权、安全、发展利益；二是违反正常的市场交易原则，中断与中国企业、其他组织或者个人的正常交易；对中国企业、其他组织或者个人采取歧视性措施，严重损害中国企业、其他组织或者个人合法权益 |
| 属事适用范围 | 经济制裁、政治制裁等 | 次级经济制裁与具有次级制裁效果的初级经济制裁 | 歧视性限制措施<br>危害中国国家主权、安全、发展利益的行为 |
| 属人适用范围 | 实施该法第3条所规定行为的行为人（或组织）及其相关人员，例如配偶和直系亲属、组织的高级管理人员或实际控制人、列入反制清单个人担任高级管理人员的组织、由列入反制清单个人和组织实际控制或者参与设立、运营的组织 | 因外国法律与措施不当域外适用而遭受损失的中国公民、法人或其他组织；遵守禁令范围内的外国法律与措施的当事人；因根据禁令，未遵守有关外国法律与措施而受到重大损失的中国公民、法人或其他组织；因当事人遵守禁令范围内的外国法律与措施，合法权益受到侵害的中国公民、法人或其他组织 | 外国实体，包括外国企业、其他组织或者个人 |
| 反制主体 | 国务院有关部门 | 由中央国家机关有关部门参加的工作机制，工作机制由国务院商务部主管部门牵头，具体事宜由国务院商务主管部门、发展改革部门会同其他有关部门负责 | 中央国家机关有关部门参加的工作机制，工作机制办公室设在国务院商务部主管部门 |

（续表）

| | 《反外国制裁法》 | 《阻断办法》 | 《不可靠实体清单规定》 |
|---|---|---|---|
| 核心制度 | 反制清单制度 | 禁令制度 | 实体清单制度 |
| 反制措施 | （一）不予签发签证、不准入境、注销签证或者驱逐出境；（二）查封、扣押、冻结在我国境内的动产、不动产和其他各类财产；（三）禁止或者限制我国境内的组织、个人与其进行有关交易、合作等活动；（四）其他必要措施 | 未详细规定，"第十二条 对外国法律与措施不当域外适用，中国政府可以根据实际情况和需要，采取必要的反制措施" | 第七条：可以决定采取下列一项或者多项措施，并予以公告：（一）限制或者禁止其从事与中国有关的进出口活动；（二）限制或者禁止其在中国境内投资；（三）限制或者禁止其相关人员、交通运输工具等入境；（四）限制或者取消其相关人员在中国境内工作许可、停留或者居留资格；（五）根据情节轻重给予相应数额的罚款；（六）其他必要的措施 |

由表 1 可知，三部法律规范及各自建立的反制裁制度之间缺少有效的衔接和协同。三部法律规范在适用情景上有重合，但在属事和属人适用范围方面缺少上下级关系的兼容或平级关系的协调，反制主体也不完全相同，因此三项制度之间可能在运行中发生冲突，而且缺少可以进行有效协调的主体。

将反制裁法律归为国家安全法，在国家安全制度体系下协调反制裁制度、阻断制度和实体清单制度是有一定依据的方案。一是《反外国制裁法》《阻断办法》《不可靠实体清单规定》都在各自的第 1 条中明确规定其立法目的为"维护国家主权、安全、发展利益"，这一表述可以理解为立法目的是维护国家主权、国家安全和国家发展利益，以维护国家安全为目的的法律规范自然可以被归为国家安全法律。二是《国家安全法》中规定的国家安全制度与反制裁制度有一定的相似性，例如第 59—61 条所规定的"审查监管"制度与反制裁制度中的审查程序相似。

2. 个别条款中的国家安全范畴过窄

《对外贸易法》第 16、17、26、27、37 条规定，政府可因国家安全理由实施限制或禁止有关货物、技术的进口或出口，限制或禁止有关国际服务贸易的措施或实施调查，但《对外贸易法》没有明文规定"国家安全"概念，也没有规定该法与《国家安全法》之间的关系。根据体系解释方法，《对外贸易法》中的"国家安全"概念应以该法第 17、27 条为主要解释依据，其内容应与GATT21 条中的"国家安全例外"条款保持一致，以举例的方式将国家安全范畴限定在"与裂变、聚变物质或者衍生此类物质有关的货物、技术"和"与武器、弹药或者其他军用物资有关"以及"战时"状态。在 WTO"俄罗斯边境通行措施案"中，专家组认为 GATT1947 第 21 条中的"国家安全"应当限定在军事安全与政治安全领域。[9] 胡晓红教授认为，应当引用《国家安全法》第 3 条中的总体国家安全观来解释并修改《对外贸易法》中的"国家安全"概念，以解决该法中"国家安全"范畴过窄，无法应对非传统国家安全风险的问题。[10]

（二）国家安全泛化方案的问题

面对国家安全泛化带来的挑战，学者们选择了同样以国家安全泛化的方式应对。泛化国家安全概念的方式可以在一定程度上缓解反制裁法律的困境，但存在漏洞，而且会产生新的问题。

一是以国际经贸法律中的"国家安全例外"条款作为反制裁措施合法性依据的方案存在失败的可能性。国际经贸法律中的"国家安全例外"条款大多以 GATT1947 第 21 条为范本，该条第 2 款的第一、二项将国家安全限制在传统安全的范畴内。① 要想将"国家安全例外"条款作为中国在经济安全领域实施的针对美国的反制裁措施的合法性依据，必须将该条款中的"国家安全"进行扩大解释，从政治安全、军事安全领域扩大到经济安全领域。但根据现有的国际司法实践，泛化该条款中"国家安全"概念的行为难以得到仲裁庭的支持。[11]

二是将反制裁法律归为国家安全法律的方案存在法理上的漏洞。首

---

① GATT21 条："本协定不得解释为：（甲）要求任何缔约国提供其根据国家基本安全利益认为不能公布的资料；（乙）阻止任何缔约国为保护国家基本安全利益对有关下列事项采取其认为必须采取的任何行动：（1）裂变材料或提炼裂变材料的原料；（2）武器、弹药和军火的贸易或直接间接供军事机构用的其他物品或原料的贸易；（3）战时或国际关系中的其他紧急情况；（丙）阻止任何缔约国根据联合国宪章为维持国际和平和安全而采取行动。"

先,"维护国家主权、安全、发展利益"的含义存在法律解释上的歧义,这一表述既可以解释为"维护国家主权、国家安全、国家发展利益",也可以解释为"维护国家核心利益",[12]而国家核心利益不等于国家安全。其次,《国家安全法》与《反外国制裁法》都是由全国人大常委会制定的法律,《国家安全法》不是《反外国制裁法》的上位法。最后,《国家安全法》只能为《阻断办法》《不可靠实体清单规定》中因国家安全理由而触发审查程序的规则提供上位法依据。

三是扩大《对外贸易法》中的"国家安全"概念可能造成涉外法治层面的问题。如前文所述,国际司法裁判实践基本不支持将"国家安全例外"条款的适用范围扩大至非传统安全领域,扩大解释《对外贸易法》中的"国家安全"概念可能无法获得国际法的认可,而不具备国际法层面合法性的国内法很难在涉外事务中得到其他国家的认可,无法发挥其实际效力。

反制裁法律难以应对国家安全泛化的法律战,通过国家安全泛化的方式虽然可以起到一定的缓解作用,但无法脱离困境,还会导致新的问题。中国在反制裁法律上的困境可以被总结为国家安全泛化浪潮下的安全困境。国际关系理论中的"安全困境"是指"在这样一种局面下你会对其他国家有现实的恐惧感,别国也会对你有同样的恐惧。也许你对别国根本无伤害之意,做的只是一些平常的事情,但你无法使别国完全了解你的意图。你无法理解别国为什么会如此神经质,反之亦然。在这种情况下双方都以为对方是有敌意的、无理性的,都不肯做出可使大家都获得安全的保证。军备竞赛的不断升级就是这种状态的产物。"[13]在安全困境下,国家有两种选择:增强自己的力量或削弱自己的力量。增强自己的力量有可能对他国产生有效威慑,使其减少敌意,也有可能挑衅别国,增加敌意;削弱自己的力量有可能使别国相信自己的善意而减少敌意,也有可能引诱别国对自己产生更强的敌意。[14]两种选择都有可能使别国增强或减少敌意,使自己的安全环境恶化,因此这是一种两难的困境。中国在反制裁法律上陷入了安全困境,面临两难的选择:泛化国家安全概念可以提升安全能力,但有可能提升别国的敌意,并导致法律秩序不稳定;限制国家安全概念的范畴可以示弱和表达善意,但有可能引诱别国加强制裁,使自己被迫让步,处于更不安全的境地。

### 二、反制裁法律困境的原因

中国在反制裁法律上的安全困境的产生既有法外的原因，也有中国国家安全法律体系构建存在问题的原因。法外原因有：风险社会时代安全泛化，风险无处不在使各国政府和公民更容易接受国家扩大安全事项上的权力；美国有意重塑国际秩序，"国家安全"被美国政府当作重塑国际秩序的政策工具。同时，中国国家安全法律体系构建不完善，给宽泛解释法律上的国家安全概念、泛化国家安全法的概念留下了漏洞。

（一）风险社会中的安全泛化

风险社会时代，非传统安全越来越多地进入国家安全的范畴中。风险社会是指随着科学技术的发展与大规模应用，人类社会存在越来越多无法预料而后果十分严重的安全风险，例如大规模传染病、环境损害、全球变暖导致的极端天气等。随着风险社会理念被普遍接受，恐怖袭击、跨国犯罪、海盗活动等人为活动也被纳入风险社会的范畴中，与因科学技术导致的环境风险一起被归为有别于军事安全、政治安全的非传统安全风险。非传统安全风险的增多使人们的不安全感越来越强烈，人们因此愿意接受国家权力的不断扩大和对公民自由的进一步限制。同时，经济安全、科技安全、网络安全、恐怖袭击、跨国犯罪等问题也被不断纳入国家安全的范畴。

中美两国都扩大了对国家安全范畴的界定。在美国 2022 年《国家安全战略》中，美国政府采取了广泛的国家安全概念，中美竞争、俄乌冲突、生态危机、网络安全、能源安全、产业安全等传统安全议题和非传统安全议题都被囊括在国家安全的范畴中。[15]总体国家安全观是中国维护国家安全的根本指导思想，在总体国家安全观语境下，国家安全体系涵盖国土安全，经济安全，科技安全，文化安全，社会安全，生态安全，军事安全，网络、人工智能、数据安全，核安全，生物、太空、深海、极地安全和海外利益安全等 11 个领域，[16]同样涵盖了传统安全议题和非传统安全议题。

（二）美国以泛化国家安全为政策工具重塑国际规则

美国正在通过法律手段重新塑造国际规则，"国家安全"是塑造过程中的重要政策工具。自特朗普时代开始,美国对其所参加的国际公约、国际组织和签订的国际条约进行有意识的筛选,退出不符合美国单边利益的国际公约和国际组织,签订或将原条约修改为更加符合美国单边利益的国际条约,借助国内立法、双边协定、区域协定,以迂回方式重塑全球规则。[17]虽然像美国这样的大国时常根据自身利益的需要而有选择性地遵守国际法,时常违背国际法,但美国需要通过国际法来维护对自己有利的国际规则,实现国家利益的最大化。换言之,虽然美国时常违背国际法,但美国也离不开国际法,不愿意承担国际法上的责任,而国家安全是一项摆脱法律责任的好理由。在国内法上,美国政府可以借国家安全理由对他国实施长臂管辖,施加经济制裁。在国际法上,"国家安全例外"条款被规定在许多国际条约中,而"国家安全"的认定属于自裁决事项,因此美国可以打着国家安全的旗号停止履行国际条约中的义务却不承认此行为的违法性。①[18]

### (三)国家安全法范畴不明确

《国家安全法》对"国家安全"概念的界定十分宽泛,国家安全法学本体论研究不充分,导致缺少准确界定国家安全法律的"国家安全法"概念,给反制裁法律中国家安全和国家安全法的泛化留下了学理漏洞。

《国家安全法》第2条将国家安全界定为:"国家安全是指国家政权、主权、统一和领土完整、人民福祉、经济社会可持续发展和国家其他重大利益相对处于没有危险和不受内外威胁的状态,以及保障持续安全状态的能力。"其中"国家政权、主权、统一和领土完整、人民福祉、经济社会可持续发展"是中国的国家核心利益。根据这一定义,国家安全有两项构成要件:国家核心利益和重大利益;危险和威胁。但"国家政权、主权、统一和领土完整、人民福祉、经济社会可持续发展"这样的表述过于概括和模糊,难以确定其具体内涵。

学者们对国家安全法的界定也采取了较为宽泛的方式,大多将国家安全法定义为"与国家安全相关的法律"。贾宇、舒洪水认为国家安全法有广义和狭义之分,狭义的国家安全法特指《国家安全法》;广义的国家安全法是指一切有关维护国家安全的法律规范的总成。[19]李忠、李竹、肖君拥、周叶

---

① 在国际经贸领域,美国通过泛化的国家经济安全为由对他国实施制裁,重塑国际经济规则。

中、庞远福等人则没有直接界定国家安全法，而是从内容和法律位阶上界定国家安全法律体系。李忠将国家安全法律制度分为三个层次：宪法、专门立法和部分内容涉及国家安全的法律。[20] 李竹、肖君拥将国家安全法律制度体系界定为：以宪法相关规定为基础、以《国家安全法》为核心、包括国家安全法律、行政法规、地方性法规、部门规章、地方政府规章等规范类别的制度体系。[21] 周叶中、庞远福将国家安全法律体系界定为"有关国家安全的宪法条文＋国家安全基本法＋国家安全具体领域的专门性立法＋散布于各部门法或单行法中有关国家安全的规定"的四层次体系性结构。[22] 这种定义方式暂时避开了界定国家安全的麻烦，有利于从国家安全的具体领域推进法治实践和研究工作，但也留下了国家安全泛化的漏洞。[23]

宽泛的概念界定导致国家安全法范畴不清晰且容易无限扩大，造就了宽泛的国家安全法判断标准：法律条文中包含国家安全和国家利益，或条文中虽不包含国家安全和国家利益，但所规制的事项与国家安全或国家利益相关。在这样的界定方法下，《食品安全法》《交通安全法》《安全生产法》，甚至《古生物化石保护条例》《历史文化名城名镇名村保护条例》都被归为国家安全法律。[24][25]

综上，反制裁法律的困境由外部和内部因素造成。外部因素方面，风险社会中越来越多不可预知的风险推动了安全和国家安全的泛化，美国有意将国家安全泛化作为重塑国际规则的政策工具；内部因素方面，国家安全法概念在法律规定和学理阐释中都没有确切的定义。内部和外部因素共同导致中国面临越来越多的国家安全泛化的法律战，同时也给中国法律的国家安全泛化留下了漏洞。中国处在风险社会时代，[26] 不能违背安全泛化的大潮流，同时无法决定美国的对外政策与行为，因此无法从外部因素方面改变反制裁法律的困境。从内部因素来看，避免反制裁法律的国家安全泛化需要界定更加精确的国家安全法范畴。国家安全法的范畴取决于总体国家安全观下国家安全概念的界定，而国家安全概念难以确定，因此对国家安全法的范畴进行有限的梳理，可以解决"反制裁法律是否属于国家安全法律"这一问题。

### 三、国家安全和国家安全法概念的辨清

解决"反制裁法律是否属于国家安全法律"问题的第一个要点在于对立

法目的的解释。《反外国制裁法》《阻断办法》《不可靠实体清单规定》都将其立法目的规定为：“维护国家主权、安全、发展利益”；“保护我国公民、企业、其他组织的合法权益”。就第一项目的而言，无论该表述意为“维护国家主权、国家安全、国家发展利益”，还是“维护国家核心利益”，都与国家安全密切相关；就第二项立法目的而言，该表述可以理解为总体国家安全观语境下的维护社会安全和人民安全，而总体国家安全观要求统筹协调国家安全、社会安全和人民安全的观点模糊了三种安全的界限，“我国公民、企业、社会组织的合法权益”可能被理解为与国家安全相关的国家利益。因此，只要辨清总体国家安全观中国家安全、社会安全和个人安全的关系，就可以准确理解“维护我国公民、企业、社会组织的合法权益”是否代表与国家安全相关的国家利益，从而在立法目的上判断反制裁法律是否属于国家安全法律。

解决“反制裁法律是否属于国家安全法律”问题的第二个要点在于正确理解总体国家安全观中“总体”的含义。总体国家安全观语境下的国家安全体系涵盖国土安全，经济安全，科技安全，文化安全，社会安全，生态安全，军事安全，网络、人工智能、数据安全，核安全，生物、太空、深海、极地安全，海外利益安全等11个领域，不同领域的安全问题会在特定情况下发生转换或耦合。正确理解总体国家安全观中的“总体”，才能辨清不同领域安全之间的关系和不同主体安全之间的关系，避免国家安全的泛化。

（一）理论来源中的不同类型安全

从历史的维度看，总体国家安全观对古今中外优秀国家安全思想和理论进行了借鉴和批判性继承，继承的内容包括国家安全的一般性规律，所以，总体国家安全观中的“国家安全”概念不会违背国家安全的一般性规律。总体国家安全观的理论与实践经验来源有：对马克思主义国家安全思想及其中国化理论的丰富与发展；对中国传统国家安全思想的继承与扬弃；对西方国家安全理论的汲取和超越；中华人民共和国成立70余年来的实践经验。[27][28]

马克思主义认为国家是统治阶级的工具，而社会主义国家中的统治阶级是无产阶级，国家的目的是维护无产阶级的利益和安全，社会主义国家强调以人民的利益和安全为中心，但并不否认国家安全与人民安全的区别。在中国传统的国家安全思想中，"民为邦本，本固邦宁"是超越诸子百家分歧的观点，[29]该观点强调爱民、利民，避免饥荒、自然灾害、外族入侵等局部问题转化为影响国家政权和政治体制的大问题，同样没有忽视国家安全与社会安全、个人安全之间的区别。西方的各派国家安全理论主要以国际社会中的国家安全为研究对象，即关注国家安全的外部因素，同时也强调对"人的安全"的关注，"人的安全"议题由联合国发展署于 1994 年提出，该议题同样不否认国家安全与公共安全、个人安全的区别，强调由国家承担实现人的安全、维护人的尊严的主要责任，因此"人的安全"议题实际上是在强化国家安全相对于个人安全的区别。从中华人民共和国 70 余年维护国家安全的实践来看，传统安全观、新安全观和总体国家安全观一脉相承，无不强调军事安全、政治安全以国家为主体的安全。

不同主体、不同领域安全的分类与区别既是古今中外国家安全思想与理论中的共识，也是总体国家安全观所继承的国家安全一般性规律，总体国家安全观指导下的国家安全法应遵从和体现这一规律。因此，在《反外国制裁法》《阻断办法》《不可靠实体清单规定》三部法律规范的两项立法目的中，"保护中国公民、法人、其他组织的合法权益"应被理解为保护社会安全和个人安全而非国家安全，因此，《反外国制裁法》《阻断办法》《不可靠实体清单规定》的立法目的包括维护国家安全之外的社会安全和个人安全。从立法目的上看，反制裁法律不能被归为国家安全法律。

（二）总体国家安全观之"总体"

总体国家安全观对古今中外优秀国家安全思想进行了批判性继承，继承了其中体现国家一般性规律和符合中国实践要求的思想，同时也具备有别于其他国家安全思想和理论的哲学气质，总体国家安全观的独特哲学气质就体现在其凝练归纳的总体属性上。[30]

总体国家安全观的"总体"体现在世界观、认识论和方法论三个层面。从世界观层面看，总体国家安全观的"总体"强调国家安全的整体而非割裂、动态而非静态、开放而非封闭、相对而非绝对、共同而非孤立，指向人类命运共同体所倡导的持久和平与普遍安全；从认识论方面看，总体国家安全观的"总体"是指以人民安全、政治安全和国家利益三者统一的方式来理解中国的国家安全；从方法论层面看，总体国家安全观的"总体"指的是总体统筹的方法，包括发展与安全的统筹、防范风险和处置风险的统筹、维护安全和塑造安全的统筹。[31]根据总体国家安全观在世界观、认识论、方法论上的指导,中国的国家安全治理模式发生了明显的转变,包括:由单一治理主体向多元治理主体转变;由强制治理向综合治理转变;由行政治理向法治治理转化;由封闭治理向开放治理转变。[32]

总体国家安全观的"总体"落实在国家安全和国家安全法中:一是强调多元主体的共同参与,国家机关各个部门、社会组织、公民分别享有和承担不同的权利和义务,共同参与国家安全的治理;二是强调多种法律的综合使用,既包括综合运用公法、司法与社会法,也包括在立法、执法、司法、守法过程中综合应对与落实;三是治理工作中进行统筹考虑,包括风险预防阶段、风险处理阶段、紧急状态下的非常规处理等。在"总体"的内涵下,不同主体、不同领域的安全似乎模糊了界限,在动态中失去了相互之间的区别,但这是一种误解。

首先,在本体论上,无相对区分和界限则无法实现"总体"所要求的统筹兼顾。统筹兼顾指的是对不同事物的统筹,如果几个物体在所有方面都是相同的,那么,不同物体之间就不存在任何差别,所谓"统筹兼顾"将被"统一"所代替。

其次,法治实践中也体现了对不同安全的区别。例如《国家安全法》第三章规定了对全国人民代表大会、国家主席、国务院、中央军事委员会、中央国家机关各部门、地方各级人民代表大会和县级以上地方各级人民代表大会常委会、港澳特别行政区政府、人民安全、国家安全机关、军事机关等国家机关和工作人员的职责,与第六章中所规定的公民、组织的义务和权利之间存在着十分明显的差别。再如,《国家安全法》第二章中对政治安全、人民安全、领土安全、军事安全、经济安全、粮食安全等不同领域安全的内涵和任务作出了不同的规定。

从不同领域安全看,反制裁法律是维护经济安全的法律,但"总体"之下的经济安全不等于国家安全。从不同主体安全看,反制裁法律是维护国家安全、社会安全和个人安全的法律,但"总体"之下的社会安全和个人安全不等于国家安全。因此,在总体国家安全观的统筹兼顾要求下,经济安全不能无条件转化为国家安全,社会安全和个人安全也不能无条件地转化为国家安全。因此,虽然不同领域安全、不同主体安全可以在一定条件下进行转换,但反制裁法律不能被归为国家安全法律,而是一部既维护经济安全,又维护国家安全;既维护国家安全,又维护社会安全和个人安全的法律。

综上,根据总体国家安全观语境下的"国家安全"概念和"国家安全法"

概念，《反外国制裁法》《阻断条例》《不可靠实体清单》《出口管制法》《对外贸易法》不能被完全归为国家安全法律。各部反制裁法律规范中既包含了属于国家安全法律的规范，也包含了不属于国家安全法律的规范，二者的区别不应被忽视。因此，将反制裁法律归为国家安全法律，在国家安全制度体系下统筹协调反制裁法律制度的方案是不可行的。

## 四、区别适用的"国家安全"条款与"非国家安全"条款

统筹协调反制裁法律制度须等待实践经验的积累，通过修改法律实现。针对国际法上的合法性问题，区别适用反制裁法律制度中的"国家安全"条款与"非国家安全"条款是完善反制裁法律的另一方案。此方案在中国的反制裁法律实践中已得到适用，而且可以避免国家安全的泛化。

### （一）"国家安全"条款与"非国家安全"条款

《反外国制裁法》《阻断条例》《不可靠实体清单》三部法规并存着直接关系国家安全的条款和不直接关系国家安全的条款。从立法目的来看，《反外国制裁法》《阻断条例》《不可靠实体清单规定》都明文规定了两类立法目的——"维护国家主权、安全、发展利益"和"保护我国公民、企业或其他组织"，涵盖国家安全、公共安全和个人安全。从三项反制制度的触发看，国家安全理由不是唯一的理由或考虑的因素。《反外国制裁法》第 3 条规定了反制措施的触发条件：外国国家违反国际法和国际关系基本准则，以各种借口或者依据其本国法律对我国进行遏制、打压，对我国公民、组织采取歧视性限制措施，干涉我国内政。《不可靠实体清单规定》第 2 条规定了不可靠实体清单制度的两项触发条件：一是外国实体在国际经贸及相关活动中"危害中国国家主权、安全、发展利益"；二是外国实体在国际经贸或相关活动中"违反正常的市场交易原则，中断与中国企业、其他组织或者个人的正常交易，或者对中国企业、其他组织或者个人采取歧视性措施，严重损害中国企业、其他组织或者个人合法权益。"《阻断办法》第 6 条规定，工作机制综合考虑以下因素决定是否启动阻断制度：是否违反国际法和国际关系基本准则；对中国国家主权、安全、发展利益可能产生的影响；对中国、法人或者其他组织合法权益可能产生的影响。

　　总体国家安全观语境下的国家安全概念仍然保持主体上的国家安全、公共安全、个人安全的区分,在强调各领域安全统筹协调的同时遵守各领域中国家安全与非国家安全界限,因此,反制裁法律不能被归为完全的国家安全法。同时,《反外国制裁法》《阻断条例》《不可靠实体清单》中并存"国家安全"条款和"非国家安全"条款。因此不应混淆反制裁法律中的两类条款,应当区别和限制两类条款的适用和解释。

（二）反制裁法律的实践

　　根据商务部公告和外交部发言人在例行记者会上的发言,截至 2022 年 10 月 31 日,中国针对包括个人和企业在内的外国实体实施制裁 11 次。在法律依据上,《对外贸易法》出现 1 次;《反外国制裁法》出现 1 次,其他 9 次未明确表明法律依据。在制裁事由上,因外国实体的行为违反国际法并侵犯中国国家利益而采取制裁措施出现 4 次,因他国实体的行为违反国际法对中国实体进行制裁而采取反制裁措施出现 7 次。"安全"一词共出现 8 次,都是以"主权、安全、发展利益"或"主权、安全利益"的表述出现,不能确定该表述中的"安全"表示"国家安全"。① 强调外国实体行为违反国际法出现 5 次,强调外国实体行为违反国际关系基本准则出现 6 次。中方实施反制裁措施时强调他国行为违反国际法和国际关系基本准则,在实施不针

---

① 《关于对原产于美国的部分商品加征关税的公告》（中华人民共和国商务部公告 2018 年第 63 号）,http://www.mofcom.gov.cn/article/ae/ai/201808/20180802772616.shtml;《2020 年 7 月 13 日外交部发言人华春莹主持例行记者会》;https://www.mfa.gov.cn/web/wjdt_674879/fyrbt_674889/202007/t20200713_7816404.shtml;《2020 年 8 月 10 日外交部发言人赵立坚主持例行记者会》,https://www.fmprc.gov.cn/web/wjdt_674879/fyrbt_674889/202008/t20200810_7816526.shtml;《2020 年 10 月 26 日外交部发言人赵立坚主持例行记者会》,https://www.fmprc.gov.cn/web/wjdt_674879/fyrbt_674889/202010/t20201026_7816766.shtml;《2020 年 11 月 30 日外交部发言人华春莹主持例行记者会》,https://www.fmprc.gov.cn/web/wjdt_674879/fyrbt_674889/202011/t20201130_7816903.shtml;《外交部发言人宣布中方对蓬佩奥等人实施制裁》,https://www.fmprc.gov.cn/web/wjdt_674879/fyrbt_674889/202101/t20210121_7817107.shtml;《外交部发言人宣布中方对欧盟有关机构和人员实施制裁》,https://www.fmprc.gov.cn/web/wjdt_674879/fyrbt_674889/202103/t20210322_9177306.shtml;《外交部发言人宣布中方对英国有关人员和实体实施制裁》,https://www.fmprc.gov.cn/web/wjdt_674879/fyrbt_674889/202103/t20210326_9177310.shtml;《外交部发言人宣布对美国、加拿大有关人员和实体实施制裁》,https://www.fmprc.gov.cn/web/wjdt_674879/fyrbt_674889/202103/t20210327_9177312.shtml;《外交部发言人就中方决定对美有关人员和实体实施制裁答记者问》,https://www.fmprc.gov.cn/web/wjdt_674879/fyrbt_674889/202107/t20210723_9177406.shtml;《外交部发言人宣布中方对美国国会众议长佩洛西实施制裁》,https://www.mfa.gov.cn/web/fyrbt_673021/dhdw_673027/202208/t20220805_10735491.shtml.

对他国制裁的单边制裁时主要强调他国行为对中国国家核心利益的侵犯。从这种差别中可以看出，中国在反制裁法实践中区别实施单边制裁和反制裁的情况，前者基于与国家安全密切相关的维护国家核心利益的理由；后者则是基于对他国违反国际法和国际关系基本准则的制裁行为进行反制的理由。前者与国际法上的"国家安全例外"条款更契合，后者在构成要件上基本符合国际法上的"反措施"要求。

反制裁法律中存在"国家安全"条款和"非国家安全"条款，两种条款在中国的反制裁法律实践中的适用被有意区分，使中国的反制裁措施在国际法层面具备更强的合法性。

## 五、结语

面对美国发起的国家安全泛化的法律战，中国的反制裁法律陷入安全困境，最大的问题是不同反制裁法律制度之间的协调问题。学者们提出的解决方案是采取泛化国家安全的路径。泛化国家安全后，反制裁法律可以被归为国家安全法律，反制裁法律制度可以在国家安全制度下进行协调，可以在不修改法律的情况下增强反制裁法律应对非传统国家安全问题的能力。区分适用反制裁法律中的"国家安全"条款和"非国家安全"条款，是避免国家安全泛化、更符合法治要求、更契合中国维护开放自由的国际经贸秩序要求的有效方案。

**参考文献**

［1］张超、吴白乙：《"泛安全化陷阱"及其跨越》，《国际展望》2022年第2期，第20页。

［2］凌胜利：《新中国70年国家安全观的演变：认知、内涵与应对》，《国家安全研究》2019年第6期，第7—15页。

［3］彭阳：《国际经济治理中的国家安全泛化：法理剖析与中国应对》，《国际法研究》2022年第5期，第88—94页。

［4］沈伟：《中美贸易摩擦中的法律战——从不可靠实体清单制度到阻断办法》，《比较法研究》2021年第1期，第180—181页。

［5］陈国刚：《我国国家安全领域立法概览》，《保密工作》2022年第1期，第12页。

［6］黄惠康：《精准反制外国法制裁的法律利器》，《学习时报》2021年6月23日，第2版。

［7］胡晓红：《中国对外贸易国家安全制度重构》，《南大法学》2021年第2期，第87—

88 页。

[8] 霍政欣：《〈反外国制裁法〉的国际法意涵》，《比较法研究》2021 年第 4 期，第 152 页。

[9] 赵海乐：《一般国际法在"安全例外"条款适用中的作用探析》，《国际经济法学刊》2021 年第 2 期，第 107—108 页。

[10] 胡晓红：《中国对外贸易国家安全制度重构》，《南大法学》2021 年第 2 期，第 87—88 页。

[11] 霍政欣：《〈反外国制裁法〉的国际法意涵》，《比较法研究》2021 年第 4 期，第 152 页。

[12] 方力、赵可金：《国家核心利益与中国新外交》，《国际政治科学》2021 年第 3 期。

[13] 李少军：《论安全理论的基本概念》，《欧洲》1997 年第 1 期，第 33 页。

[14] 李少军：《论安全理论的基本概念》，《欧洲》1997 年第 1 期，第 32 页。

[15] The White House. National Security Strategy, https://www.whitehouse.gov/wp-content/uploads/2022/10/Biden-Harris-Administrations-National-Security-Strategy-10.2022.pdf.

[16] 中共中央宣传部、中央国家安全委员会办公室：《总体国家安全观学习纲要》，学习出版社、人民出版社 2022 年版，第 74—125 页。

[17] 车丕照：《是"逆全球化"还是在重塑全球规则》，《政法论丛》2019 年第 1 期，第 17—20 页。

[18] 杨云霞：《当代霸权国家经济安全泛化及中国的应对》，《马克思主义研究》2021 年第 3 期，第 138—140 页。

[19] 贾宇、舒洪水：《中国国家安全法教程》，中国政法大学出版社 2021 年版，第 25 页。

[20] 李忠：《加快构建国家安全法律制度体系》，《人民法治》2016 年第 8 期。

[21] 李竹、肖君拥：《国家安全法学》，法律出版社 2019 年版，第 31 页。

[22] 周叶中、庞远福：《论国家安全法：模式、体系与原则》，《四川师范大学学报（社会科学版）》2016 年第 3 期，第 90 页。

[23] 肖君拥、张志朋：《中国国家安全法治研究四十年：回眸与展望》，《国际安全研究》2019 年第 1 期，第 34 页。

[24] 康均心、虞文梁《"国安委"机制下的国家安全法治研究——以新〈国家安全法〉为视角》，《武汉公安干部学院学报》2015 年第 3 期，第 3 页。

[25] 倪铁、兰天：《非传统国家安全法律体系框架建构论纲》，《犯罪研究》2019 年第 1 期，第 8 页。

[26] 李拥军：《社会主要矛盾变化与中国法治模式革新》，《学习与探索》2021 年第 5 期，第 78—79 页。

[27] 凌胜利、杨帆：《新中国 70 年国家安全观的演变：认知、内涵与应对》，《国家安全研究》2019 年第 6 期。

[28] 冯维江、张宇燕:《新时代国家安全学——思想渊源、实践基础和理论逻辑》,《世界经济与政治》2019 年第 4 期。

[29] 梁治平:《为政:古代中国的致治理念》,生活·读书·新知三联书店 2020 年版,第 138—208 页。

[30] 冯维江、张宇燕:《新时代国家安全学——思想渊源、实践基础和理论逻辑》,《世界经济与政治》2019 年第 4 期,第 22 页。

[31] 冯维江、张宇燕:《新时代国家安全学——思想渊源、实践基础和理论逻辑》,《世界经济与政治》2019 年第 4 期,第 22—26 页。

[32] 李文良:《新时代中国国家安全治理模式转型研究》,《国际安全研究》2019 年第 3 期,第 53—62 页。

# 新时代安全观下中国反经济制裁的实践、挑战与完善

## ——以《反外国制裁法》为核心

任奕达*

**摘要：** 近年来，国际环境复杂严峻，以美国为代表的西方国家为达到特殊的政治目的，企图在经济上遏制、打压中国。新形势下我国国家安全和社会安定面临的威胁和挑战增多，[1]迫切需要反制裁的立法制度为依托。2021年6月10日通过的《反外国制裁法》作为我国第一部系统性反对外国制裁的国家层面的综合性法律，改变了过去我国反制裁的规定零散、位阶低的局面，[2]为我国在围绕反制裁、反干涉、反制长臂管辖等方面提供了行动纲领。但也应注意到，《反外国制裁法》在实践中还面临着一些挑战，例如适用对象、反制措施的执行、救济机制、执法标准等都亟待进一步明确，从而为《反外国制裁法》的实施提供旺盛的生命力。

**关键词：** 国家安全观；经济制裁；反制裁制度；实施机制

普遍观点认为，经济制裁手段可以分为贸易制裁（包括贸易限制和投资禁令）与金融制裁（或是与冻结资产有关的制裁）。[3]对于美国而言，经济制裁可以限制目标国家的军事或经济能力，从而防止它们推行制裁国政府所反对的政策，或者阻止第三国采取类似的做法。更重要的是，实施经济制裁还可以改善倡导制裁的领导人形象和选举前景。长期以来，当外交和军事力量都不能证明有效或可行时，经济制裁将一直作为美国的

---

\* 任奕达，上海市君悦律师事务所律师。

政策工具,而中国正成为这一制裁目标。针对美国经济制裁措施,中国也采取了一系列反制措施,包括以立法回击美国对中国的遏制打压,而颁行《反外国制裁法》标志着中国反制裁法律制度初具雏形,这既是我国统筹推进国内法治和涉外法治、加强涉外法治建设、加快建立系统完备的涉外法律体系所取得的重大成就,也是推进国家治理体系现代化、治理能力现代化的重要内容。

鉴此,笔者将阐述近年来美国对华经济制裁的演变及特征,在介绍我国现行的反经济制裁法律体系的基础上,以《反外国制裁法》为核心论述当前中国反制裁的基本制度及其可能面临的问题,并就完善实施机制提出相关建议。

## 一、美国对华经济制裁的演变及特征

近年来,美国与中国的关系经历着巨变。美国政策制定者认为经济交往、给予中国最惠国待遇和加入世界贸易组织(WTO)将不可避免地导致中国融入美国主导的国际秩序的美好梦想一去不复返。[4]在拜登政府最新的国家安全战略(NSS)中,更是不加掩饰地把中国定义为所谓"头号竞争对手"和"最大的地缘政治挑战"。[5]

在此背景下,中国公民和实体正日益成为美国经济制裁的直接或间接目标。美国财政部外国资产控制办公室(OFAC)管理的特别指定国民(SDN)以及非 SDN 清单中共有 369 名来自中国的个人和实体。[6]

除了直接成为美国的制裁目标外,中国公民和实体也逐渐成为遭受美国次级制裁最频繁的对象。[7]与来自伊朗、朝鲜和俄罗斯受到制裁的实体有业务往来的中国公司经常受到美国当局的制裁。由于来自被美国制裁的司法管辖区的国际贸易公司在处理国际支付时没有太多选择而经常求助于中国的银行,也使得中国有关银行在开展涉外业务时承受极大的压力。

美国对华的经济制裁还凸显打着维护民主、人权等幌子,粗暴干涉中国内政的霸权主义色彩。例如,《香港自治法案》授权对"未能保障香港自治"的个人和金融机构实施包括禁止财产交易和获得美国金融机构贷款在内的制裁措施。[8]《维吾尔族强迫劳动预防法案》将新疆生产或在新疆外生产但与新疆有关联的商品推定为具有"强迫劳动"因素,并禁止其进入美国市场。[9]并且,美国实施经济制裁的理由逐渐从有法律依据到仅是"美方不满"的无理取闹。

美国对华的经济制裁还体现在对中国高新技术产业的极限施压,妄图压制甚至剥夺中国的正当发展权利。2022 年 10 月 7 日,美国商务部工业和安全局(BIS)通过《联邦公报》网站,将 31 家中国公司、研究机构和其他团体列入所谓的"未经核实的清单"。[10]

## 二、中国反经济制裁的现状与挑战

维护国家的稳定归根结底就是要发展经济、改善民生;从党的执政根基来看,要赢得民心、巩固政权、稳定社会必须确保国家的经济安全。没有了经济安全,文化安全、教育安全和社会安全就无法实现。因此,保障经济安全已成为国家关键职责之一。面对美国等国家愈演愈烈的经济制裁,在习近平总书记提出的总体国家安全观的指导下,中国正逐步健全国家安全体系,健全反制裁、反干涉、反"长臂管辖"机制,坚定捍卫国家主权、安全、发展利益,推动国家安全制度体系和工作机制建设取得突破性进展。[11]

### (一)中国反经济制裁的实践

2020 年以来,中国政府针对外国针对中国公民或实体的制裁采取了一系列反制裁措施,并逐渐形成以法律为依据、以部门规章作为具体执行内容和补充、以其他政府规范性文件为指导、以人民法院为最终的司法保障的法律体系。

2020 年 8 月 10 日—2021 年 5 月 26 日,针对一些西方国家和组织对中国的内外政策进行抹黑,对有关国家机关、组织和公务员实施制裁,外交部多次宣布制裁在涉疆、涉藏、涉台和涉港问题上针对中国采取不正当措施的外国实体和个人,主要制裁措施包括限制交易、冻结财产和禁止入境等。[12]

2020 年 9 月 19 日,在美国发布对微信和 TikTok 的禁令后,我国商务部颁布了《不可靠实体清单规定》,识别基于非商业考虑而封锁、切断对中国实体的供应和采取歧视性措施的外国实体,将其列入不可靠实体清单,并采取限制交易、禁止投资、禁止入境和罚款等措施。[13]随后,国家发展和改革委员会着手建立国家技术安全管理清单制度。[14]这些举动标志着中国正考虑采取对等的出口管制和经济制裁措施,以对抗美国的霸权。[15]

2021 年 1 月 9 日,针对次级制裁,我国商务部发布了《阻断外国法律与措施不当域外适用办法》(简称《阻断办法》),旨在阻断外国次级制裁法案和措施在中国的效力,借鉴包括欧盟在内的其他国家的相关做法,形成了"报告—禁令—申请—豁免"构成的工作机制。[16]

2021 年 6 月 10 日,全国人民代表大会常务委员会通过《反外国制裁法》。该法的目的是对抗、打击和反对外国对中国实施的单边制裁,维护中国的国家主权、安全和发展利益,保护中国公民和组织的合法权益。[17]随着《反外国制裁法》的通过,我国将过去非正式的监管措施正式化并提升到法律的位阶,为目前实行的相关规则和尚未出台的措施提供了立法依据。

目前中国涉及反制裁的其他法律规范见表 1。

**表 1　中国涉及反制裁的其他法律规范**

| 法 律 名 称 | 具 体 内 容 |
| --- | --- |
| 《对外贸易法》 | 在 2016 年修订后,该法允许中国对另一个国家在贸易方面采取的歧视性、禁止性或限制性措施采取反措施(第 7 条),是中国首部确立反制经济制裁的法律 |
| 《外商投资法》 | 该法是在欧盟和其他司法管辖区对中国国家支持的收购案加强审查的情况下出台的。虽然该法的目的是改善外国投资和商业环境,但也允许对等的措施来反制在投资方面对中国海外投资者采取的歧视性措施(第 40 条) |
| 《出口管制法》 | 该法将中国以前分散的出口管制制度统一为一个单一的、全面的框架,其适用于两用、军事和核项目,以及与国家安全有关的其他货物、技术和服务。该法第 48 条允许对外国政府的出口管制采取对等措施 |
| 《数据安全法》 | 该办法加强了中国对境内数据收集、使用和保护的权力。它允许中国在外国颁布任何"歧视性"或"限制性"的与数据或数据开发和利用技术有关的投资或贸易措施时,采取对等的反制措施(第 26 条),旨在反制外国政府对中国技术公司的限制 |
| 《个人信息保护法》 | 作为与欧盟 GDPR 相当的中国法律,该法也包含了明确的反制条款(第 43 条)。它允许在任何国家或地区在个人信息保护方面对中国采取歧视性的禁止、限制或其他措施时,采取反制措施 |

（二）反经济制裁的基本制度及实践困境——以《反外国制裁法》为核心

上述法律共同构成我国反制裁体系的基石。其中，《反外国制裁法》统领中国的反制裁法律体系，强调中国坚持独立自主的和平外交政策，规范了可供实施的反制措施及其适用情形与对象、相关个人和主体的义务和责任，彰显了中国维护国家安全的立场，以及保护中国个人及实体的能力。因此，下文将以《反外国制裁法》为核心，其他法律规范为补充，阐述当下中国反经济制裁的基本制度，同时指明《反外国制裁法》在适用过程中可能遇到的挑战。

1. 适用范围

根据《反外国制裁法》第3条第2款，中国的反制裁措施针对"外国违反国际法和国际关系基本准则，以各种借口遏制或压制中国，或根据本国法律对任何中国公民和组织采取歧视性限制措施，干涉中国内政"的行为。同时，根据《反外国制裁法》第15条，"危害我国主权、安全、发展利益的行为"也可以是实施反制的前提之一。这一立场指美国出台的多部对华制裁法案，这些方案不仅有对华遏制战略，而且包括涉港、疆、台、藏、南海和东海领土以及新冠疫情方面的单边制裁措施。[18]

对比《阻断办法》"不当域外适用"的评估标准，《反外国制裁法》强调了"以各种借口遏制或压制中国""歧视性限制措施""干涉中国内政"等须价值判断的评价要素，尤其是对于如何理解"遏制或压制""歧视性限制"等不确定性的法律概念增添了一定的适用空间。有观点认为，《反外国制裁法》侧重于反制"干涉中国内政"的行为，例如，一些国家以我国新疆和香港地区有关的问题为由，对中国国家机关、公职人员和中国企业实施的制裁，也可能包括通过制裁和出口管制限制中国高科技产业发展的情况。[19]《反外国制裁法》第3条适用范围的正当性可在如下方面得以证成。

首先，"不干涉中国内政"的表述与禁止"干涉"主权国家内部或外部事务的惯例相协调，而"不干涉原则"得到了众多条约以及联合国大会决议的广泛承认。[20]值得注意的是，"不干涉原则"同样适用于经济制裁。例如，1970年联合国大会第2625(XXV)号决议《关于各国依联合国宪章建立友好关系和合作的国际法原则》提出，任何国家不得使用或鼓励使用经济、政治或任何其他类型的措施来胁迫另一国家，以便从该国获得行使其主权权利的服从，并从该国获得任何形式的好处。

其次，"歧视性措施"与《关贸总协定》中非歧视和最惠国待遇原则不谋而合，而这些原则恰恰是《关贸总协定》制度的核心，也是经济制裁被诟病的主要理由之一。因此，当世贸组织成员之间进行经济制裁时，它们通常违反了《关贸总协定》的相应义务。同样，金融制裁也可能违反国家在《服务贸易总协定》下的义务（例如，《服务贸易总协定》第 11 条规定：一个成员"不得对与其具体承诺有关的经常性交易的国际转移和支付实施限制"）。必须指出的是，《关贸总协定》第 21 条"安全例外条款"明确《关贸总协定》并不阻止成员国根据其在《联合国宪章》下的义务采取行动（例如执行联合国制裁），也不阻止任何成员国"采取它认为对保护其基本安全利益有必要的任何行动"。一些国家为了掩盖对华经济制裁在国际上的不法性，常引用"安全例外"条款试图化解其经济制裁措施偏离非歧视义务的不法性。[21]类似的条款还可见于《与贸易有关的知识产权协定》第 14 条第 2 款《服务贸易总协定》(GATS)第 14 条第 2 款，以及《与贸易有关的投资措施协议》第 3 条。

2. 反制清单

《反外国制裁法》第 4 条授权国务院有关部门制定"反制清单"，对象包括参与制定、决定、实施"歧视性措施"的个人、组织及其关联人员。《反外国制裁法》第 5 条列举了反制清单的关联方，包括配偶、直系亲属、高级官员或这些个人担任高级管理人员（实际控制的实体或组织）。国务院有权逐案确定个人、组织的范围。

值得关注的是，"反制清单"与此前商务部颁布的"不可靠实体清单"有何区别？在反制的适用对象上，不可靠清单针对的是"外国实体"（包括外国企业、其他组织或者个人）的行为。而《反外国制裁法》第 15 条规定，反制措施除了个人或者组织外还包括"外国国家"。在考量因素方面，不可靠实体清单主要评估该外国实体的行为是否：① 危及中国国家主权、安全和发展利益；② 违反正常的市场交易原则，对中国企业、其他组织或者个人采取中断正常交易或者歧视性措施；③ 严重损害中国企业、其他组织或者个人合法权益。可以看出，不可靠清单更偏重于行为是否违背了相关的市场规则及契约精神，但其凸显的维护"国家利益"及"中国企业、其他组织或者个人利益"与反制清单并无不同。在实施主体方面，根据《不可靠实体清单规定》

第2、8条,不可靠实体清单由设在商务部的工作机制办公室决定是否将有关外国实体列入并予公布。而《反外国制裁法》第4、9条规定,反制清单先由国务院有关部门决定是否将有关实体列入,再由外交部或者国务院其他有关部门发布命令予以公布。由上可知,反制清单在很大程度上囊括了不可靠实体清单的覆盖范围,使得两类清单在适用上有不少重合的空间。

事实上,商务部工作机制还未曾公布过相关的实体清单。有观点认为,其代表的政治性与象征性价值——中国从被动抵制到主动反击的法律制度转变,相较于实践性更胜一筹。[22]而在《反外国制裁法》实施后,反制对象以及所实施的反制措施仍由外交部以"发言人表态和电话答问"及"答记者问"的方式公布,并没有明确对企业、个人或实体的法律义务,以及违反之后的法律后果。[23]

3. 反制措施

《反外国制裁法》第6条列出了三类反制措施: ① 不予签发签证、不准入境、注销签证或者驱逐出境(主要由外交部或公安部的出入境管理局实施);② 扣押、扣押和冻结在中国境内的动产、不动产和其他各类财产;③ 禁止、限制境内组织或者个人与所列组织或者个人进行交易或者以其他方式从事合作。《反外国制裁法》第6条允许国务院有关部门采取一种或多种结合的措施,且通过规定"其他必要措施",给予国务院有关部门在决定采取措施种类时一定的自由裁量权。

首先,与根据美国法律适用于SDN的50%规则不同的是(当一个或多个被制裁者直接或间接拥有50%或50%以上的实体的财产和财产权益时,该实体也被视为制裁对象),被列入反制清单的个人或组织不会自动受到制裁,是否对其实施反制措施,需要国务院有关部门正式决定和公布。其次,不同点还体现在管辖范围。有观点认为,《反外国制裁法》下的反制措施没有域外效力,遵循了国家管辖权原则,并且仅要求"中国境内的个人和实体"遵守,这无疑与美国式的"次级制裁"大相径庭。因此,反制清单上的指定实体可能会被冻结其在中国的资产和交易,但任何与中国司法管辖区没有联系的资产和交易都不会受到影响。[24][25]应如何理解"境内组织、个人"? 对于组织,一些并非中国境内设立,但在中国境内经营或活动的组织属于境内组织吗? 对于个人,是以国籍为判断标准,还是以是否居留在境内及居留时间的长短作为判断标准？这些问题在《反外国制裁法》中并未明确。还有，如何合理界定"交易"与"合作"的内涵和外延，这是否意味着与反制目标进行经济交易和商业合作均属于《反外国制裁法》所规定的反制措施的禁止或限制？

需进一步说明的是，反制措施中"查封、扣押、冻结"是"行政强制措施"，根据《行政强制法》的规定，行政机关在实施行政强制措施时，应当向有关人员送达查封、扣押、冻结决定书，在实践中，境内主体是否有义务主动实施扣押、冻结，还是在接到有关部门的通知后方才实施，目前尚无明确规定。

### 4. 私力救济

《反外国制裁法》在《阻断办法》的基础上加强了中国公民和组织的私力救济，不仅针对域外执行外国制裁，而且包括协助实施制裁。《反外国制裁法》第 12 条规定，如果中国公民和组织的权益因某公司遵守外国制裁而受到侵害，其可以在中国法院起诉该公司，禁止其侵权行为并获得损失赔偿。这一规定不仅有助于使受限制性措施的个人与实体获得民事救济、弥补损失，而且可以起到震慑其他个人与实体，阻止其执行和协助外国制裁的目的。

虽然《阻断办法》包括私人诉权，但其目的是禁止中国公民和组织遵守域外适用的不当的外国法律，包括是否：① 违反国际法和国际关系的基本准则；② 可能对中国的国家主权、安全和发展利益产生影响；③ 可能对中国公民、法人或其他组织的合法权益产生影响。中国公民和组织可以申请豁免遵守《阻断办法》的规定，如果获得豁免，便不得在法院起诉。与之不同的是，《反外国制裁法》中并不包括任何关于对中国公民和组织所主张的索赔免责的规定。其中，第 12 条参考了欧盟、英国阻断法的索赔条款，既对责任国国民进行限制，也对第三国国民进行限制来反抗美国次级制裁。但是，《反外国制裁法》与外国法律的冲突也体现于此。所有遵守外国对中国制裁的中外企业均已违反《反外国制裁法》第 12 条的规定，随时面临被中国公民和组织起诉的风险，[26] 而如果其遵守《反外国制裁法》12 条，则可能遭遇制裁国的严厉处罚。例如，在"伊朗梅利银行（Bank Melli Iran）诉德国电信（Telekom Deutschland GmbH）案"中就有这样的困境：在长期合作伙伴伊朗梅利银行被美国列入 SDN 清单后，德国电信考虑到继续与伊朗梅利银行保持合同关系可能将导致自身遭受美国的制裁,故拒绝与伊朗梅利银行继续履行合同,但同时也违反了欧盟《阻断法》关于禁止遵守美国相关制裁法案的禁令。① 除此之外,《反外国制裁法》也并未明确求偿的法律依据、损害赔偿标准及管辖法院。这属于"违约之诉"还是"侵权之诉"? 另外,"执行或者协助执行"是以知道或应当知道相关规定的发布为准,还是以业务或经营活动中具体遇到的相关限制规定为准?[27]

值得注意的是,与《阻断办法》第 7 条采取了颁布"禁令清单"的方式对其适用范围进行控制不同的是,《反外国制裁法》第 12 条采取了概括性的阻断模式,这意味着所有针对中国实体的"歧视性限制措施"都会被不加区分地被阻断。例如,中国个人或实体依据美国制裁法案向美国主管机关申请豁免或者许可证是否属于《反外国制裁法》禁止的范畴?

5. 实施主体

《反外国制裁法》第 9 条规定,由外交部或者国务院其他有关部门对反制清单作出确定、中止、修改或者取消的决定,并以命令的方式予以公布。在执行联合国制裁时,外交部会首先发起通知,将联合国安理会的相关决议通知各个政府机构,并敦促这些机构执行决议规定的经济制裁。各个监管机构,例如中国海关总署、中国人民银行、中国银行保险监督管理委员会、中国证券监督管理委员会和交通运输部将随后发出通知,在各自的管辖范围内实施措施,并根据不同的行业特点制定相应办法。《反外国制裁法》基本遵循了这一惯例,反制清单的制定、暂停、变更和取消的指令都是由外交部作为牵头机关。

但是,《反外国制裁法》还规定国务院其他机构也有发布与反制措施有关的指令的权力,例如商务部等与外事经济贸易高度关联的其他机构也可能介入。此外,《反外国制裁法》第 6 条规定的反制措施涉及跨部门的联合执法。"不予签发签证、不准入境、注销签证或者驱逐出境",其对应的主管部门是公安部门和外交部门;"查封、扣押、冻结在我国境内的动产、不动产和其他各类财产"则涉及自然资源部门、市场监督管理部门、中国人民银行等;"禁止或者限制我国境内的组织、个人与其进行有关交易、合作等活动"

---

① Case C-124/20, Bank Melli Iran v. Telekom Deutschland GmbH, Judgment of the Court (Grand Chamber).

则覆盖了一切商事活动,其涉及的主管部门或者执行机构更是数不胜数。每个部门都有自己的运作模式及职责范围,缺乏统筹协调机制,易陷入各自为政的局面。

有学者指出,《反外国制裁法》授权国务院制定反制清单和实施具体措施,同时给予其较大的自由裁量权,那么,国务院及其各部门将会以何种标准来实施《反外国制裁法》?[28]

## 三、中国反经济制裁机制的完善

《反外国制裁法》的实施机制应该以中国整体的国家安全观为基础,制定相应的完善措施,促进国内法的衔接和协调,落实我国以经济安全为基础的反制裁法律体系。只有如此,我国的应对手段才能更精确地应对来自以美国为代表的西方国家的经济制裁,使震慑效果得以实现,从而更好地维护我国国家安全、主权和发展的利益。

（一）立法待细化

1. 改进救济机制

反制裁的救济机制依诉求的主体不同可分为: 国内与国外的个人及实体。就国内的个人实体而言,相关法律及司法解释应明确诉讼的实体和程序规则。就国外的个人及实体而言,《反外国制裁法》缺乏可供救济的手段。

《反外国制裁法》第7条和《行政诉讼法》第13条规定,如果当事人对行政机关最终裁决的行政行为进行起诉,法院将不予受理。国务院有关部门依据《反外国制裁法》做出的决定为最终决定,而无司法救济途径。这一规定在立法体系上与《阻断办法》第8条、《不可靠实体清单规定》第12条的例外豁免制度并不自洽,同时加剧了相关个人及实体的负担,也与其他国家的阻断立法实践不同,进而造成两难的局面。同时,根据《反外国制裁法》第12条,如果其他组织和个人不执行反制措施而导致侵犯他人合法权益的,只有我国公民、组织享有索赔的权利,国外的个人及实体则不在此列。

党的二十大报告提出,要推进高水平对外开放,稳步扩大规则、规制、管理、标准等制度型开放,维护多元稳定的国际经济格局和经贸关系。在此背景下,反制裁措施须考虑相关个人及实体的正当利益。除了能够根据制裁形势灵活地确定、暂停或取消反制措施的实施外,在国内法下给予受到制裁影响的本国实体及个人予以救济的同时,也要进一步维护被制裁方的合法权益,例如在"采取反制措施所依据的情形发生变化时",既可以由我国相关部门直接做出,也可以由作为反制措施的实施主体的组织或个人提出,再经国家相关部门的审核和确认。[29]除此之外,建议增设申请豁免的相关制度,使得在保障国家安全和利益的前提下,可以尽量降低相关个人及实体所承担的成本。从市场的角度来讲,救济机制的保障还可以有效缓解对华制裁带来的不利影响,为外商投资创造更好的环境,吸引更多外国公司尤其是美国公司到中国投资,从而更好地突破国外的经济制裁。

2. 扩充适用对象

《反外国制裁法》将反制的适用对象限定在国家、个人或者组织。相较而言,《对外贸易法》《数据安全法》《个人信息保护法》中的反制适用对象采取了国家及地区的表述。事实上,有些区域性国际组织,例如欧盟在制裁与反制裁的立法和执法中相当活跃,未来也不排除其他区域性国际组织对中国实行制裁的可能。因此,建议在未来修法或出台配套规范时予以扩张解释,以更好地满足我国反制裁实践的需要。

(二) 执法待规范

1. 统一的工作机制与具体的执法程序

一方面,我国现行反制裁法律体系以《反外国制裁法》为法律核心,辅以《阻断办法》《不可靠实体清单规定》等专门行政法规,以及散见于《出口管制法》《对外贸易法》等法律条文。但是,这些规定的反制裁措施并未规定具体的执法机构,且相应的主管部门亦各不相同。《反外国制裁法》第 10 条第 1 款规定,反外国制裁工作协调机制应由国家设立并负责全面协调相关工作。对此,未来不仅有待确定制定清单和执行措施的主管部门,而且在措施涉及多部门时还需要确定协作工作机制。

另一方面,反制裁措施的执行机构通常为行政机关,例如《反外国制裁法》第 6 条规定的三类反制措施涉及行政强制措施或者行政处罚,因此,还需要在符合《行政处罚法》《行政强制法》及《行政诉讼法》等行政法的基础上设立执法程序和相关的复议、行政诉讼程序。从目前我国反制裁实践来看,尚未明确实施反制裁的具体程序,这无疑在一定程度上减损了反制裁措施的合法性。另外,根据不同的规定,金融机构实施冻结资产的程序也各不相同,对于反制措施,是得到通知或批准后才实施资产冻结,还是应主动实施事后履行报告义务?相比之下,我国的涉恐资产冻结制度的执行程序、相关机构的义务及责任等规定相对成熟,未来可供《反外国制裁法》修订时借鉴,也可在现有立法的基础上采取准用性规则的方式予以明晰。

### 2. 符合国际法的执法标准

反制裁的法理基础可追溯至国际习惯法的"报复"或"反措施"。联合国国际法委员会在其对国际法中的国家责任的阐述中,在"解除行为不法性的情况"标题下澄清了"反措施"的法律概念:如果对另一国采取的行为是为了促使该国遵守其自身的义务,并且符合国际法委员会条款中关于反措施的章节所规定的限制和条件,则该行为不被视为不法性。[①] 国际法委员会条款对反措施的概念化取代了国际法中先前的"报复"术语。因此,在考量反制裁措施、识别"歧视性措施"及"干涉中国内政"的行为时,必须考虑国际习惯法对"反措施"的适用限制:一是,受害国只能针对对国际不法行为负有责任的国家采取反措施;二是反措施必须针对不法行为国(不包括第三国),并且必须旨在促使该国遵守有关义务;三是反措施必须在不法行为国恢复履行其义务时停止,因此通常必须具有可逆性;四是为避免升级和滥用,一项基本要求是反措施必须与最初的不法行为相称;五是反措施不得违反国际强行法的规范。[30] 尽管《反外国制裁法》采用了偏主观性、概括性的字眼来给予实践更宽泛的适用空间,但也应必须符合国际法的通行规则。

### (三)守法更合规

在制裁和反制裁的斗争中,个人及实体都将扮演重要的角色。因此,有关部门应该对此进行引导和制约。例如商务部等反制裁机构可以制定相应的规范指引,对重点企业开展定期或不定期的风险辅导和法规培训,积极引导公司在国外进行风险管理,密切关注国际环境的变化,真正解决公司在应对经济制裁时遇到的困难。此外,个人及实体应当对现有或正在进行中的

---

① ILC Responsibility of States for Internationally Wrongful Acts (2001),Article 22.

某些敏感性或高风险的交易和项目进行重新评价。若有此风险,应先制定替代计划、调整战略。同时,在今后的合作中,对有关各方的尽职调查也显得更为关键。为审慎起见,个人及实体可以尝试取得交易对手及其关联方未被列入反制清单的相关承诺。除此之外,企业也可以通过在签订合同时增加在反制裁下豁免责任的相关条款来防范风险。

## 四、结论

中国正面临着一个不断变化的世界,金融创新、全球经济活动的转变和新的地缘政治挑战正在对我国新时代国家安全目标发出挑战。中国在对外交往中始终坚持多边主义原则,反对任何国家扩张国内法的域外适用对外实施经济制裁,而美国凭借其美元及金融市场优势,滥用经济制裁,对中国发展进行歪曲、诋毁、遏制和打压,严重破坏了国际经贸秩序和贸易规则。随着《反外国制裁法》的通过,其与《阻断办法》《不可靠实体清单规定》等规范一起构成了中国基本的反制裁法律制度,回应了中国维护国家主权、安全和发展利益的急迫需求,极大丰富了我国对外反制的"法律工具箱",具有重要现实意义和长远意义。[31]不过,《反外国制裁法》受限于"急用先行"的立法理念,不少条款概括性的授权为其适用增添了不确定性,主要体现在适用情形模糊、多部法规交叉重合,实施主体的分散、救济制度的缺失等方面,引起了国内外个人或实体可能受其影响的担忧。[32]对此,本文提出了一些建议,包括建立有效的救济制度、统一及具体的反制裁实施机制、明晰的执法标准、提升政府职能、提高企业合规意识等,旨在为中国日后的反制裁领域更好地推进科学立法、严格执法、全民守法,在维护国家主权、安全、发展利益的同时实现高水平对外开放。中国扩大高水平开放的决心不会变,同世界分享发展机遇的决心不会变,推动经济全球化朝着更加开放、包容、普惠、平衡、共赢方向发展的决心也不会变。未来中国开放的大门只会越开越大,中国发展将为地区和世界提供更多的机遇,注入强劲的动力。

**参考文献**

[ 1 ] 金歆:《全面贯彻落实总体国家安全观》,《人民日报》2022 年 9 月 20 日,第 9 版。

[ 2 ] 霍政欣:《〈反外国制裁法〉的国际法意涵》,《比较法研究》2021 年第 4 期,第

144 页。

［3］黄风：《美国金融制裁制度及其对我国的警示》，《法学》2012 年第 4 期，第 125 页。

［4］Joel Slawotsky. Principled Realism：Thoughts on the New U.S. National Security Strategy. https：//lcbackerblog. blogspot. com/2018/01/joel-slawotsky-principled-realism.html. 最后访问日期：2022 年 10 月 30 日。

［5］https：//www.whitehouse.gov/wp-content/uploads/2022/10/Biden-Harris-Administrations-National-Security-Strategy-10.2022.pdf.最后访问日期：2022 年 10 月 30 日。

［6］Sanctions List Search. https：//sanctionssearch.ofac.treas.gov. 最后访问日期：2022 年 10 月 30 日。

［7］Bartlett J. and Ophel M. Sanctions by the numbers：U.S. secondary sanctions. https：//www.cnas.org/publications/reports/sanctions-by-the-numbers-u-s-secondary-sanctions. 最后访问日期：2022 年 10 月 30 日。

［8］郭永虎、安鑫玉：《近期美国国会涉华经贸立法及其影响（2019—2021）》，《东北师大学报（哲学社会科学版）》2022 年第 4 期，第 114—116 页。

［9］国贸法律评论：《〈维吾尔族强迫劳动预防法案〉的解读及应对建议》，https：//mp. weixin. qq. com/s/q9sXDMxc0_qQoafZUKIK4A，最后访问日期：2022 年 10 月 30 日。

［10］美国驻华大使馆和领事馆：《美国商务部对中华人民共和国实施先进计算和半导体制造的出口管制新规》，https：//china. usembassy-china. org. cn/zh/commerce-implements-new-export-controls-on-advanced-computing-and-semiconductor-manu-facturing-items-to-the-peoples-republic-of-china-prc，最后访问日期：2022 年 10 月 30 日。

［11］金欧：《全面贯彻落实总体国家安全观》，《人民日报》2022 年 9 月 20 日，第 9 版。

［12］任家慧：《论我国〈反外国制裁法〉实施机制的法律完善》，北京外国语大学硕士学位论文，2022 年，第 13—18 页。

［13］中国商务部：《商务部新闻发言人就中国将建立"不可靠实体清单"制度答记者问》，http：//www. mofcom. gov. cn/xwfbh/20190531. shtml，最后访问日期：2022 年 10 月 30 日。

［14］新华社：《我国将建立国家技术安全管理清单制度》，http：//www. gov. cn/guowuyuan/2019 - 06/08/content_5398478. htm，最后访问日期：2022 年 10 月 30 日。

［15］张辉：《论中国对外经济制裁法律制度的构建——不可靠实体清单引发的思考》，《比较法研究》2019 年第 5 期，第 141 页。

［16］中国商务部：《保护正当合法权益维护国际经贸秩序——权威专家就〈阻断外国法律与措施不当域外适用办法〉答记者问》，http：//www. mofcom. gov. cn/aarticle/ae/ai/202101/20210103029706.html，最后访问日期：2022 年 10 月 30 日。

［17］新华社：《全国人大常委会法工委负责人就反外国制裁法答记者问》，http：//
www.gov.cn/zhengce/2021－06/11/content_5616932.htm，最后访问日期：2022
年10月30日。

［18］杜涛、周美华：《应对美国单边经济制裁的域外经验与中国方案——从〈阻断办法〉
到〈反外国制裁法〉到〈反外国制裁法〉》，《武大国际法评论》2021年第4期，第13—
16页。

［19］胡晓凡、姜芳：《习惯国际法下反措施与第三方关系探析——以〈反外国制裁法〉第
12条为例》，《语言与法律研究》2021年第2期，第131页。

［20］M. Jamnejad and M. Wood. The Principle of Non-intervention. *Leiden J.I.L.*,
Vol.22，2009，pp.345－381.

［21］吕方园：《中美贸易摩擦"政治失信行为"国家责任研究》，《政法论丛》2020年第2
期，第85页。

［22］尧文燕：《制裁与反制裁：应对美国单边制裁的国际法分析》，天津师范大学硕士
学位论文，2022年，第28页。

［23］外交部：《中方对参与售台武器的美方人士进行制裁》，https：//mp. weixin. qq.
com/s/MY9bT2eeAb4rPKX_etJggA，最后访问日期：2022年10月30日。

［24］王清清：《中国反外国金融制裁法律制度研究》，西南大学硕士学位论文，2022年，
第29页。

［25］尧文燕：《制裁与反制裁：应对美国单边制裁的国际法分析》，天津师范大学硕士
学位论文，2022年，第41页。

［26］叶研：《〈反外国制裁法〉第12条的问题、评析及建议》，https：//mp. weixin. qq.
com/s/Kxn6gDSN4TIF0s7f1qHYIA，最后访问日期：2022年10月30日。

［27］漆彤：《欧盟〈阻断法〉的适用困境及其对我国的启示》，《国际法学》2022年第5期，
第190页。

［28］陈梦：《单边经济制裁和反制裁的法律规制——兼评〈反外国制裁法〉》，《经贸法律
评论》2022年第4期，第15页。

［29］杜涛、周美华：《应对美国单边经济制裁的域外经验与中国方案——从〈阻断办法〉
到〈反外国制裁法〉》，《武大国际法评论》2021年第4期，第21页。

［30］Tom Ruys. Sanctions, Retorsion and Countermeasure：Concepts and International
Legal Framework, in Larissa van den Herik Ed. *Research Handbook on UN
Sanctions and International Law*. Edward Elgar Publishing，2017，pp.33－34.

［31］新华社：《全国人大常委会法工委负责人就反外国制裁法答记者问》，http：//
www.gov.cn/zhengce/2021－06/11/content_5616932.htm，最后访问日期：2022
年10月30日。

［32］叶研：《〈反外国制裁法〉第12条的问题、评析及建议》，https：//mp. weixin. qq.
com/s/Kxn6gDSN4TIF0s7f1qHYIA，最后访问日期：2022年10月30日。

# 后 记

上海市法学会国家安全法律研究会自成立以来已经连续举办了四届国家安全法律研究论文征文活动,并每年组织开展国家安全领域相关课题的研究。

值此总体国家安全观提出十周年之际,上海市法学会国家安全法律研究会决定从这些征文和课题中选取相关的成果和论文集结出版,以展示对总体国家安全观系统理论研究的积极成果,呈现在读者面前的就是这些课题成果和征文论文的一部分。

感谢作者们在很短的时间内更新了论文的有关内容。周渤、赵芳、任莃等同志不辞辛劳,对稿件进行了校对和整理。尽管呈现在读者面前的是十五篇文章,但是筛选、补充、重选的文章多达五十余篇,经过四轮挑选。对这些幕后同志们的付出和辛劳表示感谢。

感谢汪娜编辑在短时间内对书稿和排版稿进行审阅和编辑。感谢美编老师的封面设计。

感谢周汉民教授撰写本丛书总序,感谢上海市社联王为松书记在本丛书设计和选稿过程中的指导。

感谢读者选择阅读本丛书,参与我们的研究,期待你们的批评。

董卫民　沈　伟

2024 年 2 月 12 日